Ulrich Lüke

Vorsicht Hoffnung!

Ulrich Lüke

Vorsicht Hoffnung!

Anstößige Gedanken im Kirchenjahr

HERDER

FREIBURG · BASEL · WIEN

MIX
Papier aus verantwortungsvollen Quellen
FSC® C083411

www.herder.de

Satz: Barbara Herrmann, Freiburg
Herstellung: CPI books GmbH, Leck

Printed in Germany
ISBN Print 978-3-451-39578-9
ISBN E-Book (PDF) 978-3-451-82678-8

Inhalt

Zeitfragen – Streitfragen

Vorwort
Vorsicht Hoffnung!

Muss man vor Hoffnung warnen? Es mag gefühlsduselige Hoffnungen auf ein Wolkenkuckucksheim oder kurzsichtige Hoffnungen auf den rettenden St. Nimmerleinstag geben. Solche Hoffnungen darf man bezweifeln. Vor diesen Hoffnungen muss man gelegentlich warnen. Aber vielleicht muss man auch die Hoffnungslosigkeit bezweifeln, vor der Hoffnungslosigkeit warnen. Denn das Zentraldogma der chronisch Trübseligen und der notorischen Pessimisten lautet: Hoffnung, gar noch eine religiös begründete Hoffnung, sei nichts als metaphysische Schönfärberei. Und dann wird die Hoffnungslosigkeit mit Realismus verwechselt, als Realismus uminterpretiert, zum Realismus geadelt. Aber wahrscheinlich ist das Sich-Einmauern in Hoffnungslosigkeit nichts anderes als eine metaphysische Schwarzmalerei. Sie mutet an wie der Protest des Pubertierenden gegen elterliche, schulische, berufliche Vorgaben: Die sich Realismus nennende Hoffnungslosigkeit entpuppt sich nicht selten als unreflektierte, frustrierte oder pervertierte Hoffnung.

Vielleicht sind wir alle auf das Eisbärfell der Hoffnung geboren und haben es geschenkt bekommen, noch bevor wir einen Eisbären gesehen, geschweige denn erlegt haben. Aber das Bärenfell der Hoffnung sagt uns: Bären sind zwar bärenstark, aber nicht unbezwingbar.

Gibt es Grund zur Hoffnung, gar zu einer christlichen Hoffnung? Ja, aber man kann und muss gute Gründe für die Hoffnung ins Feld führen. Man muss den Schwarzmalern die selbst gewählte Enge ihrer Farbpalette, die nur aus Grautönen besteht, vor Augen führen. Und vielleicht muss man den Schönfärbern die Wölkchen in Rosa und Blau mit kräftigen, christlich geerdeten Farben übermalen. Und dann bleibt zwischen Schwarzmalern und Schönfärbern immer noch das unfassliche Farbenmeer einer christlich geerdeten Hoffnung.

Zur Hoffnung ermutigen beginnt manchmal damit, an der Verzweiflung zu zweifeln, dem Zweifel auf den Grund zu gehen, statt an ihm zugrunde zu gehen. Den Zweifel zu bezweifeln ist der Anfang davon, sich zu einem begründeteren und darum besseren christlichen Glauben hindurch-, zu einer tieferen christlichen Hoffnung voran-, zu einer tatkräftigeren christlichen Liebe emporzuzweifeln. Und dazu will dieses Buch ein paar Hilfestellungen geben. Vor dieser begründeten christlichen Hoffnung muss man nicht warnen, zu dieser christlichen Hoffnung darf man raten.

Ulrich Lüke

Zeitansage

Advents- und Weihnachtszeit, Neujahr

Morgenstern der Hoffnung

Advent

In dieser vorweihnachtlichen Zeit klingt in den evangelischen wie katholischen Kirchen ein Lied, das sich vom „Kling-Glöckchen- und Süßer-die-Glocken-nie-klingen“-Gedudel auf den Weihnachtsmärkten spröde und wohltuend abhebt: *„Die Nacht ist vorgedrungen,/ der Tag ist nicht mehr fern./ So sei nun Lob gesungen/ dem hellen Morgenstern.“*

Als der evangelische Liederdichter Jochen Klepper dieses Gedicht im Jahre 1938 verfasst, da wüten Menschenverächter in der sogenannten Reichskristallnacht gegen deutsche Mitbürger jüdischer Herkunft. Die Nacht, so sagt dieser Text, ist nur vorgedrungen, nicht beendet, nicht abgekürzt, ja nicht einmal dürftig ausgeleuchtet. Die hereingebrochene Nacht muss vom Menschen durchlitten, durchwacht und durchschritten werden. Aber das kann nur, wer in der ihn umgebenden Finsternis noch den Morgenstern vor Augen hat. Der Morgenstern ist der Planet Venus, ein auffallend heller Stern unseres Sonnensystems. Am östlichen Himmel wird er sichtbar, bevor der Sonnenaufgang alles in ein unvergleichliches Licht setzt. Die Weihnacht, die Geburt Jesu, ist nicht der Sonnenaufgang und wir, die wir uns auf Jesus Christus berufen, wandern nicht gemächlich auf den Sonnenseiten des Lebens. Die Weihnacht, die Geburt Jesu Christi, ist nur der Aufgang des Morgensterns, und wir leben noch in der Nacht, aber mit dem untrüglichen Hinweis auf den bald anbrechenden Tag ohne Abend. *„Auch wer zur Nacht geweinet,/ der stimme froh mit ein./ Der Morgenstern bescheinet auch deine Angst und Pein.“*

Angst und Pein, das fühlt Jochen Klepper, werden nicht von uns genommen, aber sie erscheinen dem, der den Morgenstern in seinem Leben aufgehen sieht, in einem anderen Licht. Jochen Klepper hat 1929 Johanna Stein kennengelernt. Sie ist Witwe und hat zwei Töchter. Aber Johanna Stein hat auch einen nach Meinung der späteren Machthaber nicht wieder gutzumachenden Makel: Sie ist Jüdin. 1931 heiraten Jochen Klepper und Johanna Stein. Er arbeitet in Berlin beim Rundfunk und für den Ullstein-Verlag als Autor. Nach 1933 legt man ihm nahe, sich von seiner jüdischen Frau zu trennen. Er tut es nicht, sondern steht zu ihr und zu den beiden Kindern. 1938, als Klepper diese adventlich-weihnachtlichen Verse verfasst, konvertiert seine Frau zum evangelischen Glauben und beide heiraten nun auch noch kirchlich. Aber auch das ist damals ein falsches Signal. Klepper hat 1938 bereits seine Stelle beim Rundfunk verloren, der Ullstein-Verlag hat den der „Rassenschande“ Überführten ebenfalls vor die Tür gesetzt und auch aus der Reichsschrifttumskammer ist er herausgeflogen. Dennoch schreibt er: *„Die Nacht ist schon im Schwinden,/ macht euch zum Stalle auf./ Ihr sollt das Heil dort finden …“*

Vielleicht darf man das auch so interpretieren: Die Nacht ist dann im Schwinden, wenn wir den Menschen im Stall, den wie ein Stück Vieh behandelten Menschen in seinem Elend wahrnehmen. Wer damals wie die Hirten das im Viehtrog liegende Kind wahrnahm und sich seiner annahm, der begegnete Gott. Wer heute die zu Tausenden die Müllhalden nach Nahrung absuchenden Kinder der Millionenstädte oder die in den Flüchtlingscamps hausenden oder gar eingepferchten Kriegsflüchtlinge wahrnimmt und sich ihrer helfend annimmt, der begegnet Gott. *„Die Nacht ist schon im Schwinden,/ macht euch zum Stalle auf./ Ihr sollt das Heil dort finden …“*

Es wird uns zugemutet, das Heil noch im tiefsten Unheil zu finden. Den heruntergekommenen Menschen sollen wir annehmen und in ihm den entgegenkommenden Gott wahrnehmen. Seit

Weihnachten kann niemand mehr so herunterkommen, dass ihm nicht der in Jesus Christus heruntergekommene Gott noch entgegenkäme. Während die Älteste der zwei Töchter, Brigitte, noch kurz vor dem Krieg emigrieren kann, gibt es für Jochen Klepper, seine Frau Johanna und die inzwischen 19-jährige Tochter Renate kein Entrinnen mehr. Klepper hat sich, um dem Staat Entgegenkommen zu signalisieren, sogar zum Kriegsdienst gemeldet, wird 1940/41 noch zur Ostfront eingezogen, dann aber im Hinblick auf seine „nicht arische Ehe" wegen „Wehrunwürdigkeit" wieder entlassen. Alle legalen und alle denkbaren illegalen Ausreisemöglichkeiten aus Deutschland sind verbaut. Um dem bevorstehenden Abtransport in das Vernichtungslager Auschwitz zu entgehen, nehmen sich Jochen Klepper, seine Frau Johanna und ihre Tochter Renate in der Nacht vom 10. zum 11.11.1942 das Leben. *„Noch manche Nacht wird fallen/ auf Menschenleid und -schuld./ Doch wandert nun mit allen/ der Stern der Gotteshuld."* ..."

Es ist noch manche Nacht gefallen. Die Katastrophen des II. Weltkriegs, die Gaskammern von Auschwitz, die Kriege im Nahen und Fernen Osten, unbeschreibliches Elend in Slums, auf der Flucht etc. Wenn wir die Hoffnung auf diesen Stern verlieren, diesen Stern, der den Tag vorausverkündet, der uns zum Leitstern auf dem Lebensweg werden kann, wenn wir diesen Stern verlieren, dann wird nicht nur „noch manche Nacht fallen", sondern alles in Nacht fallen, alles in der Nacht der Hoffnungslosigkeit versinken. *„Beglänzt von seinem Lichte/ hält euch kein Dunkel mehr,/ von Gottes Angesichte/ kam euch die Rettung her."*

Das wünsche ich uns in dieser Weihnacht und darüber hinaus, dass wir den Stern von Bethlehem, den Morgenstern der Hoffnung, nie aus den Augen verlieren, dass wir, wie dunkel und umnachtet es auch immer sein und werden mag, in unserm Leben den Hoffnungsstern, der den kommenden Tag verheißt, noch wahrnehmen, dass wir Gottes uns rettend zugewandtes Gesicht in diesem neugeborenen Kind erkennen können.

Gott im Kommen?

Advent

Das ist die vielleicht ehrlichste und tief greifendste Frage des Advent, die Frage eines gläubigen Zweiflers oder eines zweifelnden Gläubigen: *„Bist du, Jesus Christus, der, der kommen soll, oder müssen wir auf einen anderen warten.“* Und die Frage steht schon in der Bibel. Es ist die Frage aus einer existenziell bedrängenden Situation. Der Täufer Johannes stellt sie. Er lebte am Rande der Wüste Juda, sah sich selbst als Rufer in der Wüste und als Vorläufer des ersehnten Messias. Er war doch eigentlich ein harter Hund, der sich von Heuschrecken und wildem Honig ernährte. Das war auch damals kein Feinschmecker-Menü. Er war gekleidet mit einem Gewand aus Kamelhaaren. Das zählte auch damals nicht zur Haute Couture. Er war einer, der für große Bevölkerungsteile die Richtung vorgab mit seinen kompromisslosen Bußpredigten. Er war kein Selbstdarsteller, sondern der, der von sich weg auf Jesus verwies, der sich selbst nur als Vorläufer verstand: „Nach mir kommt einer, der größer ist als ich, und ich bin nicht würdig, ihm auch nur die Schuhriemen zu lösen.“ Und dieser Typ, Johannes, hatte auch die Stirn und das Rückgrat, den Großen in Politik und Wirtschaft entgegenzutreten. Er stammte aus der Priesterkaste und hatte eine Weisungsbefugnis durch natürliche Autorität und vor allem dadurch, dass er selbst lebte, was er lehrte. Er war Herodes entgegengetreten, als der die Frau seines Bruders Philippus, seine Schwägerin, zur Frau nahm. So etwas mochten die Großen dieser Welt noch nie, dass man ihnen auf die Finger schaute, ihnen ins Gewissen redete, sie sogar öffentlich anklagte. Und darum nimmt Herodes auch den Kritiker Johannes fest. Am Ende, wir kennen die Geschichte, wird Johannes durch die Intrige der Geliebten des Königs für einen gruseligen Party-Gag enthauptet. Über seine Jünger hatte Johannes auch aus dem Gefängnis heraus noch Außenkontakt. Und so kommt die eingangs zitierte Frage an Jesus: *„Bist du der, der kommen soll, oder müssen wir auf einen anderen warten?“* Dahinter steckt doch die Frage: Ich habe mit meiner ganzen Existenz hingewiesen auf den kommenden Messias, war dieses Lebenswerk ein großer Irrtum, habe ich darüber hinaus die Menschen, die mir vertrauten, sich mir anvertrauten, in die Irre geleitet?

Geht es uns nicht auch manchmal so, vielleicht jenseits der Alltagshektik? Da kommen plötzlich Fragen auf: War diese oder jene wirtschaftliche Entscheidung dem Ganzen unserer Firma dienlich? War diese oder jene medizinische Intervention, diese oder jene pflegerische Aktion wirklich optimal im Sinne des Patientenwohls? War diese oder jene Leistungsbeurteilung, diese oder jene Personalentscheidung nicht doch ein eklatanter Missgriff? Das Tribunal ist dann nur das eigene Gewissen, aber das kann hart sein. Und jeder von uns muss vor einem solchen inneren Tribunal erscheinen.

Die Frage des Johannes geht aber noch einen Schritt weiter. Jeder von uns hat ja auch ein zweites oder drittes mögliches, aber ungelebtes Leben in sich, in seinem denkbaren Lebens-Repertoire. Johannes, der Vorläufer, der Bußprediger, der Täufer, fragt im Klartext: War mein ganzes Leben ein Irrtum, mein Engagement fehlgeleitet, meine Lebensleistung nichtig?

„Bist du der, der kommen soll, oder müssen wir auf einen anderen warten?“ Diese Frage des Johannes, in der es für ihn ums Ganze geht, ist doch eigentlich eine klare Ja-oder-Nein-Frage. Warum beantwortet Jesus sie dann nicht mit einem klaren Ja oder Nein? Warum lässt Jesus den Johannes so zappeln mit dieser unklaren Antwort: *„Geht und berichtet Johannes, was ihr hört und seht: Blinde sehen wieder, Lahme gehen, Aussätzige werden rein, Taube hören, Tote stehen auf und Armen wird das Evangelium verkündet. Selig ist, wer an mir keinen Anstoß nimmt.“ (Mt 11,4–6)* Der Bibelkundige wird hellhörig bei dieser Stelle. Und Johannes ist ein Bibel-

kundiger. Jesus zitiert hier den Propheten Jesaja aus dem Alten Testament (Jes 35, 5f.) und genau die Stelle, mit der Jesaja das Kommen des Messias, das messianische Heil beschreibt: *„Blinde sehen, Lahme gehen, Taube hören, Stumme sprechen, Aussätzige werden rein.“* Und das ist für Johannes, der aus den Verheißungen der Bibel lebt, eine klare Botschaft: „Schaut auf die messianischen Heilszeichen. Ja, ich bin der, der kommen soll. Ihr müsst auf keinen anderen warten.“ Und Jesus toppt die Aussagen des Jesaja sogar um zwei Punkte: *„Tote stehen auf, Armen wird die Frohe Botschaft verkündet.“*

Wenn Sie nun auf fünfundzwanzig Jahre, auf vierzig Jahre oder auf Ihr ganzes Arbeitsleben zurückschauen, dann dürfen Sie bei aller sich selbst einzugestehenden und heilsamen Skepsis sagen: Ja, ich habe an meinem Platz auch dazu beigetragen, dass Blinde sehen, Lahme gehen, Taube hören, Stumme sprechen und Aussätzige rein werden. Vielleicht haben Sie neben allem, was auch medizinisch möglich war, denen, die blind oder tränenblind waren, die Augen für ein Hoffnungslicht geöffnet, den Lahmen, die schulisch oder beruflich nicht mehr weitergehen wollten oder konnten, den Weg geebnet, denen, die nicht mehr hören wollten oder konnten, mit einem guten Wort die Ohren geöffnet, denen, die mundtot gemacht waren, die sich nichts mehr zu sagen trauten, ermutigt, ihr Wort zu machen, die, die ausgestoßen waren, wie Aussätzige behandelt wurden, wieder in die Gemeinschaft reintegriert. Dann haben Sie alle am messianischen Heil auf Ihre Weise mitgewirkt, dann waren Sie am richtigen Platz, dann haben Sie, selbst wenn beruflich auch anderes möglich gewesen wäre, wie Johannes der Täufer, Ihren Beruf, Ihre Berufung nicht verfehlt. Jenseits aller nur befristeten medizinischen Heilungen und Reanimationen hoffen wir auf die vollendete Heilung dieser Welt, auf das Heil dieser Welt. Aber das erwarten wir, gerade in dieser adventlichen Zeit, vom uns entgegenkommenden, vom menschlich unverständlichen und vom unverständlich menschlichen Gott.

Im Kleinsten der Größte

Weihnachten

Dass Gott den Menschen nach seinem Bild geschaffen habe, sagt das Alte Testament, nennt unsern Gott „Immanuel“, „Gott mit uns“ und spricht vom „Gott Abrahams, Isaaks und Jakobs“. Das Neue Testament geht noch darüber hinaus, wenn es sagt: Gott wurde Mensch in Jesus Christus. Aber hat hier nicht gerade umgekehrt der Mensch den Gott nach seinem Bilde geschaffen. Ist das nicht eine überhebliche Selbstüberschätzung des Menschen, sich Gott so menschlich zu denken? Ist das nicht purer Anthropomorphismus – ein Gott konkreter Menschen, ein für die Menschen konkreter Gott? Aber was ist die Alternative zum Gottesbild vom menschlichen Gott und vom göttlichen Menschen?

Manche sehen Gott als Information schlechthin, als eine Art überirdisches Rechenzentrum. – Christen sagen dagegen: Gott ist keine anonyme, apersonale, gesichtslose Datenbank. Wohl aber ist er einer, der um all unsere Lebensdaten weiß, um die schon zurückliegenden und um die uns noch bevorstehenden, um die schon bestandenen und die noch zu bestehenden Daten. Gott ist kein überirdisches Rechenzentrum, aber einer, mit dem wir rechnen können und müssen, lebenslänglich und sogar über die Todesgrenze hinaus. Gott ist der, mit dem wir rechnen dürfen, der unserer Welt Lebensfreude in all ihrem Sterbeelend einhaucht.

Manche sehen Gott als eine Chiffre für die Anfangsbedingungen der Welt oder als eine Art umfassende Weltformel. Sie verkünden einen Nomotheismus, eine Art Naturgesetz als Gottesoffenbarung. – Christen sagen dagegen: Gott ist kein abstraktes physikalisches Verzeichnis von Naturkonstanten, keine Kurzformel für die Anfangsbedingungen des Kosmos. – Aber er ist der, der die Naturkonstanten so verzeichnet und bezeichnet hat, dass in einem bestaunenswürdigen, Milliarden Jahre währenden Prozess eine

Welt wie die unsere und Wesen wie wir entstehen konnten, gesetzmäßig und frei zugleich.

Manche sehen Gott als eine Personifizierung unseres moralischen Empfindens, als eine imaginäre ethische Suprainstanz. – Christen sagen dagegen: Gott ist kein abstrakter Oberaufseher, kein personifizierter moralischer Regelkanon, kein juristisches Gesetzeskompendium. Aber er ist doch der, der für alle Gesetze und ihre moralisch ethischen Grundlagen allein maßgebend ist. Es gibt Verhaltensweisen, die ohne Kläger und Richter im Rahmen der Legalität größtes Unrecht verüben. Darum sagen wir als Christen: Ihre letzte Legitimität erhalten unsere Verhaltensweisen und Gesetze erst durch den, der das Hauptgebot der Gottes- und Nächstenliebe nicht nur erlassen, sondern als Mensch selbst gelebt hat.

Die Griechische Philosophie sah Gott als eine übergeordnete umfassende Idee. Christen sagen dagegen: Er ist keine fleischlose platonische Idee, sondern ein bis dahin beispielloser Mensch, der uns zum Beispiel für Menschlichkeit wurde, einer, bei dem man eine Idee davon bekommt, was der Mensch sein kann und soll. Gott ist in der Krippe hilfsbedürftig und anrüchig in seinen Windeln wie jedes Wickelkind. Er ist als junger Mensch entwicklungs- und erziehungsbedürftig wie jeder Jugendliche. Er ist am Kreuz gezeichnet von Schweiß, Blut und Tränen, eine geschundene Kreatur wie alle Delinquenten auf dieser mörderischen Welt. – Ein Weg, der vom Holz der Futterkrippe über das Holz des Zimmermanns schnurstracks zum Holz des Kreuzes verläuft, erscheint manchen Menschen nur als Holzweg, als ein Knüppeldamm in den Morast des Todes. Und dann werden die Sargdeckel zu den Brettern, die die Welt bedeuten. Aber kann nicht auch die Fixierung auf das tödliche Ende, kann nicht auch der Sargdeckel zum Brett vorm Kopf werden?

In einem neugeborenen Kind den ewigen Gott verehren, ist das nicht kindisch? In einem sterbenden Mann den lebenden Gott verehren, ist das nicht tödlich? Gott ist Mensch geworden, das macht den Gott, an den wir glauben, gerade nicht kleiner, sondern unendlich größer. Gott ist zugleich so groß, dass er alles umfasst und von nichts umfasst wird. Und er ist zugleich so klein, dass er in allem, auch im Kleinsten, enthalten ist. So sehen es schon der mittelalterliche Mystiker Meister Eckehard und der Pförtner der Neuzeit, Nikolaus von Kues. In Gott fallen das unendlich Große und das unendlich Kleine zusammen. Weil Gott ein Menschenkind wird, kann der Mensch ein Gotteskind werden. – Als Krippenkind ist Gott kinderleicht zu finden, wenn man sich selber nur demütig hinabbeugt. Als Schmerzensmann am Kreuz ist Gott todsicher zu finden, wenn man die Seele nur aufrichtig zu ihm erhebt.

Wir Christen glauben, unser menschlicher Gott hat zwischen den Eckpfeilern von Geburt und Tod, hat zwischen Krippe und Kreuz den Lebensweg bedingungsloser Menschlichkeit zurückgelegt. Ja mehr noch: Er hat über Geburt und Tod die Lebenslinien hinausgezogen, er hat den Lebensbogen der Menschlichkeit wie eine Brücke über die Schlucht des Todes hinweg ausgespannt. Erst aus der Perspektive von Ostern ist Weihnachten keine bloße Kinderei und Sentimentalität mehr. Erst aus der Perspektive von Ostern ist die Endgültigkeit des Karfreitags nicht mehr todsicher. Was das Krippenkind und der Schmerzensmann bedeuten, leuchtet erst im Osterlicht ein und auf: Gott wird Mensch und geht als Mensch all unsere Wege vom Neugeborenen bis zum Todgeweihten mit. Wer Gott als Menschenkind – also den unendlichen Gott in der menschlichen Endlichkeit – wahrnimmt, der kann auch den Menschen als Gotteskind – also den endlichen Menschen in Gottes Unendlichkeit – erahnen. Das Licht der Weihnacht durchleuchtet unser menschliches Leben mit göttlicher Menschlichkeit. Das Licht der Osternacht durchleuchtet unser menschliches Sterben mit göttlichem Leben. So endet unsere Menschlichkeit nicht in der Sterblichkeit. Das ist der tiefste und tragende Grund unserer Weihnachtsfreude.

Happy Birthday

Weihnachten

Wir feiern den Geburtstag eines Menschen, der die Welt verändert hat und vollenden kann: Jesus von Nazareth, der Christus, der Gesandte Gottes. Der jüdische Religionsphilosoph Martin Buber und der fromme Hindu Mahatma Gandhi haben beide in ihm einen beispielhaften Menschen, einen Freund und Bruder gesehen. Gandhi, der sich intensiv mit der Bergpredigt Jesu beschäftigt hat, äußert in seiner Biografie: „Ich werde den Hindus sagen, dass ihr Leben unvollständig ist, wenn sie nicht ehrerbietig die Lehren Jesu studieren." Aber was hat dieser Mensch von vor 2000 Jahren mit unseren Fragen und Problemen in der zweiten Dekade des 21. Jahrhunderts zu tun. Ich glaube ganz viel: Er ist ein Arme-Leute-Kind wie derzeit die Mehrzahl der Kinder auf dieser Welt. Er ist, wie uns die Geschichte vom bethlehemitischen Kindermord, vom Genozid des Herodes, berichtet, ein Flüchtlingskind, das mit seinen Eltern in Ägypten Zuflucht sucht. Er ist ein Flüchtlingskind wie an diesem Weihnachtsfest ca. dreißig bis vierzig Millionen Kinder weltweit. Er ist als Jugendlicher im Jerusalemer Tempel wie Millionen Jugendliche heute ein Sucher nach Gott und nach einem letzten Sinn. Er ist ein Kritiker der überkommenen Religion, aber einer, der nicht denkfaul und selbstgefällig von außen herumschwadroniert, sondern der seine Religion von innen kennt, lebt und liebt. Er ist schließlich ein religiös und politisch Verfolgter, den Vertreter aus Politik und Religion in trickreichem Zusammenspiel gemeinsam zur Strecke, in diesem konkreten Fall ans Kreuz bringen.

Wir feiern den Geburtstag eines menschlichen Brückenbauers. Er geht zu auf die verhassten Zöllner, die sich eine goldene Nase verdienen als politische Kollaborateure der Römer. Einige davon treten in seine Nachfolge ein. Er geht zu auf Unreine, auf „von bösen Geistern Besessene" und auf Aussätzige. Er isst mit ihnen, rührt sie an, heilt sie und integriert sie. Darin sehen seine Gegner die Gefährdung der moralischen und medizinischen Volksgesundheit. Aber einige von diesen „Besessenen“ gehen in seine Nachfolge. Er geht zu auf Bettler, die nicht selten als von Gott wegen ihrer Sünden Gestrafte und als Sozial-Schmarotzer angesehen und abgrundtief missachtet werden. Er preist im Blick auf Gott auch diese Armen selig. Er geht zu auf die Dirnen und auf die zahllosen anderen Sünder, die sich aussichts- und hoffnungslos im Gestrüpp der 248 Gebote und 365 Verbote des Judentums verfangen haben und den ethischen Standards nicht mehr entsprechen. Er geht mit einem Vertrauensvorschuss zu ihnen und wertschätzt schon ihr gutes Bemühen. Er geht zu auf die Andersgläubigen, die Kanaanäer, die Syrophönizier, die Heiden aus dem römischen Militär, wie den Hauptmann von Kafarnaum. Und er rührt den Gangster neben ihm am Kreuz und den heidnischen Hauptmann unter dem Kreuz sogar mit seinem Sterben noch zu einem tiefen Glaubensbekenntnis. Einer der einen derart schlechten Umgang pflegt, der wird auch keine Berührungsängste vor uns haben, dem wird der Umgang mit uns nicht zu schäbig, zu abstoßend oder zu sehr unter seinem Niveau sein.

Wir feiern aber auch den Geburtstag eines kritischen Geistes, eines Mannes, der die Scheinheiligkeit des Einzelnen und die Scheinheiligkeit seiner Religionsgemeinschaft durchschaut und bloßlegt. Er schneidet die Geschwüre am Leib seiner Gesellschaft und seiner Religion auf. Dieser kritische Geist attackiert verbal aufs Schärfste die Pharisäer, die sich selbst eine moralische Vorbildrolle auf den Leib geschrieben haben. Er attackiert aufs Schärfste die Schriftgelehrten in ihrem theologisch-intellektuellen Überlegenheitsdünkel. Er kuscht auch als Gefangener nicht, als es im Prozess für ihn um Kopf und Kragen geht. Er kuscht weder vor den damaligen Hohepriestern Hannas und Kaiphas, noch vor dem Hohen Rat, noch vor dem Landpfleger der römischen Besatzungsmacht, vor Pontius Pilatus. So etwas tut man nicht ungestraft, weder damals noch heute. Etwas mehr Distanz zu den gesellschaftlich und religiös Abgehalfterten, etwas mehr Respekt vor den politisch und religiös Arrivierten, etwas mehr Geschmeidigkeit im Umgang mit der Macht – und aus dem jungen Mann mit den Begabungen hätte etwas werden können, ein Hohepriester zum Beispiel, ein angesehener Ratsherr der Juden, ein gut verdienender Zöllner im Dienste Roms. Aber der wollte nichts werden, der musste nichts werden, der war mehr als man in seinen kühnsten Träumen werden kann. Der hat die steilste Karriere nach ganz unten gemacht, damit die von ganz unten nach ganz oben kommen können. Der respektierte keine Autorität außer der einen, der letzten und tiefsten, der Autorität Gottes. Wer so mit Gott im Bunde ist, wer sich so mit Gott im Reinen weiß, sich mit seiner ganzen Existenz Gott so überantwortet, der hat vor Tod und Teufel keine Angst mehr und schon gar nicht vor den Potentaten dieser Welt, vor diesen angstvollen Angstmachern. Manche Menschen sagen, was mit dem Holz der Krippe anfängt, mit dem Bauholz des Zimmermanns weitergeht und am Holz des Kreuzes endet, das kann nur ein Holzweg sein. Der, dessen Geburtstag wir heute feiern, hat diesen Holzweg zum Heilsweg gemacht. Manche Menschen sagen, eine Botschaft, die mit den anrüchigen Windeln eines Säuglings anfängt, mit der Nacktheit eines Delinquenten weitergeht und im Leichentuch eines Toten endet, eine solche Botschaft ist halbseiden und fadenscheinig. Der, dessen Geburtstag wir heute feiern, hat mitten in die halbseidene Fadenscheinigkeit unserer Existenz den roten Faden, den Ariadnefaden, zum Heil eingewoben, damit wir aus dem Labyrinth des Todes ins Leben hinausfinden.

Mitten unter den Suchenden und Versuchten, mitten unter den Zweifelnden und Verzweifelten, mitten unter den Erbärmlichen und den Erbarmungslosen hat mit dem, dessen Geburtstag wir Weihnachten feiern, die Botschaft von Reich Gottes Hand und Fuß, Herz und Hirn, Sitz und Stimme bekommen. Durch ihn wird, wenn wir wollen, unser Erdenelend Himmelreich.

Krippenspiel?

Weihnachten

Das Nachrichtenmagazin „Der Spiegel“ berichtete (53/2015, S.51) folgende merkwürdige Geschichte. In New York, an der 86. Straße Ecke 112. Straße im Stadtteil Queens, steht die „Holy Child of Jesus Church“, die „Kirche zum hl. Jesuskind“, ein bescheidener roter Backsteinbau. Hier arbeitet seit einigen Jahren José Morán als Hausmeister. Wenige Tage vor Weihnachten kommt er kurz nach eins von seiner Mittagspause zurück. Er macht sich daran, die Kirche auszufegen. Vormittags hat er mit Helfern eine grob gezimmerte Krippe neben dem Altar aufgebaut und nun müssen die Arbeitsspuren, Holzspäne, Sand, Moos- und Tannengrünreste etc. beseitigt werden. Die Kirche ist ganztägig geöffnet und mit fünf Eingängen im tobenden New York eine einladende Oase der Ruhe für alle, die einen Moment lang die Hektik hinter sich lassen und zu sich und zu Gott kommen wollen.

Während José Morán fegt, hört er irgendwann ein Baby weinen. Das ist nichts Ungewöhnliches, denn manchmal bringen Eltern ihre kleinen Kinder mit in die Stille der Kirche. Er fegt weiter. Als er nach einiger Zeit aufblickt, hört er immer noch das Babyweinen und sieht sich um. Er kann aber in der weiten Kirche niemanden mit einem Kind ausmachen. Die Kirche ist leer. Als das Weinen anhält, folgt er gespannt der Richtung, aus der das Weinen kommt. Es kommt aus dem Altarraum, genauer aus der vormittags aufgebauten Krippe neben dem Altar. Da liegt wahrhaftig unter einem Handtuch ein kleiner nackter neugeborener Junge, die Nabelschnur ist noch nicht entfernt. Als er das Handtuch ganz zurückschlägt, sieht er auch das Gesichtchen und dass der Kleine wohlauf ist. Der Hausmeister läuft ins Gemeindehaus und holt Bekannte, man betätigt die Notrufnummer 911. Sanitäter stürmen in die Kirche, aber finden an dem Kleinen nichts Besorgniserregendes. Sie nehmen ihn mit ins nahe gelegene Jamaica Hospital Medical Center.

Plötzlich hat die Holy Child of Jesus Church das, was sie seit Jahrzehnten im Schilde, im Namensschilde führt: The holy child of Jesus, das heilige Jesuskind. Und die Gemeinde ist fassungslos.

Wer hat das Kind ausgesetzt? Wo sind seine Eltern? Was ist zu tun? Zwei Eingänge der Kirche sind wegen manchem Diebstahl und Vandalismus in früheren Jahren videoüberwacht. Die eingeschaltete Polizei wertet die Videoaufzeichnungen der Kircheneingänge und darüber hinaus auch die Videoaufzeichnungen umliegender Geschäfte aus. Bilder, aufgenommen in einem 99-Cent-Store an der Jamaica Avenue, zeigen eine junge Frau mit einer hellen Kapuzenjacke. Sie trägt ein Baby vor dem Bauch, das sie in Tücher eingewickelt hat. Die junge Frau kauft Handtücher, der Zeitstempel der Videoaufzeichnung zeigt 13.01 Uhr, kurz vor Ende der Mittagspause des Hausmeisters. Wenige Minuten später taucht die junge Frau auf den Videoaufzeichnungen an der Kirchentür auf, das Kind trägt sie noch immer vor ihren Bauch gebunden. Und die nächsten Bilder zeigen die Frau beim Verlassen der Kirche, diesmal ohne Kind. Nach zwei Tagen hat die Polizei die Frau identifiziert. Sie gibt alles zu, sie erklärt, warum sie das Kind nicht behalten kann, und bittet um Gnade. In New York gibt es ein merkwürdiges Gesetz, das „Safe-Heaven-Gesetz“, d. h. „Sicherer-Himmel-Gesetz“. Es besagt Folgendes: Wenn sich die Mutter oder die Eltern in schwerer Notlage befinden, können sie ihr Kind in den ersten 30 Tagen nach der Geburt an Orten abgegeben, an denen es schnell gefunden und angemessen versorgt werden kann, z. B. an Krankenhäusern, an Notfall- oder Polizeistationen, so etwas Ähnliches wie die Babyklappe bei uns heute. Der zuständige Staatsanwalt, ansonsten als harter Hund verschrien, erklärt, die junge Frau habe im Sinne des „Safe-Heaven-Gesetzes“ gehandelt, und erhebt keine Anklage. Man hofft, dass sich in der Holy Child of Jesus-Gemeinde eine Familie findet, die das Kind adoptiert. Bis dahin trägt es den Namen, den der

Hausmeister ihm gegeben hat: Jesus! Natürlich, welchen Namen denn sonst?

Auch uns werden Kinder vor die Tür und mitten hinein in die Weihnachtsidylle gelegt, Kinder, die dringend der Hilfe bedürfen, auch wenn sie schon älter als dreißig Tage sind. Manchmal kommen diese Findelkinder nur medial zu uns; da können wir schnell die Bitt- und Bettelbriefe der großen Hilfswerke ins Altpapier entsorgen oder das Fernsehprogramm wechseln und sind „fein raus" aus der Anfrage, auch wenn die Hilfsbedürftigkeit bleibt.

Aber an unserem Verhalten gegenüber denen, die das Elend in unsere Weihnachtsidylle spült, da erweist sich, ob Weihnachten gutbürgerliche Folklore bleibt oder Hand und Fuß, Sinn und Verstand bekommt, ob Weihnachten zur tatkräftigen Mitmenschlichkeit wird.

Eigentlich gibt es auch in der Bibel ein urchristliches Safe-Heaven-Gesetz in verschiedenen Formulierungen unseres Himmels-Gewährmannes Jesus Christus. Es lautet z. B.: „Wer ein solches Kind in meinem Namen aufnimmt, der nimmt mich auf." und „Was ihr dem Geringsten meiner Brüder und Schwestern getan habt, das habt ihr mir getan." und „Liebe deinen Nächsten wie dich selbst."

Gott wird Mensch mit allem, was dazugehört, als ein Mensch in Not, mit der Sorge ums Brot, mit Sterben und Tod. Er wird, was wir sind, vom Wickelkind in Windeln über den nackten Schmerzensmann am Kreuz bis zum Leichnam im Totenhemd: Er wird Mensch von A bis Z. Er wird Mensch als das A und O für Menschlichkeit. Und er begegnet uns in dem, was wir sind: im Menschen.

Weihnachten ist kein folgenloses folkloristisches Krippenspiel, kein niedliches Puppenspiel, kein frommes Kinderspiel als überbrückendes Warten auf's Christkind. An Weihnachten macht Gott Ernst mit dem Menschen durch seine beispiellose und bedingungslose Menschlichkeit. An Weihnachten kommt Gott menschlich beim Menschen an. Machen wir an Weihnachten Ernst mit Gott durch unsere bedingungslose Menschlichkeit, damit nicht nur er bei uns, sondern auch wir bei ihm ankommen, damit wir gut ankommen bei Gott.

Vier Denkzettel

Silvester

Wir stehen am Ende des alten und am Beginn des neuen Jahres, die Weihnachtsfeiertage liegen hinter uns. Das alte Jahr befindet sich im Zieleinlauf und gibt den Staffelstab der Zeit an das neue Jahr, das in den Startlöchern steht. Was gewesen und geworden ist, können wir nicht mehr korrigieren, auch wenn es sehr korrekturbedürftig wäre. Manches war sicher auch gut, so dass es Grund zum Stolz, zur Dankbarkeit und zur Freude über das Vergangene gibt. Kurz vor Weihnachten erreichte mich der Brief eines alten Studienfreundes, der heute als Pfarrer in der Schweiz tätig ist. Bei ihm war gerade ein Prostata-Karzinom festgestellt worden, das noch kurz vor Weihnachten operiert werden musste. Weihnachten wird er also nicht bei seiner Gemeinde, sondern im Krankenhaus verbringen, die Angehörigen Hunderte von Kilometern entfernt. Es wird wohl ein sehr stilles Weihnachten sein, das er da erlebt, aber vielleicht auch ein sehr tiefes. In seinem Weihnachtsbrief schickte er mir aber zugleich vier inhaltsreiche Aussagen des Schweizer Pfarrers, Schriftstellers und Lyrikers Kurt Marti (1921–2017) mit – als Anregung zum eigenen vertieften Nachdenken über das Geheimnis von Weihnachten.

1. *„Die Ware Weihnacht ist nicht die wahre Weihnacht.“* Vielleicht haben Sie das auch schon einmal zwischen üppigen Geschenkebergen gespürt. Das ist es nicht und kann es auch weder

sein noch werden. Wo Weihnachten zum nur noch gefühlsduseligen Stichtag für Vermarktungs- und Einkaufsexzesse verkommen und merkantil verhökert ist, da ist es zugrunde gerichtet, hingerichtet, da ist Weihnachten tot und begraben. Der Mensch gewordene Gott, den wir Christen an Weihnachten feiern, der heißt definitiv nicht Mammon. „Mach das Geld zu deinem Gott, und es quält dich wie der Teufel", so sagt schon ein deutsches Sprichwort.

2. „*Wo Gott kein Fest mehr wird, hat er aufgehört Alltag zu sein.*" Die NRW-Landesregierung hat ein, wie sie es nennt, „Entfesselungsgesetz" auf den parlamentarischen Weg gebracht. Es soll durch den Abbau von Hemmnissen oder dessen, was man dafür hält, die Wirtschaft entfesseln. Dazu will man weitere vier, d. h. insgesamt dann acht, Sonntage im Jahr zu alltäglichen Einkaufstagen umfunktionieren. Man nennt das dann „verkaufsoffene Sonntage"; denn gegen Offenheit kann doch niemand sein. Der Tag des Herrn steht denen, die sich für die Herren der Tage halten, im Wege. Wir müssen offenbar Gott fesseln, um die Wirtschaft zu entfesseln. Wenn wir dann alle Sonntage zu Alltagen eingeebnet haben, dann merken wir, dass wir mit der Merkantilisierung aller Lebensbereiche letztlich nur den Gott Mammon entfesselt und gegen den Gott des Lebens eingetauscht haben. Dann gnade uns Gott! Die verkaufsoffenen Sonntage sind in Wirklichkeit nur verkaufsbesoffene Sonntage. Wir brauchen nicht weniger Gott am Sonntag, sondern mehr Gott im Alltag, wenn unsere Gesellschaft menschlich bleiben soll. Für mehr Gott im Alltag brauchen wir den Sonntag, jeden Sonntag, damit nicht alles zum gottlosen und seelenlosen Alltag verkommt, damit nicht letztlich der Mensch im entfesselten Wirtschaften verkommt und umkommt.

3. „*Wo kämen wir hin, wenn alle sagten, wo kämen wir hin, und keiner ginge, um zu sehen, wohin wir kämen, wenn wir gingen.*" Weihnachten, das Fest des menschlich entgegenkommenden, des mitgehenden Gottes ermutigt uns, im neuen Jahr auch neue

Wege einzuschlagen. Christsein ist nicht einfach konservativ, sondern auch innovativ und explorativ. Wenn wir mit dem Mensch gewordenen Gott die Wege dieses neuen Jahres gehen, dann werden es keine ziellosen Umwege, Abwege oder Irrwege, sondern zielführende Lebenswege mit Gott und letztlich Heimwege zu Gott sein.

4. Und dann ist da noch ein letzter merkwürdiger Text zu Weihnachten, auch von Kurt Marti: *„weihnacht// damals// als gott/ im schrei der geburt/ die gottesbilder zerschlug// und// zwischen marias schenkeln/ runzlig rot/ das kind lag“*

Das soll ein guter Weihnachtstext sein? Das ist doch bloß eine geschmacklose Provokation! So könnte man denken. Aber der im Jahr 2021 verstorbene Kurt Marti wollte nur die Provokation, die in der Menschwerdung Gottes selber liegt, in Worte fassen. Inkarnation sagt ganz drastisch die Theologie dazu, denn das heißt genau übersetzt nicht nur Menschwerdung sondern „Fleischwerdung“. „Caro cardo salutis“, „Das Fleisch ist der Dreh- und Angelpunkt des Heils“, sagt schon Tertullian (150–220), ein Theologe der alten Kirche. Indem er Mensch – und nicht Mammon – wird, zerschlägt Gott die Gottes-, Götter- und Götzenbilder. Als Mensch wird er menschlich greifbar und angreifbar, ein geschichtliches Wesen, einer von uns. Gott wird Mensch, d. h. er tauscht die göttliche Allmacht gegen die menschliche Ohnmacht, das ist menschlich unbegreiflich und unbegreiflich menschlich. Ich glaube, ich werde dem erkrankten Kollegen, der mit seinen vier Marti-Texten unser Weihnachtsfest zugleich realitätstauglicher und spirituell dichter gemacht hat, diese Überlegungen schicken, damit er noch auf dem Krankenbett sieht, was er angeregt und angerichtet hat, und dass seine Weihnachtsbotschaft selbst vom Krankenhausbett aus hörbar, lesbar und lebbar wird.

Ich wünsche uns in dieser Weihnachtszeit eine tiefe Freude und einen tiefen Ernst, die Herz, Hirn und Hand fordernde Weihnachtserfahrung, d. h. die zu Denken gebende, zu Herzen gehende und zur Tat schreitende Erfahrung von Gottes unbegreiflicher Menschlichkeit. Durch seine Menschlichkeit wandelt sich unsere heillose Zeit in das zeitlose Heil Gottes.

Das Zeitliche segnen?

Neujahr

Das neue Jahr lädt uns immer wieder neu ein, über die Zeit nachzudenken, die verflossene, die gegenwärtige, die kommende. Die Zeit scheint umso schneller zu laufen, je älter wir werden. Die Zeit ist so schnelllebig geworden, dass wir glauben, uns nicht einmal mehr Zeit nehmen können, über die Zeit nachzudenken. Doch heute sollten wir es tun; denn die Kunst, Zeit zu haben, ist die Kunst, sich Zeit zu nehmen.

Wenn die Zeit ein unwiederbringliches Gut ist, dann sind Zeitvertreib und Zeitverschwendung eigentlich unverantwortlich. Soviel ist, wenn man dem östereichischen Aphoristiker Ernst Ferstl folgt, sicher: „Wir werden immer humaner: Wir schlagen die Zeit nicht mehr tot, nur noch bewusstlos." Und auch dies Wort von ihm hat es in sich: „Zeit, die wir beim Fenster hinauswerfen, klopft sicher nie wieder an unsere Tür."

Wie also sollen wir mit der Zeit gehen und mit der Zeit umgehen, wenn wir doch mit der Zeit gehen müssen?

Der heilige Augustinus (354–430) hat im 11. Buch der Confessiones Fragen gestellt, die die Philosophie bis heute beschäftigen. Was aber ist die Zeit, und was messen wir, wenn wir die Zeit messen? „Quid autem metimur nisi tempus in aliquo spatio?" Was messen wir, wenn nicht die Zeit? Und dann führt er aus: Messen wir etwa die Zukunft? Und seine Antwort lautet: „Aber, was noch nicht ist, das können wir nicht messen." Messen wir die Gegenwart? Seine

Antwort lautet hier: „Aber Ausdehnungsloses können wir nicht messen." Oder messen wir die Vergangenheit? Und hier antwortet er: „Aber, was nicht mehr ist, können wir nicht messen." Was also messen wir, wenn wir die Zeit messen? Und Augustinus bezweifelt, dass uns die Zeit durch den Umlauf der Sonnen, Monde und Sterne gegeben wird. Auch die geben uns nicht die Zeit, sondern sie unterliegen selbst einer Zeitsetzung. Die Umläufe von Sonne, Mond und Sternen werden mit einem Zeitmaßstab gemessen, den sie nicht selbst liefern. Augustinus kommt zu dem Schluss: „In dir, mein Geist, messe ich die Zeiten." Zeit ist für ihn keine äußere an uns herangetragene, sondern eine innere in uns gemessene Wirklichkeit. Aber der Schöpfer der äußeren Welt und der inneren Welt ist Gott. Und indem wir über die Zeit nachdenken, stoßen wir auf deren Urheber, den ewigen Gott, der über alle Zeit erhaben ist und sich doch in ihr erfahrbar macht. So wird ihm die Frage nach dem Rätsel der Zeit zu einem Hinweis auf den zeitlosen Gott.

Und Albert Einstein, der der absoluten Zeit eines Newton und dem absoluten Raum mit seiner Relativitätstheorie den Todesstoß gegeben hat, auch er war mit der Zeit gedanklich nicht am Ende. Er meinte in einem Brief zum Tode seines Freundes Michele Besso: *„Nun ist er mir auch mit dem Abschied von dieser sonderbaren Welt ein wenig vorausgegangen. Dies bedeutet nichts. Für uns gläubige Physiker hat die Scheidung zwischen Vergangenheit, Gegenwart und Zukunft nur die Bedeutung einer wenn auch hartnäckigen Illusion."* Zeit ist für ihn nur ein Artefakt, ein Trick unseres Gehirns, die Dinge dadurch zu ordnen, dass man sie auf einer Zeitleiste wie auf einem Maßband anordnet.

Was sagt uns dieses Jahrhunderte lange Ringen um das Verständnis der Zeit? Wir sind nicht die Herren der Zeit. Wir haben sie nicht geschaffen, wir halten sie nicht an, wir können sie nicht abstellen, ja nicht einmal wirklich definieren, ohne von ihr zugleich schon Gebrauch zu machen. Aber wir können und müssen den Blick über sie und über die uns mit ihr gegebene Befristung hinausgehen lassen. Wir können, ja wir müssen sie deuten.

Eine sehr einprägsame Deutung gibt uns der romantische Dichter und Schriftsteller Jean Paul (1763–1825): „Die Zeit ist die Larve der Ewigkeit.“ Aus dieser Larve der Zeit mit ihrem Wachstum und ihren Häutungen soll sich – durch die Verpuppung des Todes hindurch – die Ewigkeit entpuppen. Die Ewigkeit ist die Imago der sich häutenden und schließlich entpuppenden Zeit.

Und was ist Ewigkeit? Darauf gibt der antike römische Philosoph und Konsul Boethius (480–524) eine Antwort, wie ich knapper und schöner keine kenne: *„Aeternitas est interminabilis vitae tota simul ac perfecta possessio.“ Ewigkeit ist ganzer und zugleich vollständiger Besitz unbegrenzten Lebens.* Ähnliches sagt auch der Theologe Karl Rahner (1904–1984): Ewigkeit, ewiges Leben ist *„Alles-in-einem-und-auf-einmal.“*

Unser Erdenleben haben wir immer nur in einem zerdehnten Nacheinander, es schlüpft durch das winzige Nadelöhr der Gegenwart und ist zerrissen zwischen einem Nicht-mehr und einem Noch-nicht. Und festhalten können wir nichts davon in der Gegenwart. Wir können nur das Vergangene erinnern und das Zukünftige prognostizieren. Ewigkeit dagegen ist ein Leben im Alles-auf-Einmal und Alles-Vollkommen im Immer-Jetzt. Das, was war, was ist und was werden kann, ist in einem ewigen Nun gegenwärtig und erfahrbar. Und diese Ewigkeit umfängt und unterfängt schon jetzt alles, was uns in der Zeit gegeben ist, was von uns im Nacheinander der Zeit gedacht und getan werden kann. Auch der flüchtigste Zeitmoment ist umfangen und unterfangen von Ewigkeit und hat darum Ewigkeitswert.

Vielleicht kann man sich von einem Jahr, von einer wichtigen Lebenszeit und vom Leben selber nur mit Dankbarkeit und Würde verabschieden, wenn man weiß oder doch fest erhofft, dass unser flüchtiges Leben von der Ewigkeit durchdrungen, umfangen und unterfangen ist. Vielleicht kann man die verflossene Zeit nur bejahen, wenn man sich von dem bejaht weiß, der alle Zeit umfängt und durchdringt, bejaht vom ewigen Gott. Vielleicht kann man erst dann das begrenzte Zeitliche segnen, wenn man sich durch Gott mit der Unbegrenztheit der Ewigkeit gesegnet weiß. Nur er kann unsere heillose Zeit in sein zeitloses Heil wandeln.

Verpuppung?

Neujahr

Am Jahreswechsel macht man sich so seine Gedanken zum Thema Zeit. In der alten norwegischen Festungsstadt Frederikstad nahe Oslo sind die Kasernen aus dem 18. Jahrhundert, die man sogar noch heute militärisch nutzt, nach dem sogenannten Kalenderplan errichtet worden: Die vier Eingänge stellen die Jahreszeiten dar, die zwölf Kamine die Monate, die 52 Zimmer die Wochen und die 365 Fenster die Tage des Jahres. Die 24 Scheiben pro Fenster sind die Stunden des Tages und die 60 Türen die Minuten der Stunde. Es mag sein, dass diese symbolträchtige Festung Verteidigungswert hatte. Aber den größten Feind, der am Ende alle besiegt und mit dessen Insignien sie prahlt, die Zeit nämlich, die rauscht durch die vier Jahreszeiten-Tore, durch die 52 Wochen-Zimmer, durch die 12 Monats-Kamine und durch jede der 24 Stunden-Scheiben an allen 365 Tages-Fenstern durch wie nichts.

Da ist die Inschrift auf einer Sonnenuhr kürzer und präziser: „Alle Stunden verwunden, die letzte tötet." Die Zeit heilt nicht alle Wunden, wie ein anderes Sprichwort meint, sie beseitigt alle Verwundeten. Auf drastische Weise sagt das auch ein Livländisches Sprichwort: „Die Zeit verwandelt den Eichenbaum in einen Sarg." Sie macht aus dem, was noch soeben stattlich und kraftvoll lebte, eine tote Ruhe-Truhe für den Tod. Auf drastische Weise präzis ist schon 500 Jahre vor Christus der Buddha: „Die Zeit ist ein großer Lehrer. Das Unglück: Sie tötet ihre Schüler." Und je älter man wird, desto mehr wird einem der langsam nagende Zahn der Zeit wie ein Zahn an der Kreissäge.

Auf dem Zifferblatt der großen Schuluhr meines Gymnasiums stand der lateinische Spruch: „Hora ruit". Ein Mitschüler übersetzte das mit „Die Uhr ist ruiniert." Es heißt aber: Die Stunde rast davon. Das hätten wir uns für die langweiligen Schulstunden sicher gewünscht; nur gerade die schienen zu schleichen. Klar, von den guten Stunden hätten wir immer gern mehr als wir haben, aber ohne die schweren Stunden wüssten wir gar nicht, was die guten sind. Und manchmal erscheinen uns im Nachhinein die schweren Stunden als die guten. Und was man als Schüler gehasst hat, das ist dann nach wenigen Jahren die wundervolle Schul- und Jugendzeit, über die man in Erinnerungen schwelgt. Aber Vorsicht, der Literaturnobelpreisträger Anatole France (1844–1924) meinte: „Nichts ist so sehr für die gute alte Zeit verantwortlich wie das schlechte Gedächtnis."

„Gäbe es die letzte Minute nicht, so würde niemals etwas fertig", stellt der amerikanische Erzähler und Satiriker Mark Twain fest. Ich glaube, es ist gut, dass unsere Zeit, im Guten wie im Schweren befristet ist. Erst die Befristung gibt der Zeit Gewicht, Bedeutung und Tiefgang. Eine Zeit, die ohne Befristung nur immer fortliefe, in der alles ins leere Später vertagt werden könnte, wäre so gleichgültig, wie jede andere Zeit davor oder danach. Angesichts der die Zeit befristenden Ewigkeit hat auch der graueste und entlegenste Tag unseres Lebens einen unwiederbringlichen, schier unendlichen Wert.

Das vielleicht bekannteste deutsche Sprichwort zum Thema Zeit lautet: „Die Zeit weilt, eilt, teilt und heilt." – Dass die Zeit weilt, erleben wir oft, wenn wir Langeweile haben in Warteschlangen und Wartezimmern, aber manchmal auch in existenziell besonders dichten Momenten unseres Lebens, wenn sie scheinbar stehen bleibt. Dass die Zeit eilt, merken wir in der Hektik des Alltags, wenn wir der Zeit hinterherrennen müssen, aber auch wenn wir – älter und alt geworden – auf unsere Jahre zurückschauen. Dass die Zeit teilt, das merken wir, wenn die Turmuhr nachts mit ihrem Schlag den Tag beschließt und mit demselben Schlag zugleich den neuen Tag erschließt. Und auf Silvester beschließt sie auch noch das alte und erschließt sie zugleich das neue Jahr. Die Zeit teilt unser Leben in Vergangenes und Zukünftiges, in das, was nicht mehr, und das, was noch nicht ist. Die Zeit, genauer die Gegenwart, erscheint dann wie der selbst ausdehnungslose Umschlagpunkt vom Noch-Nicht zum Nicht-Mehr. Aber wie heilt die Zeit? Vorläufig vielleicht heilt die Zeit durch das Vergessen. Aber endgültig heilt die Zeit, wenn sie zur Ewigkeit hin aufgehoben wird. Die Ewigkeit ist das alle Zeit zeitlos umfassende und alle Zeit zeitlos durchwirkende Sein. Und welche Bedeutung hat dann die Zeit? „Die Zeit ist nur der Fluss, in dem ich angle", meint Henry David Thoreau (1817–1862), der amerikanische Philosoph und Mystiker. Aus dem Fluss der Zeit wird das Überlebensnotwendige für das Leben jenseits des Flusses der Zeit gewonnen. Wenn das so ist, dann „Petri Heil"! Die Zeit, die weilt, eilt, teilt und heilt, ist im dreifachen Hegelschen Sinne aufgehoben in der Ewigkeit, 1. aufgehoben im Sinne von beendet, 2. aufgehoben im Sinne von bewahrt, 3. aufgehoben im Sinne von hinaufgehoben. Der Dichter Jean Paul (1763–1825) sagt das so: „Die Zeit ist die Larve der Ewigkeit."

Aber eine Larve ist noch nicht das Endstadium, sondern nur ein Wachstums- und Verwandlungsstadium, eben ein Zwischenstadium. Die Larve wird noch erst zur Puppe, die wie tot erscheint. Und erst das, was sich aus der Puppe des scheinbaren Todes entpuppt, ist die Imago, wie der Biologe sagt, das wahre Bild und Wesen, z. B. der Schmetterling. Was sich nach den Larvalhäutungen unseres Lebens zum Tode hin verpuppt, das entpuppt sich als das wahre Leben bei und mit Gott.

„Und keine Leere sinne, sondern Fülle. Die Zeit ist bald durchlebt. Was netzt noch Tau die braune Puppenhülle? Der Falter schwebt." Ruth Schaumann (1899–1975)

Zukunft, Gegenwart, Vergangenheit

Neujahr

„Wirklich schon wieder ein Jahr?", so sang vor einigen Jahren Reinhard Mey. Und in diesem Song ließ er das Jahr Revue passieren, den Wind vom Meer, den Sand in den Hosenumschlägen, das Meersalz auf den Lippen, den Vorjahrsschnee auf der Mütze und als Pfütze, das verwelkte Laub unter den Füßen, den Geruch der Erntefeuer in der Nase, und er endet:

Wirklich schon wieder ein Jahr?
Bin immer noch, der ich war.
Erwachsener werd' ich wohl nicht.
Ich hab' einen Jahresring mehr wie die Bäume,
Eine dickere Rinde, ein paar neue Träume
Und Lachfalten mehr im Gesicht.
Wirklich schon wieder ein Jahr?

Geht es Ihnen auch manchmal so? Ja, bei mir, muss ich sagen, ist das so. Die Jahre rasen nur so durch, je älter ich werde, umso mehr.

Was ist das die Zeit? Was machen wir mit ihr, was macht sie mit uns? Der Schriftsteller und Aphoristiker Manfred Hinrich (1926–2015) hat so schön mehrdeutig gesagt: „Mit der Zeit versteh ich mich besser."

Was meint er? Ich verstehe mich als ich selbst, verstehe mich als Mensch im Laufe der Zeit, meiner Lebenszeit besser? Oder: Ich verstehe mich mit der Zeit als Zeit besser? Mein Verhältnis zur Zeit wird besser? Wahrscheinlich meint er beides. Denn die Zeit erlebt man auch an sich, am eigenen Leibe. Und wer diese Zeichen der Zeit nicht versteht, der versteht sich selbst nicht.

Als gesunder junger Mensch ahnt man nichts von der Befristung, der Limitierung der Zeit. Man glaubt, über einen unendlichen Zeitvorrat zu verfügen. Und in Unkenntnis ihres ungeheuren Wertes verplempert man Zeit, schlägt man Zeit tot. Aber: „Totgeschlagene Zeit schlägt zurück!“ (Hinrich) Eben noch war man (oder fühlte man sich) zu jung, plötzlich ist man (oder fühlt man sich) zu alt. Ein deutsches Sprichwort sagt das so schön ironisch: „Das Jahr geht weiter, und ehe man sich’s versieht, ist für die Tulpen, die man im Herbst nicht gesetzt hat, die Zeit gekommen nicht zu blühen.“ Was ich getan oder gelassen habe, wirkt sich unweigerlich aus, und zwar nicht nur auf die Taten und deren Folgen, sondern auch auf den Täter und dessen Entwicklung. Ein anderes deutsches Sprichwort nimmt den Faden auf und ermahnt uns: „Lege nicht der Zeit zur Last, was selber du verschuldet hast.“

„ Aber was können wir tun in der Zeit, mit der Zeit? Wo ist der Zeit-Raum unserer Gestaltungsmöglichkeit und Gestaltungsfreiheit? Im Blick auf die Vergangenheit kann man nur das Gewordene archivieren und musealisieren. Im Blick auf die Zukunft kann man nur das Kommende vage imaginieren und ggf. antizipieren. Einzig die Gegenwart ist das Feld, das wir jeden Tag neu mit unserer Menschlichkeit und Christlichkeit bestellen können und sollen. Und unser Leben als Ganzes, mit seiner Vergangenheit, seiner Gegenwart und seiner Zukunft, das können wir nur mit irgendeiner Form von Glauben deuten.

Zukunft, Gegenwart, Vergangenheit erscheinen uns wie eine Sanduhr. Aus der Höhe der Zukunft rauscht durch die winzige Enge der Gegenwart Zeitkorn um Zeitkorn oder Zeitquant um Zeitquant in die Tiefe der Vergangenheit. Und da ist keiner, der uns die Uhr wieder umdreht. Wie geht man damit um, mit dem immer schneller werdenden Durchrauschen der Zeit, mit dem unaufhaltsamen Versinken der noch nicht handhabbaren Zukunft in die nicht mehr handhabbare Vergangenheit? Gerade dieses scheinbare Nichts zwischen Vergangenheit und Zukunft, gerade diese nicht zu messende Gegenwart, ist der Raum unserer Begegnung mit dem ewigen Gott. Der dänische Philosoph Sören Kierkegaard (1813–1855) formulierte das so: „Im Verhältnis zu dem Unbedingten gibt es nur eine einzige Zeit: die Gegenwart.“ Und diese Gegenwart bleibt in Gott aufgehoben, d. h. beendet, bewahrt und hinaufgehoben ins Ewige. Dass alles zugleich passiert, dass nichts mehr in die scheinbare Unendlichkeit der Zeitenabfolgen zerdehnt wird, dass nichts mehr unfertig zwischen seinem Vergangensein im Gestern und seinem Zukünftigsein im Morgen dilettiert, sondern dass alles in einem ewigen Jetzt in Vollkommenheit vor dem Herrn der Zeit gegenwärtig ist, das genau meint Ewigkeit nach klassisch-philosophischer Ansicht.

„Nunc fluens facit tempus, nunc stans facit aeternitatem. – Das fließende Jetzt macht die Zeit, das stehende Jetzt macht die Ewigkeit.“ So sah es der Politiker und Philosoph Boethius (ca. 480–524, De Trinitate). Wenn dies Jetzt, wenn die Gegenwart der Ort des Hineinragens der Ewigkeit in die Zeit ist, dann hat auch der verlorenste Augenblick bleibenden Wert und bleibende Bedeutung. Was immer wir Geschöpfe der Zeit in der Gegenwart tun, es hat Ewigkeitswert.

Und dann definierte Boethius, selber im Gefängnis und den sicheren Tod vor Augen, was Ewigkeit ist: „Aeternitas est interminabilis vitae tota simul ac perfecta possessio. – Ewigkeit ist ganzer und zugleich vollständiger Besitz unbegrenzten Lebens.“ (Consolatio Philosophiae)

Die Gegenwart, so undefinierbar sie auch ist, ist der einzige Raum-Zeit-Punkt, an dem wir wirken können; denn die Vergangenheit ist nicht mehr erreichbar und die Zukunft ist es noch nicht. Aber dieses ausdehnungslos erscheinende Jetzt ist auch der ausdehnungs- und grenzenlose Punkt der Begegnung mit dem von Raum und Zeit nicht begrenzten, mit dem ewigen, allgegenwärtigen Gott. Und so dichtete der Barockdichter Andreas Gryphius (1616–1664):

> *„Mein sind die Jahre nicht, die mir die Zeit genommen;*
> *mein sind die Jahre nicht, die etwa möchten kommen;*
> *der Augenblick ist mein, und nehm ich den in acht,*
> *so ist der mein, der Zeit und Ewigkeit gemacht."*

Machen wir aus dem Rohstoff der uns lebenslänglich immer neu zur Gestaltung anvertrauten Augenblicke christliche Wertarbeit, die unsere Handschrift trägt. Und für diese Wertarbeit dürfen wir die uns von Gott zugesagte Ewigkeitsgarantie in Anspruch nehmen.

Fasten- und Osterzeit

Tausendmal berührt ...

Fastenzeit

Die meisten von ihnen haben schon, auch wenn sie keine Fans von ihm sind, den Song von Klaus Lage gehört: „Tausendmal berührt, tausendmal ist nix passiert."

Darin besingt er die Beziehung zu einer Frau, die er schon jahrelang und seit Kindertagen kennt, mit der er Indianerspiele gespielt hat, mit der er in späteren Jahren zum Tanzen gegangen ist. Schon die Eltern kannten sich, und die beiden Kinder hatten ein wenig aufregendes Geschwister- und später ein ebenso wenig aufregendes Freundschaftsverhältnis zueinander. Aber dann ganz überraschend passiert es doch:

> *„Tausendmal berührt/ tausendmal ist nix passiert.*
> *Tausend und eine Nacht/ und es hat Zoom gemacht."*

Wann hat es bei ihnen „Zoom gemacht"? Können sie sich an die Zeit ihrer intensivsten Verliebtheit erinnern? Vielleicht müssen sie ein wenig in der Erinnerung kramen, dann tun sie es ruhig. Da kommt dann vielleicht zuerst die Suche nach Nähe zum geliebten Menschen in den Blick, die natürlich möglichst unabsichtlich erscheinen sollte. Dann kommt die eine oder andere knisternde Beinahe-Berührung zutage und dann, wie es sie durchzuckt hat bei der ersten wirklichen Berührung. Und die hat dann die Sehnsucht nach mehr geweckt, erst zaghaft vielleicht, dann immer drängender. Und dann ist aus dieser ersten Sehnsucht nach Berührung vielleicht sogar eine tiefe, lebenslange Freundschaft und Liebesbeziehung erwachsen. Und damit war es wie *„Tausend und eine Nacht und es hat Zoom gemacht"*, wie Klaus Lage singt. Hier führt das Berühren und Sich-berühren-Lassen zu einer neuen Lebensqualität, die wir Liebe nennen.

Die Vereinigung der Hautärzte Deutschlands hat vor Kurzem eine sehr erfolgreiche Kampagne gestartet mit dem Thema: „Bitte berühren!" Sie kämpft darin gegen die Ausgrenzung und für die Integration von Menschen, die eine sichtbare Hauterkrankung, z. B. die keineswegs ansteckende Psoriasis haben. Sie weist darauf hin, wie sehr wir alle liebevoll berührt sein wollen und wie sehr das Berührtwerden auch zu unserer körperlichen und seelischen Gesundheit beitragen kann. Hier führt das Berühren und Berührtwerden zum Heilwerden und Heilsein.

Eine weltberühmte Berührung oder Beinahe-Berührung finden wir in der unter Papst Sixtus IV. von 1475 bis 1483 erbauten Sixtinischen Kapelle in Rom. Die seitlichen Wandgemälde sind von Botticelli, Perugino, Rosselli und anderen genialen Malern der Renaissance gestaltet. Das zwischen 1508 und 1512 erstellte Deckengemälde aber, 520 qm groß, stammt von Michelangelo Buonarroti. Es wurde auf Allerheiligen 1512 enthüllt. Der vielleicht berühmteste Ausschnitt darin ist die Erschaffung Adams: Von rechts oben reicht Gott, umgeben von himmlischen Heerscharen, seine Hand herab und kommt der schlaff herabhängenden Hand des bereits fertig gestalteten Adam unten links ganz nahe, eine knisternde Beinahe-Berührung. Hier ist der Moment dargestellt, unmittelbar bevor der göttliche Funke des Lebens überspringt. Man möchte sagen: Bitte berühren! Dem materiell vollendeten Adam, das heißt übersetzt dem „Erdling", wird wie ein Zündfunke, der überspringt, „der Odem des Lebens eingehaucht". Und erst damit ist der Erdling ein lebens- und liebensfähiger Mensch, der Leben und Liebe weitergeben kann.

Angesichts dieses Bildes von Michelangelo kann man auch an einen anderen mit dem Engel im Namen denken, der hundert Jahre nach Michelangelo gelebt hat, an Angelus Silesius und seinen tiefsinnigen Vers:

„Nicht du bist, der da lebt; denn das Geschöpf ist tot./
Das Leben, das in dir dich leben macht, ist Gott."

So ist es wohl: Durch Gott haben wir den Lebensfunken, den Zündfunken zum Leben und zum Lieben erhalten. Ich glaube, Gott berührt auch einen jeden von uns, wenn wir uns nur anrühren und berühren lassen wollen von ihm. Wenn wir ihm die kalte Schulter zeigen, weil wir so cool sein möchten, weil wir unsere religiöse Frigidität oder Prüderie pflegen, weil wir zu selbstbezogen sind, um uns lieben zu lassen und selber ernsthaft zu lieben, „dann passiert nix" zwischen Gott und uns. Er überwältigt oder vergewaltigt uns nicht, er bietet seine Liebe an. Ich glaube, Gott hat einen jeden von uns tausendmal berührt, manchmal in den intimsten Momenten unseres Lebens, manchmal in den niederschmetternden Erfahrungen, manchmal auf dem Gipfel unseres Hochgefühls, manchmal in der Stille und immer wieder durch andere Menschen. Und vielleicht ist tausendmal nichts passiert, weil wir nichts gemerkt haben, andere nichts merken lassen und uns selbst nichts anmerken lassen wollten, weil es uns an existenzieller Aufmerksamkeit, weil es uns an liebender Sensibilität, weil es uns an intellektueller Redlichkeit oder am Eingeständnis unserer Bedürftigkeit gemangelt hat.

Aber die Fastenzeit lädt uns ein, uns berühren zu lassen, so dass – wie in der Sixtinischen Kapelle – der Funke von Leben und Liebe überspringt in den schlaffen Adam oder die frigide Eva.

„Tausendmal berührt/ tausendmal ist nix passiert./
Tausend und eine Nacht/ und es hat Zoom gemacht."

Sich von Gott berühren zu lassen, das befähigt uns zu einer neuen Lebens- und Liebesqualität, die all das überschreiten und in den Schatten stellen kann, was uns alltäglich begegnet. Wer sich von Gott anrühren und berühren lässt, der wird nicht rührselig. Der wird sich selber rühren wollen für den berührenden Gott und sich rührend kümmern um den, der uns braucht.

Bitten wir Gott, dass er uns berührt, unsere blinden Augen weitsichtig, unsere tauben Ohren hellhörig, unsere groben Hände feinfühlig und unser enges, versteinertes Herz weit- und warmherzig macht. Lassen wir uns in dieser Fastenzeit innerlich berühren, intellektuell berühren, emotional berühren, existenziell berühren von Gott, damit es „Zoom macht" in unserem Leben, damit er uns mit seiner Lebens- und Liebesqualität heilsam nahe kommt.

Mitleid? Los!

Misereor

„Misereor super turbam!" Zu Deutsch: Mich erbarmt des Volkes. Oder: Ich habe Mitleid mit diesen Menschen. Dieses Jesus-Wort aus dem Markus-Evangelium (Mk 8,2) ist der Beginn einer der Brotvermehrungsgeschichten. Jesus speist die Menschen, die ihm schon drei Tage lang teils von weit her gefolgt waren und keine Nahrungsmittel mehr hatten. Er fühlte sich nicht nur für ihr seelisches, sondern auch für ihr leibliches Wohl zuständig. Jesus plädiert nicht für das Brot-Horten sondern das Brot-Teilen. Und nur so geschieht das Brotwunder; nur durch das Teilen erhält jeder die lebensnotwendige Zuteilung.

Dieses Wort bewegte 1958 den Kölner Generalvikar, Joseph Teusch, als er mit den Bildern und Berichten des Journalisten Jakob Holl über die hungernden Menschen in Indien konfrontiert wurde. Teusch wandte sich an Kardinal Frings, der die Deutsche Bischofskonferenz veranlasste, eine Hilfsinitiative gegen Hunger und Krankheit in der Welt zu starten, die dann den Namen „Misereor", zu Deutsch: „Ich erbarme mich", erhielt. 1959 wurde unter diesem Namen die erste Fastenkollekte durchgeführt, damals noch in enger Anlehnung an das Päpstliche Werk der Glaubensverbreitung, das heutige missio e.V. Die Aufgabenstellung aber war von Anfang an eine andere. Es ging unabhängig von aller Religions- oder Volkszugehörigkeit um den Kampf gegen Krankheit, Armut, Hunger, Unterentwicklung, Entrechtung. Es ging um den Kampf für Menschenrechte, schulische und berufliche Bildung, kooperative Genossenschaften, Frauenförderung, Öffentlichkeitsarbeit, Lobbyarbeit zur politischen Bewusstseins- und Willensbildung etc. 1960 zog Misereor auch nach Aachen. Über dreihundert Fachleute aus allen möglichen Bereichen der Entwicklungszusammenarbeit sind heute dort für Misereor tätig. Gut sieben Milliarden Euro wurden für die Entwicklungsprojekte von Misereor seit 1959 eingesetzt. Und doch bleiben gewaltige Entwicklungsaufgaben.

„Ich bin nur der bescheidene Sprecher eines Volkes, das sich weigert, sich beim eigenen Sterben zuzusehen, nachdem es passiv zugesehen hat, wie seine natürliche Umwelt starb." Diese Worte stammen von Thomas Sankara, dem Präsidenten von Burkina Faso von 1983 bis 1987. Er hat sie auf der Umweltkonferenz 1986 in Paris gesprochen. Sie bringen die sozialpolitische und sozialökologische Dimension der Entwicklungszusammenarbeit auf den Punkt.

Aber die Dominanz der europäischen und nordamerikanischen Märkte, auf denen z.T. mit großem Düngemitteleinsatz und hohen Subventionen Lebensmittel im Überfluss produziert und dann zu Dumpingpreisen auf den Weltmarkt geworfen werden, erdrückt die Produktion der Kleinbauern.

Ein Beispiel ist die Milch: Die aus europäischem Milchpulver und Pflanzenfett hergestellte Milch kostet im westafrikanischen Burkina Faso pro Liter derzeit nur 36 Cent. Bei uns sind das selbst bei Lebensmitteldiscountern derzeit 20 Cent mehr. Die in Burkina Faso selbst hergestellte Milch kostet zwischen 76 Cent und 1,10 Euro. Die bei uns auch zum Erhalt der bäuerlichen Landwirtschaft hoch subventionierte Milchproduktion weist Überschüsse auf. Wenn aber die Milchmenge bei uns auf dem Markt bleibt, brechen die Preise hier wieder ein und Milchbauern sind am Ende. Also sagt man Export. Wenn aber die überschüssigen Milchmengen – einmal abgesehen von Hungerphasen, wie sie jetzt wieder in Ostafrika drohen – in Ländern wie Burkina Faso auf den Markt gebracht werden, dann spülen sie die Klein- und Kleinstmolkereien in Burkina Faso wirtschaftlich gnadenlos vom Markt. Dann bringen sie die Milchwirtschaft dort zur Strecke.

Ähnliches geschieht auch, wenn wir zu unverantwortlichen Billigpreisen T-Shirts in Bangladesch manchmal sogar mit Kinderarbeit herstellen lassen. Denken Sie nur an die tausend und mehr Toten beim Einsturz einer Nähfabrik in Bangladesch. Wenn wir diese T-Shirts nach dreimaligem Tragen in den „wohltätigen Kleidercontainer" werfen und dann als „Schnäppchen" z. B. auf dem afrikanischen Markt unters Volk bringen, dann ist das keineswegs wohltätig und auch nicht ökologisch verantwortlich. Diese T-Shirts zerstören z. B. in Westafrika innerhalb kürzester Zeit die landeseigene Nähmanufaktur und Bekleidungsindustrie.

Hier mit einem wachen Gerechtigkeitsempfinden, mit einem Weltgewissen, mit einem Blick für das Weltgemeinwohl, Herstellungs- und Vermarktungsprozesse kritisch zu betrachten, das ist die eine Aufgabe von Misereor. Und darum redet uns Misereor ins Gewissen. Die andere Aufgabe von Misereor ist die, durch gezielte entwicklungsspezifische Programme Hilfe zur Selbsthilfe technisch zu organisieren und menschlich zu realisieren. Wir Katholiken dürfen stolz sein, dass wir mit Misereor ein so hoch kompetentes und dazu noch das größte private Hilfswerk Deutschlands vorweisen können. Und wir sollten diese Qualitätsarbeit nach Kräften unterstützen. Aber wenn man einmal kritisch schaut, dann entsprachen die 60 Millionen an Spendengeldern bei der letzten Misereor-Aktion angesichts von 23 Millionen Katholiken in der Bundesrepublik 2,61 €uro pro Person. Das ist nicht nichts, aber ist doch gewiss noch deutlich steigerbar.

Vor vielen Jahren gab es bei Misereor den Slogan: „Gib dem Hungrigen einen Fisch, und er wird einen Tag lang satt. Lehre ihn fischen, und er wird nie mehr hungern." Heute müsste hinzugesetzt werden: Hilf ihm auch, ökologisch verantwortlich, nachhaltig, ressourcenschonend die nötigen Fischfanggründe zu sichern.

In einer Rede vor der UNO 1984 meinte der schon zitierte damalige Präsident von Burkina Faso, Thomas Sankara: „Sicherlich befürworten wir Hilfe, die uns hilft, auf Hilfe zu verzichten."

Misereor heißt „mich erbarmt des Volkes" oder „ich habe Mitleid mit den Menschen". Wer Mitleid kennt, wird nicht zum Klageweib oder zum Jammerlappen. Mitleid meint ja nicht Weinerlichkeit und nicht Selbstmitleid. Das wirklich gefühlte Mitleid legt den Transmissionsriemen zur getanen Mitmenschlichkeit auf. Denn das wirkliche Mitleid ist das wirksame Mitleid. Nur wer selbst kein Mitleid kennt, nur wer selber mitleidlos ist, der ist wirklich bemitleidenswert. Wer selbst kein Erbarmen kennt, der ist wirklich menschlich erbärmlich.

Von Wölfen und Hirten

Gründonnerstag

In einer großen deutschen Wochenzeitung (Die Zeit – Christ und Welt 16. III. 2017, Nr. 12, S. 4) stieß ich auf einen umfangreichen Beitrag mit der Überschrift: „Wo bist du, Gott?" Darin wird die Geschichte von Matthias Storck aus dem westfälischen Herford erzählt. Geboren wird dieser 1956 in der DDR. Der Vater ist evangelischer Pfarrer in Sachsen-Anhalt. Wenn der im Talar über die Straße geht, schämt sich der Sohn für den Vater. Und er selbst bleibt eben wegen dieses Vaters eine Art Außenseiter in einer sich atheistisch-aufgeklärt gebenden Gesellschaft. Aber er hält so Abstand zum Staat. Eine alte, auf dem Speicher gefundene Familienbibel mit den Eintragungen der Geburts- und Todesdaten seiner Familie wird ihm zum Zeichen, zu einer größeren wichtigeren Gemeinschaft zu gehören. Abitur darf Matthias Storck aus politischen Gründen nicht machen. Man will ja keine Pfarrerskinder fördern. So absolviert er eine Buchhändlerlehre und schreibt sich an der Universität Greifswald ein. Hier kann er auch ohne Abitur die Pfarrerausbildung beginnen, und er wähnt sich in einem Schutzraum, fern vom Zugriff des Staates. Mit seiner Freundin Tine, einer Studentin der Zahnmedizin, liest er die Gedichte und singt er die Lieder von Wolf Biermann. Auch in der Kirche singt er systemkritische Lieder im Glauben, hier sei er sicher. Aber ausgerechnet der Pfarrer seiner Gemeinde zeigt ihn bei der Stasi an, und er wird verhaftet. Auch seine Freundin Tine wird verhaftet und landet im selben Knast. Hier im Stasi-Knast bleibt ihm nur die Bibel. Und aus der versucht er nun zu leben. Immer wieder wird sie im weggenommen, um sie zu überprüfen, denn er hat sich aus Klopapier Lesezeichen hineingebastelt. Er hört die Glocken einer entfernten Kirche und erträumt sich die gemeinsame Gottesdienstfeier, zu der er nicht gehen darf. Nur manchmal beim Wachwechsel ruft er seiner Freundin über den Gefängnishof Biermann-Verse zu, und sie antwortet mit Biermann-Versen. *„Du, lass dich nicht verhärten/ in dieser harten Zeit./ Die allzu hart sind, brechen,/ die allzu spitz sind, stechen/ und brechen ab sogleich.“*

„Du lass dich nicht verbittern/ in dieser bittren Zeit./ Die Herrschenden erzittern,/ sitzt du erst hinter Gittern,/ doch nicht vor deinem Leid."

Aber die Einzelhaft bringt ihn an den Rand der Depression. Er bekommt einen 19–jährigen Mithäftling in die Zelle. Die beiden freunden sich an und erzählen sich aus ihrer Lebensgeschichte und von ihren Lebenshoffnungen. Nach einigen Wochen wird der Zellenkumpel entlassen. Und dann werden Matthias Storck die ihn belastenden Gesprächsprotokolle vorgelegt. Der Kumpel war ein Stasi-Spitzel. Matthias Storck zweifelt zutiefst an der Güte Gottes.

In ein Tuch mit Zuckerwasser getränkt legt er einen Zitronenkern und platziert das auf die Heizung. Ein Pflänzchen sprießt. Zwei grüne Blätter wachsen auf einmal in dem Beton-Grau seiner Zelle. Er denkt an Biermann: *„Das Grün bricht aus den Zweigen,/ wir wolln das allen zeigen,/dann wissen sie Bescheid."*

Irgendwann darf der Vater von Matthias Storck seinen Sohn besuchen. Er hat den Antrag gestellt, mit seinem Sohn in der Zelle das Abendmahl feiern zu dürfen. Das wird ihm nicht erlaubt. Kaffee in einer Thermoskanne und Kuchen darf er mitnehmen und im Beisein der Wärter mit seinem Sohn verzehren. Am Ende der Besuchszeit bricht der Vater den Kuchen entzwei, spricht die Abendmahlsworte und reicht seinem Sohn den Kuchen anstelle der Hostie und die Kaffeetasse anstelle des Kelches. Und sie beten das Vaterunser. Das ist das Abendmahl mit Kaffee und Kuchen. Die Wärter sind verdattert und greifen wohl auch mangels theologischer Grundkenntnisse nicht ein. Nach vierzehn Monaten Haft wird Matthias Storck von der Bundesrepublik Deutschland freigekauft. Freiheit für Devisen, das Geschäft verstehen und schätzen die SED-Gefängniswärter.

Später erfährt er, dass sein eigener Vater, wenn auch gezwungenermaßen, für die Stasi gearbeitet hat und dass sein Gefängnispfarrer ein Stasi-Mitarbeiter war. Die DDR wusste, dass sie einen zweitausend Jahre alten Betrieb wie die Kirche nicht mit einer kleinen Kampagne zerstören konnte, und versuchte es deshalb mit langem Atem und durch Unterwanderung.

Im Westen kann Matthias Storck endlich Theologie studieren. Auch die Freundin Tine kommt auf diese Weise frei. Aber als er endlich im Westen ist, zweifelt er an seiner Berufung zum Pfarrer. Er glaubt überflüssig und nicht gebraucht zu sein. In dieser Krise fährt er nach Hamburg, um erstmals den ausgebürgerten Liedermacher Wolf Biermann, dessen Verse ihn über Wasser gehalten haben, kennenzulernen. Biermann sagt später über diese Begegnung: *„Da kam ich in die paradoxe Rolle eines Gottlosen, dem ein angehender Pastor seine Glaubenskrise beichtet. Ich sah, dass er ein guter Mensch ist: aufrichtig, intelligent, tapfer. Dieser Mann könnte doch als Pastor anderen Menschen helfen. Also riet ausgerechnet ich, der Wolf, dem Hirten, dass der seine Schafe hüten soll.“*

Matthias Storck ist inzwischen Pfarrer im westfälischen Herford. Über seine alten und neuen Glaubenskrisen sagt er heute: *„Wenn Gott mir am meisten abhandengekommen ist, begegnet er mir in den Menschen, die Gott am meisten brauchen. Genau deswegen kann ich nicht an ihn glauben. Genau deswegen muss ich an ihn glauben.“*

Brot-Zeit?

Gründonnerstag

Am letzten Abend des Münsteraner Katholikentags, alle übrigen Veranstaltungen waren schon beendet, gab es noch einen ökumenischen Gottesdienst unter freiem Himmel vor dem wunderbaren Erbdrostenhof. Mit gut fünfzig Leuten hatte man gerechnet. Aber im Nu war der Innenhof mit 200 Menschen gefüllt und füllte sich unter den Bedenken der Sicherheitsleute noch auf 300. Stühle gab es keine mehr; man saß drinnen auf dem Boden, und an der Mauer draußen versammelten sich noch Dutzende von Menschen Es ging los mit einer Feststellung vorweg: „*Das hier ist – mit liturgisch und kirchenrechtlich approbierter Elle vermessen – keine Eucharistiefeier und kein lutherisches Abendmahl. Und doch ist es beidem sehr ähnlich, an beidem hart dran. Dieser Gottesdienst ist ein liturgischer Grenzgänger und als solcher die Kartierung einer überflüssigen, ja einer skandalösen und unchristlichen Grenze.*

Das Zweite Vatikanische Konzil nennt die Eucharistie ‚culmen et fons', Gipfel und Quelle von Gemeinschaft. Und manche Verantwortliche der Kirche tun so, als stünde das Wort ‚fons', also Quelle von Gemeinschaft, gar nicht dort und als ginge es darum, nur den Gipfel von Gemeinschaft zu zelebrieren. Aber beim Abendmahl, das Jesus eingesetzt hat, war auch Judas Iskariot zugegen, der ihn verraten hat, und war auch Petrus zugegen, der erste Papst, der ihn ebenfalls verraten hat und einer Neuberufung bedurfte.

Nein, Gipfel von Gemeinschaft ist dieses Mahl nicht wegen des erlauchten Teilnehmerkreises, der ein Gipfeltreffen garantiert hätte. Gipfel von Gemeinschaft ist dieses Mahl, weil Jesus, der Gastgeber, ‚culmen', also Spitze in Sachen Gemeinschaft ist und sogar Verräter wie Petrus und Judas, wie dich und mich, zum Mahl mit ihm zulässt. Er ist es auch, der dieses Mahl zur Quelle von Gemeinschaft macht. Das gestalten und das feiern wir heute Abend."

Soll das just am Katholikentag eine antikatholische Provokation sein? Mitnichten, wie die Gebete zeigen:

> „*Herr und Gott, du bist gegenwärtig unter uns, uns Katholiken und Protestanten, näher als wir uns selbst. Und doch: Unsere Augen sind oft wie blind, und wir können deine Zeichen nicht sehen. Unsere Ohren sind oft wie taub, und wir können deine Botschaft nicht hören. Unser Herz ist oft wie versteinert, und wir können deine Gegenwart nicht erspüren. Darum: Öffne unsere Augen,*

Ohren und Herzen. Mach uns weitsichtig, hellhörig, feinfühlig für dich und für den, der uns braucht. Und lass uns so Zeugen deiner Gegenwart unter den Menschen sein und werden. Amen.“

Die Predigt halten der evangelische Pfarrer und der katholische Priester im Dialog und gemeinsam. Sie erzählen von wechselseitigen konfessionellen Missverständnissen und Ausgrenzungserlebnissen. Sie denken darüber nach, wo und wie die Eucharistie oder das Abendmahl als Gipfel und Quelle von Gemeinschaft erfahren werden kann. Und dann wird mitten in der Predigt eine kleine Filmsequenz eingespielt. Kardinal Joseph Ratzinger, damals noch als Präfekt der römischen Glaubenskongregation für die Bewahrung des rechten Glaubens zuständig, zelebriert den Beerdigungsgottesdienst für Papst Johannes Paul II., dem er wenige Tage später als Papst Benedikt XVI. im Amt folgen sollte. Als er die Kommunion austeilt, wird als Erster Frère Roger Schutz, der Prior von Taizé, im Rollstuhl zu ihm geschoben. Und er, der katholische Glaubenshüter, gibt ihm, dem weltbekannten Protestanten, die Kommunion. Als Frère Roger zu seinem Platz zurückgeschoben wird, klopft er Kardinal Ratzinger dankbar an den Arm. Da entspringt offenbar eine ökumenische Quelle mitten zwischen den Kolonaden auf dem Petersplatz und ca. 1 Milliarde Zuschauer weltweit sind dafür Zeugen.

Der Altar bei diesem ökumenischen Gottesdienst ist durch ein rotweißes Flatterband in eine „katholische und evangelische Hälfte“ getrennt. Und zur Gabenbereitung erfolgt – höchst befremdlich – ein getrenntes Anreichen der „evangelischen“ und der „katholischen“ Gaben an die jeweiligen „konfessionellen Tischhälften“.

Schließlich liest der evangelische Pfarrer die Einsetzungsworte aus der allen Christen gemeinsamen Hl. Schrift vor, der katholische Priester hält dazu die Gaben hoch. Dann aber wird das Flatterband, diese sichtbar gemachte ökumenische Demarkationslinie, durchschnitten und das „evangelische“ und das „katholische“

Brot, sowie der „evangelische“ und der „katholische“ Wein in je einen Kelch zusammengeschüttet als Symbol der von Christus geforderten, der uns zugemuteten und zugetrauten Einheit. Und alle sind dazu eingeladen mit den Worten: Was Sie empfangen, das deuten Sie aus Ihrem katholisch oder evangelisch oder orthodox geprägten Glauben heraus. Aber, wie immer Sie es deuten, was Sie empfangen, ist kein Zeichen der Trennung, sondern ein Zeichen der Gemeinschaft:

> *„Empfange Leib und Blut des Herrn, Jesus Christus, und die Gemeinschaft mit denen, die an ihn glauben, unter diesen Zeichen von Brot und Wein!“*

Im Schlussgebet heißt es dann:

> *„Herr und Gott, du bist nicht unerreichbar und erhaben. Du willst keinen bewunderten Platz einnehmen in dieser Welt. Du bist den Weg der Ähren gegangen, hast dich zermahlen und zerreiben lassen als Nahrung gegen den Lebenshunger der Welt. Du bist den Weg der Trauben gegangen, hast dich zertreten und keltern lassen als Nahrung gegen den Lebensdurst dieser Welt.*
>
> *So bist du uns, allen Hungerleidern und Lebensdurstigen, sonntäglich und werktäglich, alltäglich und festtäglich, so bist du uns tagtäglich nahe.*
>
> *Gib du, dass wir dich wiedererkennen in deinem Wort, in diesen Zeichen von Brot und Wein und in jedem Menschen, weil er dein Antlitz trägt.*
>
> *Gib, dass wir als Christen aller Konfessionen zueinander finden und miteinander zu dir.“*

War das nun ökumenisch voreilig oder überfällig, rechtzeitig oder unzeitig, wohlüberlegt oder unüberlegt?

Was noch nicht zu spät ist und doch nie zu früh ist, das ist – wie das gemeinsame Mahl des Herrn – wohl immer höchste Zeit.

Aus-Gezeichnet

Karfreitag

> *„Das schauerlichste Übel, also der Tod, geht uns nichts an; denn solange wir existieren, ist der Tod nicht da, und wenn der Tod da ist, existieren wir nicht mehr. Er geht also weder die Lebenden etwas an noch die Toten; denn die einen berührt er nicht, und die anderen existieren nicht mehr. Die Menge flieht bald den Tod als das ärgste Übel, bald sucht sie ihn als Erholung von den Übeln im Leben. Der Weise dagegen lehnt weder das Leben ab noch fürchtet er das Nichtleben. Denn weder belästigt ihn das Leben, noch meint er, das Nichtleben sei ein Übel."*

Was Sie da gerade gehört haben, sind Worte des griechischen Philosophen Epikur. Er hat von 341 bis 270 vor Christus in Athen gelebt. Wahrscheinlich hat Jesus Christus Epikur nicht gelesen, nicht verstanden oder schlichtweg für falsch gehalten. Jesus jedenfalls hatte Sterbens- und Todesängste, wie uns die Evangelien einhellig berichten. Wahrscheinlich hatte er sie deshalb, weil er der trickreich sophistischen Trennung von Tod und Leben, von Lebenden, die eben nicht tot sind, und Toten, die nichts mehr spüren, weil sie ja nicht mehr leben, keinen Glauben geschenkt hat.

Epikur tut so, als sei der Übergang zwischen Leben und Sterben wie ein Lichtschalter, der eingeschaltet die volle Beleuchtung und ausgeschaltet die völlige Finsternis bietet. Aber so ist es ja wohl doch nicht. Unser Leben ist eher wie ein Schalter mit Dimmer, da gibt es viele Stufen der Erhellung und der Verdunkelung zwischen voller Beleuchtung und völliger Finsternis. Und wohl in jedem Leben werden viele kleinere und größere Tode gestorben, bevor der endgültige Tod da ist.

Der Dichter Rainer Maria Rilke (1875–1926) hat das Sterben mitten im Leben in seinem Gedicht „*Schluss-Stück*" so in Verse gebracht:

Der Tod ist groß.
Wir sind die Seinen
lachenden Munds.
Wenn wir uns mitten im Leben meinen,
wagt er zu weinen
mitten in uns.

Ja, der Tod geht uns etwas an. Er sitzt uns schon vom Mutterleib an in Mark und Bein. Wer die tief verstörenden Bilder aus dem Mutterleib vom Kampf des Embryos gegen die Saugkürette des Abtreibers gesehen hat, wer den sich oft wochenlang hinziehenden Todeskampf eines schwer Krebskranken schon einmal gesehen hat, der merkt, der Tod steckt uns vom Lebensanfang bis zum Lebensende in Mark und Bein. Der Tod sitzt uns unter der Haut, er sitzt im Mark des Lebens. Und wir kämpfen um das Leben.

Der Tod geht uns so sehr etwas an, dass Gott ihn in Jesus Christus zur „Chefsache" macht. Er geht uns so sehr etwas an, dass sich Gott selbst einschalten muss, um des Menschen willen und um Himmels willen.

Und so gibt uns Gott in der Passion Jesu Christi ein Beispiel, nicht wie man den Tod umgéhen kann, sondern wie man mit dem Tod úmgehen kann, wie mit dem Tod umzugehen ist im Lichte des verheißenen Lebens Gottes. Und Jesus tut das als beispielhafter Beter. Sein erschütterndes Wort:

„*Mein Gott, mein Gott, warum hast du mich verlassen …*" (Mk 13,34) ist nicht die letzte Bestätigung dafür, dass wir von Gott und der Welt verlassen hinaussterben aus dem Leben. Es ist ein Abschnitt aus dem Psalm 22 (Ps 22,2), in dem es weiter heißt: „*Aber du bist heilig, du thronst über dem Lobpreis Israels. Dir haben unsere Väter vertraut, sie haben vertraut, und du hast sie gerettet.*" Dieser Psalm endet im Vertrauen auf Gott und im Lobpreis der Heilstaten Gottes.

Und das andere Sterbenswort Jesu: „*Vater, in deine Hände lege ich meinen Geist.*"? (Lk 32,46) Das ist ein Vers aus dem Abendgebet der frommen Juden und findet sich ähnlich in Psalm 31,6. Auch hier zeigt sich Jesus am Abgrund des Todes als Beter zum Gott des Lebens. Und auch das ist ein Psalm des Vertrauens, in dem es weiter heißt: „*Gepriesen sei der Herr, der wunderbar an mir gehandelt und mir seine Güte erwiesen hat zur Zeit der Bedrängnis.*"

Wir feiern an Weihnachten: Gott kommt uns nahe, er wird Mensch in Jesus Christus. Inkarnation, Fleischwerdung sagt die Theologie dazu. Und Fleisch ist, schauen Sie sich und mich an, erstens nicht alterungsbeständig und zweitens leicht verderblich.

Aber, was Weihnachten wirklich heißt, was es in letzter Konsequenz bedeutet, das sagt uns erst der Karfreitag. Der Gott, der uns nahegekommen ist, macht sich angesichts des menschlichen und unmenschlichen Leidens und Sterbens keinen schlanken Fuß. Die Abgründe des Leidens umkurvt er nicht mit berührungsloser Eleganz. Er steht bei uns und zu uns, er steht also auch mitten im Leid mit uns und für uns, und er durchsteht das Leid für uns und mit uns.

Gott, der uns an Weihnachten nahegekommen ist, der bleibt uns nahe als Mensch in Jesus Christus auch am Karfreitag. Er bleibt uns nahe vom Geburtsschrei bis zum Todesschrei, von der tiefsten Bedürftigkeit des Neugeborenen bis zur tiefsten Bedürftigkeit des Sterbenden, bis hinein in die Nacht des Todes. Die letzte innerweltliche Konsequenz von Weihnachten ist Karfreitag. Das

Holz der Krippe und das Holz des Kreuzes gehören zusammen; sie stammen vom selben Baum aus demselben Wurzelgrund der Unmenschlichkeit. Und doch ist dieser Weg Jesu kein Holzweg, sondern ein Heilsweg. Am Karfreitag begehen wir die umfassende Solidarität Gottes mit dem Menschen. Die von den Nazis ermordete Edith Stein, als Ordensfrau trug sie den Namen Theresia Benedicta vom Kreuz, schreibt dazu: *„Es muss so sein, dass wir uns ohne jede Sicherung ganz in Gottes Hände legen, – umso tiefer ist dann die Geborgenheit."*

Der Gott des Lebens stirbt in Jesus Christus und zeigt solidarisch als Mensch dem todgeweihten Menschen, wie man selbst den todsicheren Tod durchleben kann – um Gottes und um Himmels willen. Als Menschen sind wir, und das lebenslänglich, vom Tod gezeichnet. Als Christen sind wir nicht nur vom Tod gezeichnet, wir sind auch vom Leben gezeichnet, von Gott zum Leben bezeichnet und vom Gott des Lebens ausgezeichnet.

Kreuz-Zug?

Karfreitag

Es ist mir noch gut erinnerlich, dass der erste Senat der höchsten deutschen Rechtsinstanz am 16. Mai 1995 entschieden hat, dass die Kreuze in den Schulen Bayerns kein Bleiberecht hätten, da sie religiös Andersdenkenden oder areligiösen Menschen nicht zuzumuten seien. Geklagt hatten die anthroposophisch orientierten Eltern dreier Schüler, die ihren Kindern ein Kruzifix nicht glaubten zumuten zu können und darum dessen Zeigen im öffentlichen Raum verbieten lassen zu sollen, und das bei einem religions- und kulturgeschichtlich derart wirksamen Bild. Praktisch hatte das Kruzifix-Entfernungsurteil keine Wirkung, da es weder von der Bevölkerung noch von der Landesregierung mitgetragen und überdies durch das Bayerische Erziehungs- und Unterrichtsgesetz vom 23. XII. 1995 unter Verweis auf die geschichtliche und kulturelle (nicht die religiöse) Prägung Bayern kassiert wurde. Was die Kläger zum Sinn des Kreuzes damals sagten, war allerdings in hohem Maße kläglich. Und die Begründung des Bundesverfassungsgerichts zur Entfernung der Kreuze machte mich fassungslos. Beide Positionen waren nicht einmal von blassester theologischer Sachkenntnis angekränkelt. Nun aber führt ein Bayrischer Ministerpräsident das Kreuz im öffentlichen Raum, z. B. in Gerichtsgebäuden etc., wieder ein und erhält medial Prügel. Worum geht's?

Das Kreuz ist der Galgen oder das Schafott der heidnischen Antike und primär kein Symbol für Christlichkeit, sondern für Unmenschlichkeit. An ihm starben auch die Sklaven des Spartakusaufstandes (71 v. Chr.) in Rom, der Religionsstifter Jesus und nach wie vor ihm zigtausend Christen wie Nichtchristen. Das Kreuz als Herrschaftszeichen ist so pervers wie das Kreuz als Schmuck, ganz gleich ob im Ausschnitt einer Dame oder an der Mitra eines Bischofs. Der gekreuzigte Jesus stammte nicht aus einem Herrscherhaus und starb als Opfer eines trickreich von Herrschenden, Juden und Römern, inszenierten Justizskandals. Der Todesanblick Jesu war keine Augenweide und sein Todesschrei kein Ohrenschmaus, sondern der letzte Ausdruck des Entsetzens, wie der Mensch den Menschen zurichtet. Im Blick auf den Gekreuzigten können sich alle wiederfinden, denen man das Kreuz gebrochen hat, die man zu Kreuze kriechen lässt, die man aufs Kreuz gelegt hat, oder die sich im Fadenkreuz einer todbringenden Krankheit oder im Fadenkreuz todbringender politischer Konstellationen befinden, ganz gleich, ob sie nun Christen sind oder nicht. – Wer bestreitet, dass primär die jüdisch-christliche Religion für unser Land prägend war, der leidet wohl an historischer Amnesie. Das Kreuz, meinte neulich ein beschränkt denkender und das Denken beschränkender Politiker, sei den Moslems im öffentlichen Raum nicht zuzumuten. Aber wer sind die Moslems?

Sind es die Schiiten, die Sunniten, die Alawiten oder die Salafisten? In der Krankenhauskapelle des Sankt Franziskus-Hospitals in Münster, wo ich Krankenhauspfarrer bin, liegen Gebetsdecken, die ein muslimischer Mitarbeiter des katholischen Hauses dort deponiert hat, um nahe dem „islamisch approbierten Propheten" Jesus seine Gebet zu verrichten. Gleiches habe ich schon in den Achtzigerjahren im katholischen Elisabeth-Krankenhaus in Recklinghausen und in der katholischen St. Elisabeth-Kirche in Duisburg Walsum in den Neunzigerjahren des vergangenen Jahrhunderts beobachten können. Wer meint, Moslems in Deutschland sei ein Kreuz nicht zuzumuten, ist theologisch schlicht auf dem Holzweg. Manche von denen, die nun das Kreuz aus dem öffentlichen Raum verbannt wissen möchten, hängen sich das Mäntelchen angeblicher interreligiöser Toleranz um, um die Nacktheit ihrer Intoleranz dem ortstypischen Christentum gegenüber besser kaschieren zu können. Ich möchte das Kreuz ernst genommen und weder als folkloristischen Accessoire von Heimatvereinen noch zum Parteiemblem der einen politischen Richtung degeneriert, noch mit der Arschkarte der anderen politischen Richtung degradiert sehen.

Das Kreuz ist die Erinnerung der Reichen und Erfolgreichen, der Gesunden und Geachteten, dass in ihrem Schlagschatten und Todesschatten die Armen und Armseligen, die Versehrten und Verachteten stehen, von denen sie nicht mehr trennt als ihr Dünkel. Das Kreuz durchkreuzt alle glückssüchtigen Diesseitsfantasien, es durchkreuzt auch alle ausschließlichen Jenseitsfantasien. Es verbindet Linke und Rechte, himmlisch-hohe und irdisch-niedrige Dimensionen. Wenn Christen nun sagen, in dem, der dort in einem allem Recht und aller Gerechtigkeit hohnsprechenden Verfahren bei den Letzten und Entrechteten dieser Welt landet, da war Gott unter uns gegenwärtig, dann öffnen sie die Sackgasse des Kreuzwegs zur Durchgangsstraße des Heilsweges. Gott ist in Jesus Christus nicht nur mit den Leidenden und Sterbenden zugrunde gegangen, sondern auch dem Leiden und Sterben auf den Grund gegangen und hat einen Grund zur Hoffnung gelegt. Der Mensch hat für den Menschen die Endlösung erdacht und gemacht, Gott hat ihm endgültige Erlösung gebracht. Und niemand ist genötigt, das zu glauben, aber jeder wird dazu eingeladen. – Was hätte mich in meinem „früheren Leben“ als Religionslehrer an diversen Gymnasien und als Theologieprofessor an diversen Unis hindern sollen, statt das Kreuz abzuhängen, neben das Kreuz die erste Koran-Sure der Moslems und das „Höre Israel“ der Juden hinzuhängen, damit auf jede nur mögliche Art der eine und einzige Gott der drei monotheistischen Religionen in Sicht- und Rufweite bleibt? Eine sich als interreligiöse Toleranz tarnende intrareligiöse Intoleranz ist theologisch-intellektuell unterbelichtet und unaufrichtig. Wenn sich jemand zum Kreuz, das heute dem Zeitgeist folgend eher opportunistisch verleugnet denn in seiner ungeheuren religions- und kulturgeschichtlichen Weite verstanden wird, öffentlich bekennt, dann hat er meinen Respekt.

Welch ein Leben?

Ostern

Die Theologie spricht in diesen Ostertagen vom Leben, besonders vom Leben über den Tod hinaus. Sie redet von Hoffnungen. Die Biologie spricht auch vom Leben, vom Leben vor dem Tod, vom verlängerten und optimierbaren Leben. Und man kann den Eindruck haben, wo Theologen beim Thema Leben von Hoffnungen sprechen, sprechen Biologen von Fakten.

Der Biologe Craig Venter hat das Erbgut eines Bakteriums komplett nachgebaut, 3 Millionen Basenpaare neu synthetisiert. Dann hat er dem Bakterium einer anderen, verwandten Art das

Erbgut entzogen, ohne das Zellplasma zu zerstören, und das künstlich nachgebaute Erbgut dort eingefügt. Und das eingebrachte künstliche Erbgut von Bakterium A vollbrachte mit dem Plasma von Bakterium B alles, was biologisch Leben ist: Stoffwechsel, Zellteilung, Vermehrung etc. Craig Venter gab diesem neu zusammengestellten Lebewesen seinen Namen und sprach von creation, also von Schöpfung. Er sieht sich als Schöpfer neuen Lebens. Und der Entdecker der DNS, der alte Nobelpreisträger Francis Crick, spricht seit Jahren davon, dass man die Schöpfung selbst in die Hand nehmen müsse; denn der Mensch könne das inzwischen besser als der Gott, an den manche überflüssigerweise noch glaubten. Da will einer partout Gott spielen. Soll man ihn spielen lassen? Wenn und weil das unser aller Leben tangiert, limitiert, reglementiert, sollten wir ihm auf die Finger gucken. Im Jahr 2012 entdeckten zwei geniale Biologinnen, Jennifer Doudna und Emmanuelle Charpentier, bei Bakterien das Crispr/Cas9–System. Das ist ein als Genschere nutzbarer Mechanismus, der das Erbgut scannen und bestimmte Sequenzen gezielt entfernen kann. Inzwischen ist das System so perfektioniert, dass man ziemlich zielsicher auch im menschlichen Erbgut Sequenzen finden kann, auf denen z. B. Veranlagungen zu Krankheiten codiert sind. Die will man nun eliminieren und durch neue, bessere Erbanlagen ersetzen, um so Schritt für Schritt das menschliche Erbgut zu perfektionieren. Das wird erhebliche medizinische Möglichkeiten erschließen, Milliardensummen bewegen und gewaltige soziale Folgen nach sich ziehen. Manche fabulieren schon von der Abschaffung aller Erbkrankheiten und gar der Abschaffung des Todes. Das ist ungefähr so ernst zu nehmen, wie wenn meine fünfjährige Großnichte den USA mit selbstgebastelten Atombomben den Krieg erklärt.

Aber gesetzt den Fall, man könnte einige von den Tausenden bisher bekannter Erbkrankheiten oder Krankheitsdispositionen heilen, wäre das nicht eine größere Wohltat für das Leben durch die Biologie als das nur von Lebenshoffnungen geschwängerte Reden der Theologie? Wenn die Menschen sehr viel länger und zahlreicher auf dieser Erde lebten, dann würden Überalterung, Überbevölkerung, Ressourcenverbrauch, Sozialgefälle und Verteilungskämpfe zu albtraumartigen Horrorszenarien. Dagegen wäre alles Bisherige ein Sandkastenscherz. Eines ist sicher: Auch wenn wir mit dem neuen System Gene in unsere Pflanzen, Tiere und Menschen einbauen könnten, die die pflanzliche Fotosynthese, die tierischen Milch- und Fleischleistungen und die menschliche Gesundheit und Lebenserwartung signifikant erhöhten, mit jedem Stück dieses neuen Erbgutes wird auch der Tod mit eingebaut. Und wissen wir, die wir nicht einmal das Wetter für einen Monat voraussagen können, wissen wir denn angesichts permanent sich ändernder natürlicher und sozialer Bedingungen, welche von den neu eingebauten Genen in der Welt von morgen noch ein Vorteil sind und wer da festlegt, was von Vorteil ist? Wir können nicht nach einer Marke segeln, die wir an den Bug des eigenen Schiffes genagelt haben.

Wenn die Theologie von Leben über den Tod hinaus spricht, dann meint sie ein durch Raum und Zeit nicht limitiertes Leben. Raum und Zeit sind Eigenschaften der Materie und die ist zur Wahrung der Identität und Kontinuität über den Tod hinaus nicht von Belang. Wir wechseln sie ja schon jetzt in jeder Sekunde und bewahren dennoch, obwohl wir vom Stoffwechsel her nie mehr dieselben sind, unsere Identität und Kontinuität oder eine kontinuierliche Identität. Nichts, was je existent und wahr gewesen ist, wird dadurch, dass es lange zurückliegt, zu einem Nicht-Gewesenen und Nicht-Wahren. Es bleibt als Wirkliches und Wahres aufgehoben im absoluten Geist Gottes, der sich als Weg, Wahrheit und Leben schon im anthropologischen Horizont zu erkennen gibt. In Raum und Zeit gilt der Energieerhaltungssatz der Materie. Es wird immer nur eine Energieform in eine andere transformiert. Aber jede Form von Materie ist schon immer informational aufgeladen, gewissermaßen „geistimprägniert“. Leben selbst ist ein erkenntnisgewinnender Prozess, in dem Information, also Geistiges, über materielle Transformationsprozesse extrahiert, akkumuliert und optimiert wird. Durch Zeit und Raum hindurch und über Zeit und Raum hinaus gilt der Geisterhaltungssatz. Die Seele ist die theologische Chiffre für diese In-Formation über das unverwechselbare individuelle Dasein und Sosein der Person vor Gott, die Chiffre für eine Gottunmittelbarkeit eines jeden Menschen. All unser geschichtlich gewordenes Dasein und Sosein wird im Sein Gottes im dreifachen Hegelschen Sinn aufgehoben. Es wird aufgehoben im Sinne von beendet, im Sinne von bewahrt, im Sinne von hinaufgehoben. Das Leben bei Gott ist keine Rückkehr in dies Leben, kein armseliger Nachschlag auf die Ration Leben, die wir hier erleben und erleiden, verkosten und verlieren. Das Leben bei Gott ist beispiellos und unvergleichlich. *„Was kein Auge gesehen und kein Ohr gehört hat, was in keines Menschen Herz gedrungen ist, das hat Gott denen bereitet, die ihn lieben."* (1 Kor 2,9)

Wir sollten Ostern nicht nur den hoppelnden Hasen einer harmlosen Frühlingsfolklore überlassen, sondern das todsichere Beenden als Vollenden und den Untergang des alten als Aufgang eines neuen Lebens denken lernen.

Transformation, nicht Deformation

Ostern

Das Krankenhaus, an dem ich Dienst tun darf, beherbergt auch eine große Neugeborenen- und Frühgeborenenstation. Gemeinhin ist die Geburt eines Menschen Anlass zur Freude. Und nach den „frisch gebackenen" Eltern freuen sich zumeist auch die „frisch gebackenen" Großeltern über das neue Leben, das da ans Licht dieser Welt drängt.

Aber manchmal, wenn das mit Freude erwartete Kind dann doch tot oder mit schweren Behinderungen zur Welt kommt, dann ist auch die Trauer abgrundtief und schier endlos.

Und immer wieder kommt es auch mal vor, dass Zwillinge geboren werden, eines gesund und voller Verheißungen von Leben, und eines mit schwersten Behinderungen, dem Leben nicht gewachsen und darum dem Tod geweiht. Dann sind sie fast gleichzeitig, der erste Atemzug des einen und der letzte des anderen. Dann fallen der Geburtstag des einen und der Todestag des anderen zusammen, oder es fallen für eines sein Geburts- und sein Todestag zusammen. Das ist ein kaum zu ertragendes, ein abgrundtiefes und himmelhohes Wechselbad der Gefühle. So ist es auch in meiner Klinik in diesen Tagen nach Ostern, dem Fest des Lebens, gleich mehrfach geschehen. Und dann werden Klage und Anklage, aber auch Lob und Dank an die Adresse Gottes gerichtet. Dem einen Kind, das nur wenige Atemzüge auf dieser Welt aushalten konnte, durfte ich für seinen Weg ins Jenseits die Nottaufe spenden und dem anderen für seinen weiteren Weg im Diesseits den Segen.

Ist Gott ungerecht, fragen sich da manche Menschen. Mich erinnerte dies Zusammentreffen von Tod und Leben an ein Erlebnis, das mir sehr tief ging und bis heute sehr präsent ist. Ich brachte in längst vergangenen Studententagen meine Armbanduhr zwecks Reparatur zum Uhrmacher. Der entschloss sich, damals gang und gäbe, einmal schnell ins Uhrwerk hineinzusehen für eine erste Diagnose. Und dann ging er in seine Werkstatt und ließ mich einige Minuten in seinem Laden zwischen zahlreichen Standuhren allein. Manche von ihnen standen still, andere liefen, aber keineswegs mit synchronem Ticken und Uhrschlag, ja nicht einmal mit gleichen Uhrzeiten und gleichem Stundenschlag. Jede Uhr hatte ihre eigene fortgeschrittene oder frühe Zeit. Manche eine war, wie die hoch gezogenen Gewichte andeuteten, wohl frisch aufgezogen, manch eine war mit tief hängenden Gewichten, kurz vor dem Stillstand. Wie unser menschliches Leben, durchfuhr es mich, mit unterschiedlicher Taktung und unterschiedlicher Lebenszeit und Lebenserwartung.

Auf dem Zifferblatt einer der Uhren las ich überdies eine alte römische Spruchweisheit: Tempus nascendi – tempus moriendi, die Zeit des Geborenwerdens ist die Zeit des Sterbens. Dieser Satz rührte mich besonders an. Ja, so ist es wohl, und das nicht nur bei diesen ungleichen Zwillingsgeburten. Denn in einem jeden Neugeborenen, und mag es auch hundert Jahre alt werden und seine Lebensdynamik vorerst alles Sterben überdecken, ist der Tod schon gegenwärtig, und zwar in allen Gewebetypen seines Körpers. Aber man kann diesen Satz auch wie eine Gleichung verstehen: Die Zeit des Geborenwerdens ist die Zeit des Sterbens. Für solch einen Aussagetyp gilt dann auch das Kommutativgesetz: Wenn A gleich B ist, dann ist auch B gleich A. Könnte man, müsste man dann nicht sagen: Nicht nur die Zeit des Geborenwerdens ist die Zeit des Sterbens, sondern auch die Zeit des Sterbens ist die Zeit des Geborenwerdens, freilich in eine andere Dimension von Leben hinein.

Und so hoffe und glaube ich, dass der Gott des Lebens nicht einem der beiden ungleichen Zwillinge den Zugang zum Leben verwehrt, den er dem anderen schenkt. Ich hoffe und glaube, dass der Gott des Lebens beiden den Zugang zum Leben eröffnet, dem vitalen Kind den Zugang zu diesem vitalen begrenzten und befristeten Leben mit Licht und Dunkel in Raum und Zeit; und dem Kind, das dieser Welt physisch nicht gewachsen ist, den Zugang zu seinem Raum und Zeit überschreitenden, unbegrenzten und unbefristeten Leben im Licht seiner Ewigkeit. Könnte man nicht auch sagen, der Gott des Lebens ist kein ungerechter, sondern ein fürsorglicher Gott? Er nimmt die, die dem diesseitigen Leben nicht gewachsen sind, in sein jenseitiges Leben.

Ich glaube, unser aller Leben wird im dreifachen Hegelschen Sinne aufgehoben von Gott. 1. Es wird aufgehoben im Sinne von beendet durch Gott. 2. Es wird aufgehoben im Sinne von bewahrt durch Gott. 3. Es wird aufgehoben im Sinne von hinaufgehoben, hinaufgehoben aus seiner diesseitigen in seine jenseitige Existenzform durch Gott. Und dann kann man mit dem Religionsphilosophen Romano Guardini sagen: „Der Tod ist nur die uns zugewandte Seite jenes Ganzen, dessen andere Seite Auferstehung heißt."

Der Tod ist nicht das Ende eines überholten Auslaufmodells, das da Leben genannt und unwiederbringlich beendet wird. Der Tod ist wie die Geburt, eine Transformation von Leben aus seiner menschlichen und raumzeitlichen Begrenztheit in seine göttliche raumzeitlose Unbegrenztheit. So betet die Kirche in ihrer Präfation für die Verstorbenen denn auch: „Deinen Gläubigen, o Herr, wird das Leben gewandelt, nicht genommen." So teile ich die gläubige Hoffnung und Zuversicht, die Christian Fürchtegott Gellert (1715–1769), ein Dichter und Moralphilosoph der Aufklärung, er war Lehrer von Schlegel, Klopstock und Goethe, so formuliert hat:

> *„Jesus lebt, mit ihm auch ich!/ Tod, wo sind nun deine Schrecken./ Er, er lebt und wird auch mich/ von den Toten auferwecken. Er verklärt mich in sein Licht:/ Dies ist meine Zuversicht. //*
>
> *Jesus lebt! Nun ist der Tod/ mir der Eingang in das Leben;/ welchen Trost in Todesnot/ wird er meiner Seele geben,/ wenn sie gläubig zu ihm spricht:/ Herr, Herr, meine Zuversicht."*

Vetomacht

Ostern

Das entsetzliche Ereignis steht vielen noch vor Augen: Am 24.3.2015 hat der 28-jährige offenbar psychisch kranke Ko-Pilot, Andreas Lubitz, den Piloten ausgesperrt und dann den A 320 der Fluggesellschaft German-Wings offenbar ganz bewusst in einem achtminütigen Sinkflug gegen eine Felswand in den französischen

Alpen rasen und zerschellen lassen. 150 Menschen kamen zu Tode, die Unglücksstelle bietet ein Schreckensbild von Tod und Verwüstung, Leichenteile bis zur Unkenntlichkeit zerfetzt und zerstreut über einen gewaltigen Geröllhang.

Ist menschliches Leben ein unaufhaltsamer Sinkflug, der am Felsmassiv des Todes endgültig zerschellt? Sind wir wie die Passagiere, die offenbar erst ganz am Schluss merken, dass sie in ein tödliches Desaster rasen? Ist unser Leben einem verrückten oder bösartigen Piloten ausgeliefert, der bewusst unser Ende herbeiführt?

Angesichts dessen feiern wir Ostern und meinen damit kein tröstliches Kindermärchen, keine niedliche Fühlingsfolklore, keine heiter-realitätsferne Operette.

Manchmal sind es die Dichter, die am besten zum Ausdruck bringen können, was Ostern meint und was nicht:

Die 1974 verstorbene Dichterin Marie Luise Kaschnitz hat sich in ihrem Leben immer wieder mit der Frage nach Tod und Auferstehung beschäftigt. Eines ihrer Gedichte lautet: *Nicht mutig*

Die Mutigen wissen
Daß sie nicht auferstehen
Daß kein Fleisch um sie wächst
Am jüngsten Morgen
Daß sie nichts mehr erinnern
Niemandem wiederbegegnen
Daß nichts ihrer wartet
Keine Seligkeit
Keine Folter
Ich
Bin nicht mutig.

Sind das die Mutigen, die im Blick auf Sterben und Tod nichts erinnern, nichts befürchten, nichts erhoffen, nichts erwarten? Oder sind die eher nassforsch, tun die nur mutig? Ist deren scheinbare

Mutdemonstration doch eher das Pfeifen des Kindes im dunklen Keller?

Die, die angeblich nichts befürchten, nichts erhoffen, nichts erwarten, erwarten oder befürchten nämlich doch etwas: das Nichts! Kaschnitz zweifelt an der mutig tuenden Erwartung des Nichts. Sie zweifelt an der Verzweiflung. Sie lässt sich die Hoffnung auf Leben jenseits des Todes nicht nehmen. Sie hofft, über die eigenen Fähigkeiten und Einsichten hinaus, auf den, der Leben geben kann, weil er das Leben ist.

Der Pfarrer und Dichter Lothar Zenetti hat den Kern unseres Glaubens in drei Zweizeilern ausgedrückt:

Wir sind mitten im Leben zum Sterben bestimmt;
was da steht, das wird fallen. Der Herr gibt und nimmt.

Das haben viele erfahren, angesichts des frühen oder plötzlichen oder tragischen Todes eines lieben Menschen. Mitten im Leben zum Sterben bestimmt – und der menschliche Gott stirbt als Mensch mit uns Menschen. Das haben wir am Karfreitag bedacht.

Wir gehören für immer dem Herrn, der uns liebt;
was auch soll uns geschehen, er nimmt und er gibt.

Was auch geschieht, wir haben es mit einem Gott zu tun, der uns liebt. Wir sind seine geliebten Geschöpfe, und er ist ein Liebhaber des Lebens. Gott ist es, aus dessen Hand wir kommen und in dessen Hand wir fallen. Wir haben unsere Herkunft und Zukunft in Gott. Das feiern wir bei jeder Geburt und bei jedem Tod.

Wir sind mitten im Sterben zum Leben bestimmt;
was da fällt, soll erstehen. Er gibt, wenn er nimmt.

Mitten im Sterben zum Leben bestimmt – das feiern wir von Ostern bis Pfingsten. Wir glauben, dass den Verstorbenen, denen wir die Augen zudrücken, längst die Augen auf- und übergegangen sind angesichts des Lebens Gottes. Wir leben in unser Sterben hinein, und wir sterben in sein Leben hinein.

Der 2006 verstorbene Zeichner und Dichter Robert Gernhardt setzte sich in seinem letzten Gedichtband *Später Spagat* immer wieder drastisch, sarkastisch, ironisch mit seiner Krankheit auseinander. Eines seiner Gedichte nennt er:

Strategien
Die Krankheit greift den Menschen an:
Hierhin. Dahin.
Bis er's nicht mehr mit anseh'n kann:
Dies hierhin. Dies dahin.
Bis er sich nicht mehr anseh'n kann:
Nicht hierhin. Nicht dahin.
Bis er begreift: Bin abgetan.
Bin hierhin. Geh dahin.

Wir mögen das Elend dieser Welt und uns selbst nicht mehr anseh'n können; bei Gott haben wir gleichwohl Ansehen. Im Angesicht von Menschen mögen wir abgetan sein; Gott ist von uns angetan.

Und wenn wir hier hin sind, gehen wir doch nicht einfach ziellos da*hin*.

Wenn wir hierhin sind, gehen wir *da*hin, wo uns Gott mit seiner Liebe und seinem Leben erwartet.

Strategien heißt das Gedicht; das Wort kommt vom Griechischen stratós, das Heer, und ágein, führen. Christen glauben, dass das Heer derer, die dem Tod geweiht sind, von dem geführt wird, der den Tod überwunden hat. Der Glaube an das Leben über den Tod hinaus, das ist unsere Strategie. Und unser Stratege ist der, der den Tod überwand.

Ostern ist kein Beruhigungspflästerchen auf die weiterschwärende unheilbare Wunde Tod, ist kein Placebo, das nur unserer Einbildung weiterhilft. Ostern ist kein folkloristisch ausgestaltetes Zuspachteln der tiefen Risse im einsturzgefährdeten Haus unserer Existenz. Ostern sagt nicht: Wir werden nicht sterben. Ostern sagt: Ja, wir werden sterben – und dennoch leben!

Weil wir leben werden, kann Ostern gegen alle Selbstzufriedenheit zutiefst beunruhigen. Denn das Leben endet nicht unter dem gleichmacherischen Rasen, der keinen Unterschied zwischen dem Mörder und seinem Opfer kennt. Weil wir leben werden, zeigt Ostern Wirkung, schon jetzt und hier; denn wir gehen im Tod nur aus dem einsturzgefährdeten Haus unserer zeitlichen Existenz in die ewige Heimat Gottes.

Ostern ist das entscheidende Veto des Leben schenkenden Gottes gegen die scheinbare Allmacht des Todes. Ostern sagt auch für die, deren sterbliche Überreste vielleicht nie mehr gefunden werden an den Absturzstellen dieser Welt, in den tödlichen Tsunami-Katastrophen, auf den Schlachtfeldern der Kriege und wo immer der Tod zu triumphieren scheint, Ostern sagt den Sieg des Lebens voraus. Trotz des todsicheren Sterbens schenkt Ostern die Lebenshoffnung und Lebensfreude, die mit Gott diese Welt ändert auf Gott und seine Welt hin.

Für immer jung?

Ostern

So lautete die Überschrift auf der Frontseite der ZEIT just vor Ostern. Darunter stand zu lesen: „Wissenschaftler arbeiten am größten Traum der Menschheit: das Altern zu stoppen. Diesem Ziel sind sie schon verblüffend nahe."

Wir Christen beten im Apostolischen Glaubensbekenntnis: „Ich glaube an die Auferstehung der Toten und das ewige Leben." Und im Großen Glaubensbekenntnis beten wir: „Ich glaube an die Auferstehung der Toten und das Leben der zukünftigen Welt." Machen wir diese zukünftige Welt und dieses ewige Leben selbst? Auch manche Christen sind schon drauf und dran, diese Hoffnung an die Biowissenschaften zu delegieren. Ein Papagei wird ca. 100 Jahre alt, die Riesenschildkröte wird ca. 200 Jahre alt, der Grönlandhai als das angeblich alterungsbeständigste Wirbeltier kann es auf 400 Jahre bringen. Wollen wir so alt werden? Ich habe Zweifel daran, ob es der größte Traum der Menschheit ist oder sein sollte, solch ein Methusalem-Alter zu erreichen.

Ein deutscher Forscher an der University of California ermittelte im menschlichen Genom 353 Orte mit veränderter Molekülstruktur, die als Zeitmarker fungieren. Damit kann man feststellen, wie alt ein Individuum biologisch ist, statt nur sein kalendarisches Alter zu konstatieren. Und vielleicht könnte man die Uhr verstellen.

Ein anderer von der Stanfort University hat den Kreislauf alter und junger Mäuse miteinander verbunden und dann eine erhebliche Verjüngung auch der Gehirne der alten Mäuse festgestellt. Altern ist kein bloßer Verschleiß, keine biologische Materialermüdung, meint er. Junges Blut macht jung, altes Blut macht alt. Aber nicht die Blutzellen sondern das Blutplasma bewirkt diese Verjüngung, stellte er fest. Bestimmte Substanzen im Plasma aus jungem Blut weckt die adulten Stammzellen aus dem Alterungsschlummer und diese teilen sich und ersetzen dann bereits ausgefallene Zellen im Gehirn, in der Leber, im Herzen, im Muskel etc. Der besagte Zeitartikel bietet schließlich noch die vollmundige Überschrift „Sieg der Jugend".

Aber was ist gewonnen, wenn es sich bestimmte Menschen, zumeist wohl die reichen und die einflussreichen, leisten können, stets die hinreichende verjüngende Plasmamenge zu ordern und sich transfundieren zu lassen? Wir hätten die Gesellschaft noch weiter als jetzt gespalten in Steinreiche und Steinalte einerseits und Kurzlebige, weil finanziell Kurzatmige andererseits. Und woher käme die Frischblut- bzw. Frischplasmazufuhr?

Und wohin führte es, wenn, sagen wir, die Mehrheit der Bevölkerung 200 Jahre alt werden könnte? Hätten wir dann nicht die perfektionierte Gerontokratie? Die, denen es biologisch ans alt gewordene Leder geht, die halten sich jung und schadlos durch Zugriff auf das junge Leben. Was uns hier als „Für immer jung" offeriert wird, wäre nur ein Nachschlag auf dieses endliche Leben. Es wäre nur eine biologische Umschuldung zu Lasten anderer, aber keine Entschuldung. Und es wäre nur ein Nachschlag für den Geldadel heute, der in den Genuss dieser wissenschaftlich zweifelhaften Wohltaten käme.

Bertolt Brecht hatte in seinem Gedicht „Gegen Verführung" ganz und ausschließlich auf dieses befristete Leben gesetzt:

Laßt Euch nicht verführen!
Es gibt keine Wiederkehr.
Der Tag steht in den Türen,
Ihr könnt schon Nachtwind spüren:
Es kommt kein Morgen mehr,

Laßt Euch nicht betrügen!
Das Leben wenig ist.
Schlürft es in vollen Zügen!
Es wird Euch nicht genügen,
wenn Ihr es lassen müßt!

Laßt Euch nicht vertrösten!
Ihr habt nicht zu viel Zeit!

Laßt Euch nicht verführen,
Zu Fron und Ausgezehr!

Laßt Moder den Erlösten!
Das Leben ist am größten:
Es steht nicht mehr bereit.

Was kann Euch Angst noch rühren?
Ihr sterbt mit allen Tieren
und es kommt nichts nachher.

Den Milliarden Toten, die vor diesen angeblich so glücklichen Zeiten verstorben sind, ist nicht mehr zu helfen. Sie sind der archäologisch zu erschließende Friedhof der Vormoderne, die Müllkippe der Evolution, die Fortschrittsfossilien, an denen man nur paläontologisch den Gang der Wissenschaft rekonstruieren könnte. Ostern meint aber auch die Rettung der Vergangenen, die Rettung derer, die durch keine der gegenwärtigen biomedizinischen Wohltaten mehr erreicht werden können.

Durch Ostern denken wir größer vom Leben. Ostern ist nicht das Absaugen von Lebenskraft der Jungen durch die Alten. Ostern ist nicht der klägliche selbst wiederum nur befristete Nachschlag auf ein befristetes Leben.

Brechts Diesseitsperspektive würde sich ja nicht ändern, wenn wir unser Leben auf die Länge von 200 Jahren ausdehnen könnten. Und ist dieses Leben so, dass wir es, selbst wenn es mit allen diesseitigen Reichtümern gesegnet wäre, ewig so weiterleben möchten? Gibt es nicht doch so etwas wie eine Lebenssattheit, ja sogar einen Lebensüberdruss angesichts dieses Lebens und eine bleibende Lebenssehnsucht nach vollendetem Leben.

Durch Ostern denken wir auch gerechter vom Leben. Der Tod deckt nicht ein für alle Mal den gleichmacherischen Rasen über das Grab des Mörders und seines unschuldigen Opfers. Ostern besiegelt nicht endgültig die Ungerechtigkeit dieser Welt, sondern ermöglicht eine endgültige, vollendete Gerechtigkeit.

Ostern verheißt ein anderes, ein für alle Mal entfristetes Leben, ein nicht durch Defizienz angekränkeltes Leben, ein nicht auf die Reichen und Einflussreichen beschränktes Leben. Ostern verheißt unbefristetes, vollendetes, alle umfassendes Leben in Fülle. Ostern ist die Apotheose, das endgültige Offenbarwerden, der Inbegriff des Lebens, der Gerechtigkeit und der Liebe. Das glauben Christen – weniger nicht.

Wozu und welche Priester?

Tag der geistlichen Berufe (4. Ostersonntag)

Der 4. Ostersonntag ist traditionell der Tag der geistlichen Berufe. Als Theologiestudenten wurden wir in die „Werbung" direkt mit eingebunden. Damals gab es allein im Bistum Münster noch ca. 200 Priesteramtskandidaten, mehr als heute bundesweit. Wir bereiteten zu diesem Sonntag besonders „revolutionäre" Gottesdienste vor und zogen im Rudel in die Gemeinden, predigten in allen Gottesdiensten und stellten uns den Diskussionen anschließend im Pfarrheim. Aber das ist 40 Jahre her. Und auch damals waren die Zahlen der Priesterkandidaten verglichen mit den zwei Jahrzehnten nach dem Krieg schon alarmierend. Aber aus den oberen Etagen der Kirche hörte man immer nur und das bis heute: Wir müssen um geistliche Berufe beten. Und dann hat man jahrzehntelang Broschüren verschickt mit Gottesdienst- und Gebetsanregungen zum sogenannten Priesterdonnerstag, das Ganze mit fortlaufendem Erfolg. Und so beten wir denn seit fünfzig und mehr Jahren: Gott schicke uns bitte in ausreichender Zahl gute Geistliche, aber bitte zu unseren Zulassungsbedingungen.

Dass Seelsorger benötigt werden, ist unübersehbar: Wo sind die früher obligatorischen Haus- und Krankenbesuche der Priester, wo die nachgehende Seelsorge von Angesicht zu Angesicht? Wer geht auf die Neuzugezogenen zu, damit die einmal zu im besten Sinne Alteingesessenen werden können? Ist nicht auch die Jugendarbeit der Kirchen, wo sie überhaupt noch geschieht, oft weit weg von der konkreten Kirche am Ort? Klar, wir haben von dieser aussterbenden Gattung Priester bei Weitem nicht mehr genug. Aber wir haben doch nicht wesentlich weniger hauptamtliche Seelsorger, wir haben nur weniger Priester. Nur wenn ich meinen Seelsorgedienst mit beamteter Behäbigkeit zu tun beabsichtige, dann habe ich – gleich ob Priester oder Gemeindereferent – den falschen Beruf gewählt.

Nicht wenige Christen meinen, der Beruf des Priesters sei ein Auslaufmodell und überflüssig. Und mit seiner Abwicklung habe man auch endlich den Klerikalismus hinter sich gelassen. Der Meinung bin ich ganz und gar nicht. Diese Kirche ist wesensmäßig eine sakramental verfasste Kirche. Nun wollte ich nicht behaupten, dass alle Priester für die Kirche „sakrale Lichtgestalten" sind, genauso wenig wie die vor ihrer Einführung mit illusorischen Erwartungen überfrachteten Pastoral- und Gemeindereferenten. Und auch unter den Nicht-Klerikern kenne ich jede Menge Klerikalismus. Auf beiden Seiten des Altars und des Ambos stehen eben Menschen, aber doch Menschen mit einer von Gott inspirierten Lebenshoffnung.

Das Neue Testament fordert nirgends den Zölibat. Paulus empfiehlt wohl die Ehelosigkeit (1 Kor 7), betont aber auch, dass er diesbezüglich keine Weisung des Herrn habe, und erinnert daran (1 Kor 9), dass selbst Petrus verheiratet war und blieb.

Regionale Synoden der Antike (Ankyra 315, Elvira 306 und Neokaisera 314) haben versucht, mit diversen Varianten den Zölibat durchzusetzen. Das Konzil von Nizäa 325 lehnte das aber ab mit der Begründung, das führe nur zum Konkubinat.

Erst Papst Innozenz II. erklärt 1139 mit weltweiter Verbindlichkeit die Weihe zum trennenden Ehehindernis für Bischöfe, Priester, Diakone und Subdiakone. Weil die Klerikerehe nicht mehr möglich war, kam es wie 325 vorausgesehen zu verstärktem Klerikerkonkubinat und z. B. im 14. bis 16. Jahrhundert zu einer miserablen Zölibatsdisziplin.

Jetzt im 21. Jahrhundert ist das Amt des Subdiakons ersatzlos gestrichen und verheiratete Männer können seit dem II. Vatikanum zum Diakon geweiht werden. Sogar verheiratete protestantische Pfarrer, die konvertieren, können zu katholischen Priestern geweiht werden und verheiratet bleiben. Nur verheiratete Katholiken dürfen nicht Priester werden. Priester fehlen nicht, weil der Beruf uninteressant oder überflüssig wäre, sondern auch deshalb, weil die Weihe, wie ich von zahlreichen meiner Theologiestudenten weiß, mit dem Zölibat verbunden ist.

Dabei kann die nicht kirchenrechtlich verordnete, sondern frei gewählte Ehelosigkeit ein tiefes und ausdrucksvolles Zeichen für die existenzielle Hoffnung der Christen auf mehr als dieses Leben sein, ein Zeichen der Solidarität mit denen, die keinen Menschen haben, ein Zeichen der Dienstbereitschaft und Verfügbarkeit für Gott und die Menschen.

Wenn wir im Gesundheitswesen zu wenige Chirurgen hätten, weil wir nur Linkshänder zulassen, dann würde man auch nicht die Chirurgie aussterben lassen, um die Zugangsregel beizubehalten. Man wird selbstverständlich die Zugangsregeln ändern, um eine qualitätsvolle Chirurgie sicherzustellen. Aber unsere Kirche ist gerade dabei, die Eucharistie, also „Quelle und Gipfel der Gemeinschaft mit Gott" (II. Vatikanum), auf dem Altar des Zölibats, also des Kirchenrechts zu opfern. Ich halte das für unverantwortlich.

Was jeder Bauernjunge auf dem Dorf weiß, müsste die Kirche im Blick auf ihre potenziellen Priester endlich lernen: Man kann nur mit den Mädchen tanzen, die es auf dem Dorfplatz gibt. Und wenn von denen keine Tango tanzen kann oder will, dann kann man ihnen auch mit dem langsamen Walzer näher kommen.

Wenn also eine Zeit keinen Sinn für die dienstlich vorgeschriebene Ehelosigkeit hat, dann müssen nicht die Gemeinden und die Eucharistiefeiern gestrichen werden, sondern diese Zugangsregeln zum Hirtenamt; dann kann man Kirche auch mit verheirateten Priestern, Diakonen und Diakoninnen (!) gestalten, wie man es jahrhundertelang getan hat. Ich weiß, man macht sich als zölibatärer Priester verdächtig, wenn man etwas gegen den Pflichtzölibat sagt. Aber wenn man bald 40 Jahre in Treue und Liebe dieser Kirche dient, dann ist man wohl auch berechtigt und verpflichtet, Fehler der Kirche beim Namen zu nennen, um weiteren Schaden von ihr abzuwenden. Diese Welt und diese Kirche brauchen dringend Priester und die können verheiratet oder alleinstehend sein, nur eines müssen sie sein: im Hirn wache und von Herzen gute Hirten nach dem Wort und Beispiel Jesu.

Vatertag von Gottes Gnaden

Christi Himmelfahrt

Immer zehn Tage vor Pfingsten und vierzig Tage nach Ostern feiern wir Christen ein irgendwie merkwürdig aus der Zeit gefallenes Fest: Christi Himmelfahrt. Es beschert uns einen freien Tag und, wenn wir denn über dies Fest nachdenken, Kopfzerbrechen und eine erhebliche theologische Ratlosigkeit. Was sagen Sie z. B. einem Fünfzehnjährigen, wenn er Sie nach diesem Fest fragt? Weiß ich nicht! Frag deinen Religionslehrer, frag den Pfarrer?

Und dann machen manche aus diesem Fest einen hoch- oder niederprozentigen, jedenfalls einen alkoholreichen Vatertag und transformieren das theologische Kopfzerbrechen an Christi Himmelfahrt lieber in ein physiologisches Kopfzerbrechen am Tag danach. Wenn nur die an Christi Himmelfahrt arbeitsfrei hätten, die wüssten, worum es wirklich geht, dann wäre dieser Tag von einem normalen Arbeitstag kaum zu unterscheiden. Wir müssen ihn schon theologisch mit Sinn füllen, um ihn als Festtag vor dem Absturz zum Alltag bewahren zu können.

Im Krieg kannte man das Himmelfahrtskommando, das war ein hoch riskanter Einsatzbefehl, den viele nicht überlebt haben. Das war eher höllisch als himmlisch. Und hinterher sagte man von dem, der zerschossen, zerschlagen, verdurstet oder verhungert auf der Strecke geblieben war: Der ist zum Herrn. Und wo bitte ist das?

Als der erste Kosmonaut Juri Gagarin (1934–1968) mit seinem Raumschiff Wostok 1 nach einer Umrundung der Erde in 108 Minuten heil wieder auf der Erde gelandet war, soll er, vielleicht nur der sowjetischen Propaganda zufolge, gesagt haben: „Ich habe da oben keinen Gott gesehen." An welche Art von Gott hatte er da wohl gedacht? An ein Marsmännchen, an den Mann im Mond, an ein Ufo, an einen interstellaren fliegenden Holländer? Das war atheistische Propaganda für geistig Minderbemittelte. Schon der heilige Augustinus (354–430) hatte mehr als eineinhalb Jahrtausende vor Gagarin die Vorstellung für lächerlich erklärt, Himmelfahrt bedeute, Christus habe sich in die Luft erhoben und hinter Wolken versteckt. Aber, was heißt dann Himmelfahrt?

Im Englischen gibt's zwei Worte für das eine deutsche Wort Himmel: Sky und Heaven. Sky meint den Bereich der Flugzeuge und Raketen, den Bereich, aus dem der 34-jährige Gagarin 1968 mit einer MiG-15 tödlich abstürzte. Heaven aber meint den Bereich der endgültigen und vollendenden Geborgenheit in Gott. So könnte Gagarin, als er aus dem Sky abstürzte, im Heaven, in der vollendenden Geborgenheit Gottes, gelandet sein.

Die Jünger starren der Apostelgeschichte zufolge dem aus ihrer Reich- und Rufweite entschwundenen Christus fasziniert bis fassungslos nach. Lukas kleidet die Himmelfahrt Jesu in das alte dreistöckige Weltbild seiner Zeit. Da ist der Himmel oben, die Unterwelt in der Tiefe und wir Lebenden sind mitten dazwischen. Etwas anderes hat er nicht zur Verfügung.

„Während sie unverwandt ihm nach zum Himmel emporschauten, standen plötzlich zwei Männer in weißen Gewändern bei ihnen und sagten: Ihr Männer von Galiläa, was steht ihr da und schaut zum Himmel empor? Dieser Jesus, der von euch ging und in den Himmel aufgenommen wurde, wird ebenso wiederkommen, wie ihr ihn habt zum Himmel hingehen sehen." (Apg. 1,10f.)

Die Jünger bleiben mit beiden Beinen auf der Erde und starren doch zum Himmel, in die mit eigener Kraft unerreichbare Dimension. Und doch ist Himmel unsere Zukunft, das, was auf uns zukommt, das, was uns zukommt.

So sind wir Menschen, wir kleben der Schwerkraft folgend am Boden unserer Realität und richten uns doch mit Herz und Hirn aus auf das Ungeahnte, das noch aussteht, das noch kommen soll. Wir sind ausgespannt zwischen dem, was ist, und dem, was werden soll. Ausgespannt zwischen dem irdischen Jesus an der Zeitenwende und dem wiederkehrenden Christus am Zeitenende.

Wer sich in diese Spannung gestellt weiß, lebt anders als der, der die Hände in den Schoß legt und den fernen Gott einen guten Mann sein lässt. Er lebt auch anders als der, dem sein Gott auf Nimmerwiedersehen entschwunden ist. Er weiß im Blick auf den irdischen Jesus, wie er menschlich leben soll und kann. Und er weiß im Blick auf den wiederkehrenden Christus, dass er so menschlich leben soll, wie er kann.

Die nur bei Lukas zu findende Erzählung von der Himmelfahrt des Auferstandenen ist eine einprägsame Illustration der Erhöhung Jesu zur Rechten Gottes und kein historische Richtigkeit beanspruchender Sonderreport.

Wir sind Bürger zweier Welten, der Welt, die ist und einmal vergeht, und der Welt, die kommt und für immer bleibt. Von hier nach da ist Christus uns nur vorausgegangen. Und wir sind und bleiben nicht rast- und ruhelose Streuner zwischen den Welten, sondern haben ein Bleibe- und Heimatrecht bei ihm.

Aber wie durchsteht man die Zwiespältigkeit dieser Existenz, die mit Hand und Fuß auf dieser Erde ist und sich doch mit Herz und Hirn auf den Himmel ausrichtet? Die Lesung aus der Apostelgeschichte und der letzte Vers aus Evangelium nach Matthäus geben uns da einen Hinweis und Ermutigung: *„Ihr werdet die Kraft des Hl. Geistes empfangen, der auf euch herabkommen wird; und ihr werdet meine Zeugen sein in Jerusalem und in ganz Judäa und Samarien und bis an die Grenzen der Erde.“* (Apg 1,8)

Mit diesem Geist Jesu Christi sollen und können wir um Gottes willen den Aufbruch wagen ins Weite und Grenzenlose. Und für diesen Aufbruch sagt uns der erhöhte Herr mit den letzten Worten des Matthäusevangeliums zu: *„Seid gewiss: Ich bin bei euch alle Tage bis zum Ende der Welt.“* (Mt 28,20) Wer in dieser Gewissheit der Nähe Jesu Christi lebt und wirkt, für den ist nicht einmal im Sterben „Matthäus am letzten“. Der feiert nicht alkoholisch eingetrübt, sondern theologisch aufgeklärt einen Vatertag der anderen Art, einen Vatertag von Gottes Gnaden.

Das Wahre bekennen

Pfingsten

Was ist das, Geist? Was meinen wir, wenn wir sagen: Der Philosoph war geistvoll. Die Rede des Präsidenten war geistlos. Die Journalistin ist geistreich. Der Schüler war geistesabwesend. Der Polizist war geistesgegenwärtig. Der Lehrer ist ein Kleingeist. Das Orchester spielte begeisternd. Wer oder was ist der Geist in all diesen Begriffen, die ihn im Namen führen?

Der Besitz und das diagonale Lesen des gegenwärtigen Kultbuches, eine intensive Baedeker-Beflissenheit im Urlaub, das Dauerabonnement in einem der besseren Theater- oder Konzertsäle des Landes, die einschlägigen Kataloge der gegenwärtig angesagten

Kunstausstellungen etc., macht das einen geistvollen Menschen aus mir? Oder sind alles das nur die Accessoires, mit denen der Kleingeist kämpft um seine äußere Erkennbarkeit und seine Zurechenbarkeit zur großen Welt des Geistes?

Der französische Moralist Joseph Joubert (1754–1824) sagte mal: „Werke des Geistes werden mit Schmerzen empfangen und mit Entzücken geboren." Bei Werken des Leibes ist es eher umgekehrt. Werke des Geistes haben es nicht nur mit müheloser Inspiration zu tun, sondern vor allem mit mühevoller Transpiration. Bei der Selbststilisierung zum Mann des Geistes wird die schmerzhafte Empfängnis verhütet und darum auch nichts mit Entzücken und schon gar nichts Entzückendes geboren. Von einigen naturalistisch-materialistischen Neurochirurgen des 20. Jahrhunderts war zu hören: Sie hätten noch nie in ihrem Leben Geist gesehen. Wann immer sie eine Schädeldecke geöffnet hätten, sei da Gehirn und nicht Geist zutage getreten. Also gibt es gar keinen Geist? – Darauf würde ich zunächst einmal sagen: Wann immer ich ein Radio auseinandergenommen habe, habe ich darin nie die Berliner Philharmoniker oder Jürgen Wiebicke gefunden, die doch gerade noch zu hören gewesen waren. Und doch gibt es sie beide.

Der nihilistische Philosoph Friedrich Nietzsche (1844–1900) glaubte zwar an die Existenz von Geist, hat ihn aber sehr befremdlich beschrieben: „Ich verstehe unter Geist (...) die Vorsicht (...), die List, die Verstellung, die große Selbstbeherrschung und alles, was Mimikry ist." Verstellung und Mimikry, das soll Ausweis des Geistes sein? Das chamäleonhafte Wechseln der politischen Einfärbung je nach gesellschaftlicher Großwetterlage, das flunderhafte Abtauchen und Am-Boden-Kleben bis das Unheil vorbei ist, die je nach Opportunität vollzogene amöboide Verformung der eigenen Wesensmerkmale, das Umschminken der eigenen Harmlosigkeit zur vorgetäuschten Wehrhaftigkeit, eine Farb- und Formplastizität bis zur Unerkennbarkeit charakterlicher Konturen etc, all das soll Ausdruck des Geistes sein? Im Augenblick gibt es ja wieder einflussreiche Politiker, die Oppositionelle wegsperren und unliebsame Wahrheiten so lange als Lügen bezeichnen, bis eine geistlose Wählerschaft das glaubt. Es gibt sie wieder oder immer noch, die ihre eigenen Lügen als mindestens gleichberechtigte „alternative Fakten" ausgeben, auch das so lange, bis die geistesabwesende Wählerschaft das glaubt. Als Student hatte ich einmal eine Hauptseminararbeit über „Das Verhältnis der Studenten und Akademikern zum Nationalsozialismus" anzufertigen. Das Ergebnis war niederschmetternd. Da wurden Rechtsbeugungen und schwere Verbrechen der Machthaber von der geistigen Elite unseres Landes so lang hin- und herdifferenziert, bis allenfalls noch minderschwere Regelverstöße in tolerablem Umfang und die eigene Nichtzuständigkeit erwiesen waren. Man kann, das wurde mir dabei klar, geistige Fähigkeiten nutzen, um Nebelkerzen zu werfen, statt anderen ein Licht aufgehen zu lassen.

Gewiss: Die selbst gefundene Wahrheit erfordert zunächst Demut, sich von anderen überprüfen, korrigieren oder ergänzen zu lassen. Wenn das geschehen ist, dann aber gilt dies: Zum Geist gehört nicht nur das Erkennen des Wahren, sondern auch das Bekennen des Wahren, nicht nur das Sehen der Wahrheit, sondern auch das Stehen zur Wahrheit. Auch wenn andere dann lautstark von politischen, militärischen oder wirtschaftlichen Interessen gesteuert „fake news" brüllen und für jede Sachlage „alternative Fakten" parat halten. Die Wahrheit erfordert bei ihrer Entdeckung unser begriffsscharfes Sehvermögen, sie erfordert bei ihrer Suche unser geduldiges Gehvermögen und bei ihrer Verteidigung unser aufrechtes Stehvermögen.

Wenn nun ein kämpferischer Materialist sagt: „Nur das Materielle ist das Wirkliche!", so ist auch diese Aussage im Kern nichts Materielles, sondern ein Ausdruck des Geistes trotz aller dabei produzierten Schallwellen. Man könnte ihm mit dem Philosophen Georg Wilhelm Friedrich Hegel (1770–1831) entgegnen: „Das Geistige allein ist das Wirkliche!" Oder mit dem amerikanischen

Philosophen Ralph Waldo Emerson (1803–1882): „Die Welt ist materialisierter Geist.“ Oder mit dem Theologen Karl Rahner (1904–1984): „Materie ist geronnener Geist“ oder „gefrorener Geist“. Wir haben keine Materie ohne den darin abgrundtief oder himmelhoch investierten Geist, nur erfassen wir ihn zu selten. Das Materielle ist das notwendige Trägermedium des in ihm realisierten Geistigen. Jedes materielle Etwas, sei es winzig wie ein Wasserstoffatom, komplex wie ein Gehirn und umfassend wie der Kosmos selbst, ist derartig informational aufgeladen, dass man mit der Forschung daran ein ganzes geistvolles Leben verbringen kann. Und diese Wahrheit zu suchen und zu finden, erfordert ein scharfes Sehvermögen und ein geduldiges Gehvermögen, und, um bei dieser Wahrheit zu bleiben, erfordert ein aufrechtes Stehvermögen. All das vermittelt uns Gottes Geistesgegenwart, die wir heute an Pfingsten feiern. Und mit ihr können wir dann auch erfahren, was die jüdische Philosophin und katholische Ordensfrau Edith Stein gedacht, gesagt und gelebt hat bis zur Vergasung in Auschwitz: „Wer die Wahrheit sucht, sucht Gott, ob es ihm klar ist oder nicht.“ Geist ist der Kern unseres Wesens und der verbindet uns mit Gott und Gott mit uns.

Zeit im Jahreskreis

Optimist – Pessimist – Realist – Christ?

Karneval

Finden Sie auch: Das Leben wäre zum Heulen, wenn es nicht so zum Lachen wäre. Oder finden Sie eher: Das Leben wäre zum Lachen, wenn es nicht so zum Heulen wäre. Sind Sie eher ein Optimist oder eher ein Pessimist? „Et hätt noch immer jot jejange …", sagt der Optimist auf Kölsch, und dann stürzt ihm beim Bau der U-Bahn das Archiv ein und reißt zwei Menschen mit in den Tod, für die es eben „nit jot jejange is." Wahrscheinlich denken die diversen Angeklagten in dem Prozess weiterhin: „Et hätt noch immer jot jejange." Denn entweder geht das Urteil mangels Beweisen für sie gut aus, oder der Prozess wird so lange verschleppt, dass die mögliche Straftat verjährt ist. Der Bankier Carl Fürstenberg (1850–1933) meinte: „Der Optimist und der Pessimist haben einen gemeinsamen Nenner: den Mist." Und der wird von beiden nicht bestritten. Aber um mit dem Mist klarzukommen, gibt's halt die Strategie des Pessimisten, der mit dem Fernglas seiner Weltwahrnehmung den Mist unmittelbar vor seinen Füßen sieht. Oder es gibt die Strategie des Optimisten, der den Mist mit dem umgedrehten Fernglas seiner Weltwahrnehmung weit wegsieht. Und zwischen den beiden, steht da der Realist? Lebt der nach dem kölschen Grundgesetz oder Motto „Et kütt wie et kütt." oder „Et es wie et es."? Ich glaube, wer nach diesen kölschen Grundgesetzen handelt, der wäre eher ein Fatalist und kein Realist. Denn der Realist will doch die Realität nicht nur hinnehmen wie sie ist, sondern auch gestalten, wie sie sein sollte. Aber was hält ihn zwischen schwarzseherischem Pessimismus und blauäugigem Optimismus am Leben und bei Laune? Ich glaube, das ist der Humor. Aber, was ist Humor? Humor ist nicht der andere Menschen beschädigende Witz, den man nicht selten von den sogenannten Comedians, Kabarettisten und Satirikern zu hören bekommt. Die dürfen dann jede unsägliche Frechheit sagen unter dem Deckmantel angeblicher Kunst. Die können durch das eigene Sich-krank-Lachen den anderen wirklich krank machen, den anderen krank lachen. – „Humor ist überwundenes Leiden", meinte der Romanautor Jean Paul (1763–1825). Und angesichts des Leidens ist der Humor der Vorgriff oder der Ausgriff auf das Danach. Man sieht nicht über das Leiden hinweg, aber man sieht darüber hinaus, man sieht, dass nach dem Leiden noch etwas anderes Besseres, Vollendetes kommt. – „Humor ist die Einheit von Witz und Liebe", meint der englisch-indische Erzähler William Thackeray (1811–1863). Humor ist nicht auf Kosten und zu Lasten anderer witzig. Er akzeptiert den anderen als liebenswert und stichelt doch mit Witz gegen ihn an, so dass der aus einer allzu selbstzufriedenen Behäbigkeit herausfindet. Vielleicht kann man nur den wirklich ändern, den man auch liebt. Humor ist Witz mit Liebe und Liebe mit Witz. – „Humor ist der Milchbruder des Glaubens", meinte der deutsch-jüdische Religionsphilosoph Martin Buber (1878–1965). Und er spielte damit auf die Erfahrung an, dass eine Frau, die keine Milch für ihr Neugeborenes hatte, dies an eine andere Frau, an eine Amme, weitergab. Und die legte halt beide Kinder bei sich an, das eigene und das fremde. Und so wurden die beiden zu Milchbrüdern, weil sie beide, wenn auch an verschiedenen Zapfstellen, dieselbe Quelle nutzten. „Humor ist der Milchbruder des Glaubens." Er lebt aus derselben Quelle wie der Glaube, der von Gott stammt. Die beiden Milchbrüder Humor und Glaube mögen wohl manchmal gegeneinander strampeln, beziehen aber doch aus derselben Quelle ihre Kraft zur Bejahung und zur Bewältigung ihres Lebens. Und wenn Sie sich dann selber mit Humor und Glauben fühlen mögen wie ein satter Säugling, der mit wohltuendem Bäuerchen, um nicht andere Entlüftungsmechanismen zu benennen, seinem Wohlbehagen Luft macht, dann haben sie zugleich eine kleine Revolution auf den Weg gebracht. Denn dann haben sie dem manchmal so arg männlich gedachten Gott die weiblichen Eigenschaften zurückerstattet, die ihm sogar das Alte Testament an so vielen Stellen schon zugedacht hatte. So darf ich diese Gedanken zum Karnevalssonntag wohl mit einem dreifachen „Zum Wohle" abrunden: Zum Wohle auf den Humor, auf den Glauben und auf die Quelle, aus der beide trinken, Gott sei Dank und Dank sei Gott. Was wir also brauchen, ist der Realist mit Humor, mit einem Humor, der aus dem tiefen Glauben an das Gelingen des Ganzen stammt. Das lebenslang, manchmal durch bittere Erfahrungen erworbene realistische Wissen, dass nicht alles und jedes gut ausgeht, ja dass sogar vieles nicht gut ausgeht, das kennzeichnet den Realisten. Aber zugleich gibt es das zuversichtliche Wissen, den tief gegründeten Glauben, dass das Ganze und das Gesamte gut ausgeht. Es geht gut aus, weil es gut angefangen hat, nämlich in Gottes guten schöpferischen Händen. Es geht gut aus, weil Gott denen, die ihn lieben, alle Dinge zum Besten lenkt (Röm 8,28). Es geht gut aus, weil auch das Fragmentarische und Dilettantische unseres Lebens liebevoll angenommen und aufgenommen wird von Gott. Das Stückwerk unseres Lebens endet in Gottes liebevoll beendenden und vollendenden Händen. Der Humor braucht den Glauben als Fundament, um selbst über den niederschmetternden Dingen stehen zu können. Der Glaube braucht den Humor, um sich selbst zu relativieren, sich selbst nicht zu wichtig zu nehmen und nicht in fundamentalistischer Selbstüberhebung zu enden. Der Glaube ist ein mit Humor versetzter Realismus. Der Humor ein vom Glauben gestützter Realismus. Und der Realismus ist nur real, wenn er von einem humorvollen Glauben an den schöpferischen Gott geprägt ist.

Metamorphose

Karneval

Was haben Karneval und Fastenzeit gemeinsam? Nichts, werden einige sagen, sie sind wie Feuer und Wasser. Das eine beendet das andere, ist das Gegenteil des anderen. Karneval und Fastenzeit, meinen manche, stehen zueinander wie himmelhochjauchzend und zu Tode betrübt. Ist das so?

Ich glaube, das Gemeinsame lässt sich mit dem Begriff der Metamorphose, der Verwandlung, umschreiben. Man kann sich *mit* einer und *unter* einer Maske verwandeln. Und wenn die Maske die Identifizierung verhindert, kann man sich im Schutz der Maske austoben. Sie kennen vielleicht den alten Filmklassiker, die Geschichte von Dr. Jekyll und Mister Hyde, eine weltberühmte Gestaltung des Doppelgänger-Motivs. Der angesehene und menschenfreundliche Arzt Dr. Jekyll entdeckt einen Trank, der aus ihm den übelwollenden und auch äußerlich völlig veränderten Mister Hyde werden lässt. Er spaltet sein Ego in den guten Dr. Jekyll und den üblen Mister Hyde. Und in seinem schlechteren Ich kann er seine unguten Neigungen austoben. Aber Vorsicht, die Geschichte endet übel. Am Ende kommt Dr. Jekyll nicht mehr aus seinem bösartigen Alter Ego, aus dem Mister Hyde in ihm heraus, und landet endgültig dort. Aber so schizophren und so dramatisch muss es ja nicht werden.

Der kleine, im Betrieb oft gedemütigte Angestellte wird im Karneval zum Sultan, der alle Puppen tanzen lassen kann. Die ansonsten brave Hausfrau und Mutter geht als männermordender Vamp. Die mit Designer-Mode umhüllte und bepelzte Dame aus dem Jet-Set geht als schwarzgewandete Nonne. Der maßanzugsumschmeichelte Vorstandsvorsitzende wird zum Müllwerker mit Latzhose und Warnweste etc. Jeder tobt sich ein paar Tage lang im ungelebten Leben aus und ist dann zumeist froh, dass er in das seine und alteingeübte zurückkehren kann. Verwandlung, einmal ein anderer zu werden als der, der man jahrein jahraus ist, sein muss oder nur glaubt sein zu müssen, das empfinden viele Menschen als befreiend.

Aber auch die Fastenzeit hat mit Verwandlung zu tun. In meiner Tageszeitung stand kürzlich die Geschichte einer Frau, die als Beruf Ernährungsberaterin angab. Und ich dachte, als ich ihr Bild so sah, an der Frau ist aber mehr dran, als einer Frau guttut. Und sie gab auch an, 174 Kilo zu wiegen. Das war nicht die Venus von Milo, sondern die Venus von Kilo. Eine Ernährungsberaterin mit dem Gewicht, die berät sicher Magersüchtige oder Hungerleider auf dem Weg zum Normalgewicht. Als ich dann erfuhr, dass sie wenige Jahre zuvor 347 Kilo gewogen hatte, da bekam ich Respekt. Verwandlung also auch hier.

Ein Freund zeigte mir auf seinem Smartphone einen kleinen Film. Er begann mit dem Gesicht eines Neugeborenen, mutierte dann fast unmerklich langsam zum Gesicht eines vielleicht Dreijährigen, dann zum Gesicht eines vielleicht Zehnjährigen, zum Gesicht eines Fünfzehn-, Zwanzig-, Dreißig-, Vierzig-, Fünfzigjährigen und so fort. Barthaare stellten sich ein, die Haupthaare wurden lichter, die Falten immer dichter. Altersflecken gesellten sich dazu. Am Ende standen das vom Leben gezeichnete Gesicht eines Uralten und schließlich das Bild eines Toten. Das war ein optisch dokumentierter Lebenslauf im Zeitraffer, Metamorphosen des Lebens bis zur Definitivität des Gewordenseins im Tod. In unserer Fantasie können wir auch den Zeitraffer einlegen und uns fragen, wer wir am Ende geworden sein werden, wenn wir so weitermachen wie bisher. Und wollen wir wirklich zu dem Ziel? Wollen wir dahin, wohin wir jetzt vielleicht allzu unreflektiert unterwegs sind? Welche Verwandlung im Äußeren und im Inneren täte mir und den Menschen, mit denen ich lebe und die mit mir leben, gut?

Jeder hat noch mindestens ein anderes Leben in sich, das er hätte leben können oder sogar hätte leben sollen. Jeder hat in dem Leben, das er lebt oder glaubt leben zu müssen, noch ein paar Varianten in petto, die das, was ist, ins Haltlose und Bodenlose abstürzen oder ins Höhere und Bessere aufsteigen lassen könnten.

Wir könnten in der Fastenzeit einüben, mit weniger oder wenig zu leben, um zu erleben, wie der lebt, der jahrein jahraus am Existenz-Minimum leben muss. Versuchen Sie einmal einen Monat lang vom Sozialhilfesatz zu leben und die Differenz zu sonst zu spenden.

Wir könnten in der Fastenzeit einüben, die Zeit umzuschichten von zu viel Arbeitszeit zu etwas mehr Partner- und Familienzeit. Das würde ein effektiver Schnellkurs in Sachen Empathie und Menschlichkeit. Die Fastenzeit könnte zum Geburtshelfer für das je bessere Ich werden. Dieses je bessere Ich, das steckt in uns, das lässt sich finden, entfalten und leben. Wir alle sollen und können leben, wie es im Buche steht, nicht in irgendwelchen Finanz-, Einrichtungs- oder Partnerschaftsratgebern. Wir sollen und können leben, wie es im Buch des Lebens steht, leben nach dem Vorbild Jesu. Wir können uns auf ihn hin verwandeln.

„Der, der ich geworden bin, grüßt trauernd den, der ich hätte werden können." Das Wort zitierte der Jahrhundert-Theologe Karl Rahner in seiner letzten Ansprache wenige Tage vor seinem Tod bei der Feier seines achtzigsten Geburtstags in der Katholischen Akademie Freiburg. Die Einsicht, selbst wenn sie erst am Lebensende gewonnen wird, der oder die nicht geworden zu sein, der oder die man hätte werden sollen, hätte werden müssen, hätte werden können, muss nicht zur Verzweiflung führen. Sie kann auch zur Erkenntnis der je größeren und allumfassenden Güte und Barmherzigkeit Gottes führen.

Der Kabarettist Busse meinte in einer seiner Darbietungen: Ich bin jetzt zweiundsiebzig Jahre alt. Da steht der Gevatter Hein noch nicht unmittelbar vor der Tür. Aber er sucht doch schon in der Nähe nach einem Parkplatz. Wir sollten zusehen, dass das Haus unserer Existenz übergabefähig ist, wenn er vor der Tür steht, wenn wir umsiedeln müssen, wenn die letzte Metamorphose ansteht, die grundlegende Verwandlung unseres gebrochenen Daseins zum vollendeten Leben in Gottes Fülle.

Coole Demo?

Fronleichnam

In der Münsteraner Kirchenzeitung stand eine nette Karikatur. Im Vordergrund unterhalten sich zwei punkige, schrill gefärbte und gepiercte Halbwüchsige. Der eine sagt bewundernd zum anderen: „Echt cool ey, deine Omma auf ner Demo!“ Im Bildhintergrund sieht man eine Prozession, einen Pfarrer mit dem Allerheiligsten unter einen Baldachin, vorbeiziehen und dahinter im Volk eben auch die „coole Omma“.

Klar, Fronleichnam ist eine Demo, aber, um das gleich zu sagen, keine antiprotestantische Demo; denn dieses Fest ist mehr als zwei Jahrhunderte vor der Reformation entstanden. Es ist auch keine Demonstration gegen jemanden oder gegen etwas, sondern für jemanden und für etwas. Demonstration kommt vom lateinischen monstrare und heißt zeigen. Im Mittelpunkt des festtäglichen Geschehens steht demonstrativ ein Stückchen Brot, das wir in einer Prozession demonstrieren.

Prozession kommt auch vom Lateinischen, von procedere, und heißt vorwärts schreiten. Die Prozession sagt mir, dass wir mit der Zeit schreiten und am Ende die Zeit über uns hinwegschreitet. D. h., wir sind Pilger, die hier keine bleibende Stätte, keine endgültige

Heimat haben, Pilger, die unterwegs sind zu einer ewigen Heimat. Das Kreuz von Golgotha tragen wir der Prozession voraus. Damit wird der vor einem jeden von uns liegende Tod nicht ausgeblendet oder verharmlost, sondern unübersehbar ins Blickfeld aller Vorausschauenden gerückt. Dass wir in den Gemeinden, in denen ich Dienst tue, den gemeinsamen Gottesdienst auf dem Friedhof zwischen den beiden Ortsteilen feiern, unterstreicht noch einmal dieses Unbehaust- und Unbeheimatetsein sowie die Vorläufigkeit und Widerruflichkeit unseres Daseins. Das in der Prozession voran getragene Kreuz erinnert uns auch an die Solidarität Gottes mit der Menschheit durch Leiden und Sterben hindurch bis in den Tod hinein. Aber neben dem Kreuz führen wir auch Fahnen und Kerzen mit, die an Ostern erinnern, Siegesfahnen des Lebens gegen den Tod, Lichter gegen das Dunkel des Todes. Und diese österlichen Kerzen und Siegesfahnen pflanzen wir auch noch auf dem Friedhof auf, allem Tod zum Trotz. Wenn wir auf dem Lebens- und Sterbensweg diese Hoffnung mit uns führen und hochhalten, dann sind wir nicht nur vorwärts geschritten bis zum Ende, sondern haben auch Fortschritte gemacht zur Vollendung hin. Das wäre schon mal ein erster Teil der Demonstration. Und wenn da „echt coole Ommas und Oppas“ mitgehen und selbst noch am Rollator mitgehen, dann spricht diese prozessive und progressive Demo Bände.

Aber fragen wir noch etwas genauer: Wen oder was demonstrieren wir da an Fronleichnam? Wir tragen ein lächerliches Stückchen Brot in einem kostbaren Zeigegerät, in der Monstranz, vor uns her, halten es hoch. Der Preis für dieses Stückchen Brot ist lächerlich, vielleicht einen Cent. Aber sein Wert, den man nicht in Geld angeben kann, der ist ungeheuer hoch. Dieses Brot ist nur ein Allerweltszeichen, aber es ist auch eine nahrhafte Handreichung Gottes und insofern nicht nur ein Allerweltszeichen, sondern ein Zeichen zum Heil aller Welt.

Ich glaube nicht an die „invisible hand“ eines völlig freien Marktes, dem wir uns nach Adam Smith angeblich anvertrauen können. Dieser völlig freie Markt ist so frei, dass er schon Millionen Menschen hat verrecken lassen. Ich glaube eher an die „invisible hand" des menschenfreundlichen Gottes, der uns Licht, Luft, Wasser und Erde hat zukommen und der uns Kraft und Intelligenz hat zuwachsen lassen, damit wir sie in seinem Sinne gebrauchen. So treibt das Licht der Sonne den Fotosyntheseapparat der Pflanzen an, sodass sie aus der Luft das Kohlendioxid, aus der Erde das Wasser entnehmen und in ihren Blättern Zucker bzw. Stärke bilden können.

Die uns Menschen geschenkte Intelligenz befähigt uns, die chemische Formel dafür finden: $6\,CO_2 + 12\,H_2O \rightarrow C_6H_{12}O_6 + 6\,H_2O + 6\,O_2$. Die uns Menschen geschenkte Arbeitskraft befähigt uns, den Acker zu bestellen und zu säen, das Korn zu mahlen und zu verbacken. Und die uns Menschen gezeigte Gerechtigkeit und Barmherzigkeit verbietet uns angesichts der Hungerleider dieser Welt, den Brotkorb höher zu hängen. Sie verbietet uns, das Brot zu horten anstatt es zu teilen. Die unsichtbare Hand, die uns hält, ist die liebevolle menschliche Hand Gottes.

Klar: „Man kann Brot ohne Liebe geben, aber wenn man Liebe gibt, so wird man auch immer Brot geben." Das dürfen wir uns von dem russischen Dichter Leo Tolstoj sagen lassen.

Dieser liebevolle menschliche Gott gibt uns mit dem täglichen Brot, was wir zum Leben brauchen. Dieser liebevolle menschliche Gott zeigt uns mit dem eucharistischen Brot, wie wir das Brot brechen, teilen und austeilen sollen. Für die Milliarden Hungerleider dieser Welt und füreinander sollen wir in seinem Auftrag das Brot brechen, das tägliche und das eucharistische Brot. Denn das Brot vom Himmel ist ein Brot für die Erde, Brot für die (heilsbedürftige) Welt.

Wo der Umgang mit dem eucharistischen Brot uns die Augen öffnet für den Umgang mit dem täglichen Brot und wo der Umgang mit dem täglichen Brot uns die Augen öffnet für das Geheimnis des eucharistischen Brotes, da ist Gott im Spiel.

Diesen Gottesdienst feiern wir unter freiem Himmel. Der Philosoph Ralph Waldo Emerson (1803–1882) meinte: „Auch die Augen haben ihr tägliches Brot: den Himmel.“ Im Blick auf das eucharistische Brot halten wir den Menschen dieser hungernden Erde den Himmel vor Augen und halten wir den Menschen dieser vom Tode bedrohten Erde den Himmel offen. Wenn das keine „echt coole Demo“ ist, welche dann?!

Gott in Fleisch und Blut?

Fronleichnam

Sie alle kennen Fast-Food: Chicken-Wings, Brat-, Brüh- und Currywürste, Hot Dogs, Hamburger, Pizzen, Döner Kebab, Fish and Chips, Pommes. Dazu gehören oft weltweit tätige Lieferketten wie McDonalds, Burger King, Pizza Hut etc. Das ist der „American Way of Life.“ Zu fett, zu salzig, zu süß, zu kalorienreich, mit unerträglichem ökologischem Fußabdruck. Mediziner beklagen eine epidemieartige Zunahme von Übergewicht und Adipositas in nahezu allen westlichen Gesellschaften. Und Ökologen beklagen die Vermüllung der Landschaft mit Kunststoffbehältnissen, mit Plastik und Aluminiumfolien, mit Einweggeschirr und mit Essensresten im Fress-Umkreis der Fast-Food-Anbieter. Und das alles nur, damit diese Gewinn machen können. Welchen Gewinn haben wir, und was wäre der „Christian Way of Life“? – In den Achtzigerjahren des vergangenen Jahrhunderts entstand in Italien als Gegenbewegung zur Fast-Food- die Slow-Food-Bewegung. Sie war nicht ganz so billig. Sie setzte auf eine regionale Küche, auf lokale Produktion mit den Kriterien: gut, sauber, fair. Ob das auch immer so zutraf, weiß ich nicht. Sie löste jedenfalls eine Riesenwelle der Kochbegeisterung aus. – Und dann gibt's da noch das bestecklose Finger-Food. Erlesene Kleinigkeiten, raffinierte

Gaumenschmeichler, leckere Winzigkeiten, die den Gästen auf dem Empfang im Minutentakt offeriert werden. Hier wird man durch die Winzigkeit der Häppchen dazu verführt, nicht auf die Anzahl der georderten und vertilgten Häppchen zu achten, und verlässt die Festlichkeit unter Umständen mit einem Mehrgewicht im Kilobereich.

An Fronleichnam geht es auch bei uns ums Essen. Fast Food ist es allenfalls insofern, als man es schnell und leider auch gedankenlos zu sich nehmen könnte, aber natürlich nicht sollte. Vielleicht ist, was wir an Fronleichnam zu uns nehmen, eher so etwas wie Slow-Food, wenn wir es mit Bedacht, mit Blick auf die Hungerleider rundum und weltweit, mit Blick auf den ökologischen Fußabdruck zu uns nehmen. Wer von diesem Brot nimmt, kann eigentlich nicht zum gelangweilten und die Weltprobleme ignorierenden Couch-Potato werden. Dieses Brot macht nicht fett und nicht bis zum Überdruss satt. Es wird uns auch besteckløs in die Finger gegeben, aber nicht im atemlosen Minutentakt und hat auch nichts vom pikant-verführerischen Gaumenkitzel des Finger-Food.

Es gibt auch bei uns eine weltweit tätige Lieferkette: die Kirche. Aber deren Nahrungsmittel werden zumeist ortsnah gebacken, und zwar von Ordensfrauen. Dies Nahrungsmittel ist weder zu fett noch zu salzig, noch zu süß, noch zu kalorienreich, noch mit diesem Fast-Food typischen unerträglich großspurigen ökologischen Fußabdruck versehen. Dafür, dass dieses so spezielle Nahrungsmittel nicht auch von denen für die Gemeinschaft liturgisch zelebriert werden könnte, die es mit geistlicher Tiefenschärfe hergestellt haben, z. B. von den Ordensfrauen, dafür gibt es keine wirklich theologisch überzeugenden Gründe. Wenn es mehr und mehr eucharistische Hungerleider und eucharistisch Ahnungslose in dieser Gesellschaft gibt, haben das die zu verantworten, die die Versorgung mit diesem grundlegenden Lebensmittel durch selbstgesetzte Zuteilungsmodi limitieren.

Diese Nahrung, als Slow-Food genossen, ist das beste Mittel gegen die eigene seelische Abmagerung oder Verwahrlosung, das beste Mittel gegen die soziale Desinteressiertheit, das beste Mittel gegen die grassierende gelangweilte Ablenkungswut, gegen die von Sehnsucht getriebene vagabundierende Fresssucht und gegen die selbstverschuldete Ahnungslosigkeit. Diese Nahrung hat kein aufgedrucktes Verfallsdatum und auch kein Mindesthaltbarkeitsdatum. Sie kann, recht verstanden, auch uns auf die unbegrenzte Entfristung, die unbefristete Entgrenzung unseres Lebens hinweisen.

Der wohl größte mittelalterliche Theologe, Thomas von Aquin, ein Mann des 13. Jahrhunderts, hat neben seinen glasklaren höchst rationalen philosophisch-theologischen Traktaten auch immer wieder geistliche Hymnen über die schier unfassliche Gegenwart Gottes in diesen schlichten Zeichen von Brot und Wein verfasst. *„Jesus, den verborgen jetzt mein Auge sieht,/ stille mein Verlangen, das mich heiß durchglüht./ Lass die Schleier fallen einst in deinem Licht,/ dass ich selig schaue, Herr, dein Angesicht.“*

Prinzipiell ist alles das, was ich von dieser Welt weiß und wissen kann, nicht selbsttragend und selbstbegründend. Es veranlasst mich auf jedem Niveau des Wissens zu einer gläubigen Selbst- und Weltdeutung. Natürlich wissen wir, das Brot ist chemisch gesehen im Wesentlichen $C_6H_{12}O_6$ und der Wein C_2H_5OH. Aber alle beschriebene Weltwirklichkeit hat eine abgründige nur in einem Glauben zu erfassende und zu deutende Tiefendimension. Und auch der Atheist und der Agnostiker deuten für sich auf der Basis des Gewussten glaubend diese Welt, wenn auch ohne Gott. Wir Christen aber sagen, alles was ist, ist Schöpfung Gottes. Und er, der Allgegenwärtige, ist in allem geheimnisvoll gegenwärtig. Jesus verweist uns als letztes Lebensvermächtnis vor seinem Tod auf dieses Brot und diesen Wein, damit wir in diesen Gaben exemplarisch die Allgegenwart des lebendigen Gottes erahnen; damit wir gestärkt werden, um das Sterben im Leben zu ertragen und das Leben im Sterben zu erhoffen. Fronleichnam stellt diese so ganz und gar gewöhnlichen Zeichen von Brot und Wein in den Mittelpunkt unserer Aufmerksamkeit und empfiehlt uns, Gott durch sie in Fleisch und Blut übergehen zu lassen. Gott ist das Leben, und in Brot und Wein ist er für uns, die vom Lebenshunger Gezeichneten, das Lebensmittel schlechthin. Wer im Blick auf diese Zeichen mehr glaubt als er weiß, weiß mehr als er glaubt.

Himmelsrichtung

Reformationsfest

Eine große deutsche Wochenzeitung, die über eine katholische und eine evangelische Beilage verfügt, präsentierte zu Beginn des 500–jährigen Jubiläums des Thesenanschlags einen „Glaubenstest zum Thema: Welcher Christ sind Sie?" Das war ein netter Jux. Wer nach dem Durchlaufen des Frageparcours 0 bis 5 Punkte hatte, war katholisch, wer 6 bis 30 Punkte hatte, war Mischmasch, wer 31 bis 50 Punkte hatte, evangelisch. Ich gestehe es, ich, der Katholik, war gerade aus der Rubrik katholisch herausgerutscht und in der Rubrik Mischmasch gelandet. Einige Fragen konnte ich gar nicht beantworten. Z. B. „Was hängt an Ihrem Weihnachtsbaum?" Der preußisch-sittenstrenge Protestant hängt „LED-Kerzen wegen der Umweltbilanz" an den Baum, der genussfreudige Katholik „Lametta, Engel, Mundgeblasenes: Hauptsache es funkelt und macht Stimmung." Und ich habe, seit ich erwachsen bin, und das währt schon einige Jahrzehnte, zwar stets eine Krippe, aber noch nie einen Weihnachtsbaum aufgestellt. Bin ich nun der Superprotestant wegen der diesbezüglich perfekten Umweltbilanz? Oder nur ein hinsichtlich dieser Form von Weihnachtlichkeit bedürfnisloser Katholik? Auf die Frage „Putzen Sie gerne?" sagt dieser Befragung nach der katholisch orientierte Christ: „Nur vor Feiertagen“ und der protestantisch orientierte putzt gar mehrmals die Woche. Da bin ich ein schlampiger Katholik; denn ich putze auch vor Feiertagen nicht gern. Aber, um Schlimmeres zu verhüten, lasse ich putzen, natürlich mit offizieller Anmeldung und wirklich gutem Stundenlohn, und zwar, ich gestehe es, von einer Protestantin. – Die Frage, die sich mir nach diesem Test zum „Konfessionsdimorphismus“ stellte, war: Muss die Ökumene in einem Mischmasch enden, ist Ökumene gar Mischmasch?

Kurze Zeit zuvor hatte mir aus ganz anderem Anlass ein Freund, Mediziner von Hause aus, eine kleine nachdenkenswerte Geschichte zukommen lassen: *Eine Armbanduhr und ein Kompass gewannen sich sehr lieb. Es gefiel ihnen, dass sie beide rund waren, dass sie fast gleich groß und fast gleich schwer waren, dass sie beide Zeiger hatten, dass sie beide auf etwas Wichtiges aufmerksam machten, beide zur Orientierung dienten und zwar einmal im Raum, einmal in der Zeit. Aber das Verhalten ihrer Zeiger war von schmerzlicher Verschiedenheit. Nicht dass die Uhr drei hatte und der Kompass nur einen, war das Problem, sondern das Verhalten dieser vier Zeiger als Ausdruck ihres Wesens. Doch sie näherten sich aus Liebe mehr und mehr an, wurden ähnlicher – die Uhr lief nicht mehr gleichmäßig im Kreis, sondern unregelmäßig und gelegentlich sogar rückwärts, manchmal blieb sie sogar stehen, genau wie der Kompass. Und der Kompass entmagnetisierte seine Nadel, weil er begriff, dass das der Hauptgrund der Verschiedenheit war und so nicht sein durfte. Erst ein wenig, dann mehr und mehr – ganz ging es leider nicht, aber sein redliches Bemühen trug Früchte, genau wie das der Uhr. Dadurch konnte sich die Kompassnadel jetzt oft und schnell im Kreis drehen – im Kreis wie die Zeiger der Uhr – und sie zeigte auch nicht mehr genau in eine Richtung, sondern nur noch ungefähr. Oh wie schön waren Einigkeit, Gleichheit und Toleranz, wie überzeugend war ihnen dies gleichsinnig moderne Zeigerverhalten gelungen. Und wie befremdlich und überraschend war es für sie, dass sie eines Tages in der gleichen Abfalltonne entsorgt wurden.* (Markus Clasen)

Wie finden wir als Christen im Licht und Dunkel der Zeit die richtige Himmelsrichtung? Tags ziehende Zugvögel, aber auch Brieftauben besitzen einen Sonnenkompass mit innerer Uhr, die die Sonnenstandsänderung kompensiert und dadurch Richtungskonstanz garantiert. Nächtlich ziehende Zugvögel, z. B. Mönchsgrasmücken, haben klare, sogar erblich kodierte Vorstellungen vom Fixsternhimmel und ziehen zeitunabhängig richtig, selbst wenn man die Jungvögel ohne die alten Vögel ziehen lässt. Wie finden wir Christen unsere religiöse Himmelsrichtung?

Manchmal lernen wir Christen aus den Defiziten der anderen Konfession. Die Protestanten helfen mit ihren Defiziten in Sachen Einheit, mir, dem Katholiken, die Notwendigkeit eines Papstamtes neu und besser zu verstehen. Und vielleicht helfen die Katholiken mit ihren Defiziten in Sachen Pluralität den Protestanten, ihr eigenes mühsames synodales Vielerlei besser auszuhalten.

Manchmal scheint es mir, dass wir die ständig sich ändernde, aber präzis abzulesende Uhr der Protestanten brauchen, die uns sagt, was die Stunde gerade geschlagen hat. Aber manchmal scheint es mir auch, dass wir die zeitunabhängige irritationsfreie Richtungskonstanz auf dem Kompass der Katholiken brauchen, damit wir, ganz gleich, was die Stunde geschlagen hat, die Richtung halten. Erst wenn wir beides haben, den katholischen Kompass und die evangelische Uhr, sind wir Christen wirklich orientiert in Raum und Zeit. – Die „versöhnte Verschiedenheit“, wie sie von protestantischer Seite formuliert wurde, kommt dem, was auch mir im Miteinander der Konfessionen so vorschwebt, schon recht nahe. Aber sie trifft das, was ich meine, noch nicht so ganz. Sie zieht noch den Verdacht von Quietismus und Stillstand auf sich. Besser scheint mir der Begriff „versöhnliche oder versöhnende Verschiedenheit“, er markiert ein bleibendes Werden, ein Im-Werden-Bleiben, ein Im-Bleiben-Werden. Genau darin liegt ein wirkliches und wirksames Entwicklungspotenzial für beide. Vielleicht sind die Konfessionen auch wie die Brennpunkte einer Ellipse. Sie sind beide nicht der Schwerpunkt, aber wenn man sie auf kürzestem Weg miteinander verbindet, dann trifft man den Schwerpunkt, und der liegt weder beim Papst noch beim Reformator, sondern in Christus. Und je näher die konfessionellen Brennpunkte einander kommen, desto mehr wird aus der Ellipse ein Kreis, in dem Brennpunkte und Schwerpunkt im Mittelpunkt, in Christus, zusammenfallen. Der ist die Himmelsrichtung.

Una sancta ecclesia

Reformationsfest

Als Theologe habe ich wie viele Kollegen andernorts unter meinen Zuhörern nicht nur die erwartbaren studientypischen Jahrgänge der Achtzehn- bis Achtundzwanzigjährigen, sondern auch eine erkleckliche Anzahl von Seniorstudenten. Viele von ihnen sind in ihrem „ersten Leben" Ingenieure, Naturwissenschaftler, Juristen, Betriebswirte u. Ä. gewesen. Aber jetzt, in der dritten Lebensphase, interessieren sie sich nicht mehr so sehr für die jahrzehntelang beruflich bearbeiteten Spezialfragen, sondern werden zu Generalisten. Sie wollen nachdenken über das Ganze des Lebens, seinen Sinn, seine Hoffnung angesichts des Todes, wollen nachdenken über Gott, über seine Erkennbarkeit, seine „Beweisbarkeit" oder Erweisbarkeit, wollen nachdenken über sich selbst. Da an der RWTH Aachen, an der ich lehre, vor Jahren die Evangelische Theologie abgeschafft worden ist, brandet nun eine evangelische Seniorenschaft mit einer stupenden fachlichen Gelehrsamkeit bei uns Katholiken an. Und da wird natürlich gern interkonfessionell gefrotzelt. Eine von diesen Seniorstudentinnen, eine Musikerin von Gnaden, die aus einer evangelischen Pfarrersdynastie stammt, frotzelt besonders gern. Ich empfehle ihr, der Protestantin, zum Beispiel, sie solle sich endlich mal mit den sinnenfrohen Gepflogenheiten einer katholisch üppigen Volksfrömmigkeit vertraut machen und nicht mit ihrer protestantisch angekränkelten „moralisch existenziellen Zerzweiflung“ hausieren gehen. Und sie empfiehlt dann mir, dem Katholiken, wir sollten uns nicht länger vom römischen Weihrauch benebeln lassen, sondern zu einer protestantisch nüchternen Klarheit und Schriftfrömmigkeit bekehren. Und wenn ich ihr sage, es freue mich, dass sie, die Protestantin, mir, dem Katholiken, zu Füßen sitze, um die wahre Lehre kennenzulernen, dann kontert sie, man müsse die Verblendungszusammenhänge eines irrenden Menschen genau studieren, um ihm wirklich helfen zu können. So geht das hin und her. Vor Kurzem nun bekam ich anlässlich meines Geburtstags ein Päckchen von ihr, das die Aufschrift trug: „Werbebox für jeden Priesterhaushalt“. Und das hatte es in sich. Natürlich habe ich diesen „plumpen interkonfessionellen Abwerbeversuch auch im Namen der römischen Glaubenskongregation aufs Entschiedenste missbilligt“. Sie wollte ihrem Doktor Martin Luther ein Denkmal auf meinem Schreibtisch einrichten und schickte mir darum den Bausatz für ein Playmobil-Männchen mit Luthers Doktorhut, schwarzem Professoren- oder Pfarrer-Talar, Bibel in der linken und Schreibfeder in der rechten Hand. Ich habe das Männlein zusammengebaut, und nun mahnt es mich zu intensiverer Bibelorientierung in meinem Christsein. Dann kam ein eleganter schwarzer Kuli zum Vorschein mit den silbernen Schriftzügen von Luthers Originalunterschrift. So kann ich bei allem, was ich damit schreibe, zugleich überlegen, ob Luther das wohl gegengezeichnet hätte. Dann kam ein Butterbrotbrettchen mit Luthers so kindlich frommem Abendsegen zum Vorschein. Das kann mich zukünftig dazu ermahnen, weder morgens noch abends das Tisch- oder das Segensgebet zu vergessen. Für die kalten Tage fanden sich im Päckchen noch ein Paar Socken in Schwarz mit der graugrünen Aufschrift „Luthersocke“ und dem Lutherwort: „Hier stehe ich. Ich kann nicht anders.“ Das wird mir gewiss eine protestantische Standfestigkeit verleihen und bewirken, dass ich weder vor Bischofs- und Superintendenten-Thronen noch vor ZK- und EKD-Tribunalen kalte Füße bekomme. „Gott helfe mir! Amen!" Dann kam – und das war am „protestantisch-hinterhältigsten" – ein Päckchen mit Medikamenten zum Vorschein mit der Aufschrift: „Lutherol – Was Martin Luther heute verordnen würde." Und weiter stand da: „Breitband-Theologicum für Geist & Seele – Mit 4-fach-Wirkformel: Sola Gratia, Sola Fide, Sola Scriptura, Solus Christus." Übersetzt heißt das: „Die Gnade allein, der Glaube allein, die Schrift allein und Christus allein" sind maßgeblich für das Heil des Menschen und nicht seine eigene Leistung. Die Gebrauchsanweisung für dieses Breitband-Theologicum weist als Anwendung auf: „Zur Bekämpfung des Papismus-Erregers der Art Vaticanum I." „Weitere Anwendungsgebiete: Tetzelbefall, Höllenangstzustände, Fegefeuerfurcht, Exkommunikationsgefahr sowie zur Ablassprävention." Wo sonst verblistert zylindrische Medikamentenkapseln zu finden sind, sind es beim Lutherol 24 mit Menschenfreundlichkeit verlesene Worte Luthers, gottlob nicht die derbsten und übelsten. (Dass dieses Mittel bei aufständischen Bauern und bei Juden tödliche Nebenwirkungen verursacht hat, sei nur der nachtragenden katholischen Hinterhältigkeit wegen vermerkt.) Was mich da im interkonfessionellen Päckchen ereilte, das ist eine höchst geistreiche Zusammenstellung, die man eigentlich nur mit profunder Theologie- und Kirchengeschichtskenntnis recht würdigen kann. Werde ich nun mit Luther-Tischdenkmal, Luther-Kuli, Luthersocken und einer hochdosierten Anwendung von Lutherol auf katholische Weise evangelischer oder auf evangelische Weise katholischer oder gar – kaum auszudenken – christlicher? – Wir Katholiken haben immer viel von den Protestanten gelernt, zuletzt noch bei der Konzeption unseres Gebetbuchs „Gotteslob", das am „Evangelischen Gesangbuch" Format und Qualität gewonnen hat. Ich meine darum, die Katholiken sollten zum nächsten Katholikentag in Münster aus Anlass des 400. Jahrestages zum Kriegsbeginn und des 370. Jahrestages zum Friedensschluss des Dreißigjährigen Kriegs ein ergänzendes Medikament auf den Markt bringen. Vielleicht heißt es „Papaverin" oder „Katholon" und könnte den am Preußozoikum chronisch erkrankten „Deutschen Christen" oder spiritualitätsgeschwächten und entmythologisierungssüchtigen Kulturprotestanten verordnet werden. Vielleicht wirkt es gegen Traditionsvergessenheit und Zerstreuungstendenzen und führt gar zum Wohlbefinden der „una sancta ecclesia", der einen im Heil vereinten Kirche.

Planstellen

Allerheiligen

Gerade haben wir Allerheiligen gefeiert. In der ersten Präfation der Totenmesse beten wir nicht nur für die großen Martyrer, nicht nur für die standhaften Bekenner, nicht nur für die sozialen Helden, sondern für Jan und Pit, für Hinz und Kunz, für Meier, Müller, Schulze und auch für Sie und mich: *„Deinen Gläubigen, o Herr, wird das Leben gewandelt, nicht genommen. Und wenn die Herberge unserer irdischen Pilgerschaft zerfällt, ist uns im Himmel eine ewige Wohnung bereitet."* Wandlung ist angesagt. Wollen Sie noch etwas werden? Wollen Sie vielleicht ein Heiliger, eine Heilige werden? Ich meine nicht die kostspielige und aufwendige Heiligsprechung mit Heiligsprechungsprozess, nachgewiesenem Wunder und dergleichen mehr. Ich meine heilig im ursprünglichen Sinne, denn im Wort heilig steckt das Wort Heil.

Bei den Heiligen denke ich an das Heil-Werden durch die Nähe Gottes, das Heil-Sein in der Nähe Gottes, das Heil-Machen kraft der Nähe Gottes. Heilige sind wir als die von Gott mit Heil Bedachten, als die zum endgültigen Heil Berufenen.

Heilige sind Kinder ihrer Zeit, wie wir Kinder der unseren sind. Sie sind keine makellos perfekten Menschen, sie haben den Stallgeruch ihres Milieus, haben Ecken und Kanten, die oft erst mühsam abgeschliffen werden mussten oder die zum Heiligsein sogar gerade notwendig waren, haben geistige und körperliche Defizite gehabt und beklagt. Ein iranisches Sprichwort sagt: „Jeder Heilige hat eine Vergangenheit und jeder Sünder eine Zukunft."

Bei vielen Heiligen war die Vergangenheit ganz und gar nicht heilig, sondern eher sündig. Aber sie sind nicht dabei stehen geblieben. Man denke nur an den Rhetoriker und Frauenheld Augustinus, aus dem der größte Philosoph der christlichen Antike und ein heiliger Bischof geworden ist. So besteht auch bei uns gegenwärtigen Sündern noch die Hoffnung auf eine zukünftige Entfaltungsmöglichkeit zum Heiligen.

Im Glaubensbekenntnis vergewissern wir uns der Gemeinschaft der Heiligen, derer, die etwas gelitten, getan, gelebt haben, was Gott und Mensch wie auch Mensch und Mensch einander nähergebracht hat.

Unser Gedächtnis der Heiligen ist so etwas wie „Solidarität nach rückwärts". Die, die in Sachen Glaube, Hoffnung und Liebe in ihrer Zeit etwas vorangebracht haben, sind nicht vergessen und versunken. Der Blick auf sie sagt uns: Es geht doch. Versuch du es also auch.

Und die Fürsprache der Heiligen, auf die wir hoffen, ist so etwas wie „Solidarität nach vorwärts". Wir, die wir in Sachen Glaube, Hoffnung und Liebe in unserer Zeit etwas voranbringen sollen und können, stehen nicht in einer gottlosen Welt allein und auf verlorenem Posten, sondern sind eingebunden, sind ermutigt, sind getragen von der Gemeinschaft der Heiligen vor uns, mit uns und nach uns.

Die Heiligen sind zumeist nicht die Taktierer im opportunistischen Spiel um politische Macht. Bei allem diplomatischen Geschick verkaufen sie, wenn es darauf ankommt, ihr Gewissen nicht. Sie haben Farbe bekannt wie Thomas Morus (1478–1535), der englische Lordkanzler, der Heinrich VIII. bei dessen Kirche sprengenden Eheeskapaden Paroli geboten hat. Diese Aufrichtigkeit hat ihn den Kopf gekostet und die Farbe, die er bekannt hat, war blutrot. Er ist der Heilige der Gewissensfreiheit am Beginn der Neuzeit.

Die Heiligen sind nicht die geborenen Friedensnobelpreisträger. Sie haben von Ausnahmen wie Albert Schweitzer einmal abgesehen den Friedensnobelpreis zumeist auch nicht erhalten, weil der ohnehin viel zu oft bei Kriegstreibern statt bei Friedensengeln gelandet ist. Die Heiligen haben nicht selten um Gottes willen einen faulen Frieden aufgekündigt und damit Streit entfacht, wie Las Casas (1484–1566), der Verteidiger der Indios gegen die Ausbeutung durch die spanischen Kolonialherren. Ihm ist es zu danken, dass in den Dreißigerjahren des 16. Jahrhunderts schon so etwas wie Menschenrechte auch für Indios formuliert wurden in der frühneuzeitlichen Kirche und Gesellschaft.

Die Heiligen stehen selten im Schaufenster der öffentlichen Aufmerksamkeit und Anerkennung wie die vor Kurzem heiliggesprochenen Päpste Johannes XXIII. und Johannes Paul II. Die meisten Heiligen finden sich unter denen, die ganz im Stillen und ohne Öffentlichkeit im Alltagsgrau das Gute getan haben, wie z. B. die hl. Theresia von Lisieux (1871–1897), die im Volksmund liebevoll die kleine Theres genannt wird. Sie ist, nur 24 Jahre alt, an Lungentuberkulose gestorben. „Meine Berufung ist die Liebe." Das wurde im kleinen, grauen, verborgenen Klosteralltag ihr Lebensmotto. Und darin ist sie eine ganz Große geworden.

Die Heiligen mögen sich vielleicht eine Weile ausgelebt haben. Wenn sie aber erst einmal in Gott eingelebt haben, dann schwindet das Außenleben und wächst das Innenleben, wie z. B. bei dem Offizier und Lebemann Charles de Foucauld (1858–1916), der als zunächst erfolgloser Ordensgründer zum Einsiedler wird und zum Übersetzer der Bibel in die Sprache der Tuareg, bevor er unschuldig den Tod findet. Sein Orden, die „Kleinen Brüder Jesu", entstand erst nach seinem Tod. Die Gemeinschaft der Heiligen vor uns, mit uns und nach uns vermag so etwas.

Und wenn Eltern heute die Taufe anmelden und ihrem Kind einen Namen geben wollen, der sich auch trotz viel investierter Fantasie in keinem Heiligenkalender findet, dann denke ich mir, wenn das Kind nicht gerade auf Malboro oder Coca Cola getauft werden soll: Warum sollte der Kleine oder die Kleine, die diesen Namen tragen wird, nicht selbst heilig werden und dem Heiligenkalender nicht just mit diesem Namen einen höchst nennenswerten Neueintrag bescheren. Für Heilige gibt es eine buchstäblich himmelweite Fülle an Planstellen! Und auch für Sie und mich steht mit einer höchst variablen Arbeitsplatzbeschreibung die genau auf Sie und mich zugeschnittene Planstelle offen, eine Planstelle, die nur Sie und ich mit Leib und Seele ausfüllen können.

Nach Burgherrenart

Allerheiligen / Allerseelen

Das Münsterland ist voller Wasserburgen. Eine davon, bisher nur wenig bekannt, ist die Burg Kakesbeck, eine Wasserburg aus dem Anfang des 14. Jahrhunderts vor den Toren Lüdinghausens im Münsterland. Die ersten Spuren dieser Burg sollen gar bis ins 10. Jahrhundert reichen. Der heutige Besitzer, ein finanzkräftiger Industrieller und Protestant, ließ Ausgrabungen vornehmen und die Burg mit großem persönlichen Aufwand und unter Einbeziehung des Landeskonservators wieder restaurieren. Heute weist die Burg, deren Wassergrabensystem von der Stever gefüllt wird, zwei größere Baukomplexe, eine Vorburg und eine Hauptburg, auf. In ihrer Blütezeit hatte die Burganlage mehrere Vorburgen und eine Fläche von fast einem Quadratkilometer. Historisch nachweislich ist es hier oft heftig drunter und drüber und menschlich danebengegangen. Bei der Restaurierung ließ der neue Besitzer aber auch die wohl wegen Baufälligkeit im Jahre 1868 abgetragene Burgkapelle auf den alten Grundmauern wieder aufbauen. Und innen ließ er, der Protestant, sie mit Bildern von vierzig bedeutenden, religiös prägenden Gestalten, sowohl evangelischen wie katholischen Christen und Juden, ausmalen. Er nannte sie: „Die Heiligen von Burg Kakesbeck." Darunter waren Kardinal von Galen, Edith Stein, Maximilian Kolbe, Mutter Teresa, Johannes XXIII., Dietrich Bonhoeffer, Alfred Delp etc. In Wirklichkeit aber war es seine ökumenisch, ja sogar interreligiös ausgestattete Vorbilder- oder Heiligengalerie. Keiner dieser dort abgebildeten Heiligen hat vermutlich je etwas von Burg Kakesbeck gehört oder gesehen, aber ihre Ausstrahlung hat diese Burg, ihre Kapelle und die Menschen, die darin beten, erreicht. Hatte da ein Protestant versehentlich zu viel Weihwasser abbekommen oder zu viel katholischen Weihrauch inhaliert? Im Jahre 2014 wurde die neu wieder errichtete Kapelle schließlich eingeweiht. Da sich kein katholischer Mitra-Träger bereitfand, durfte ich mit einem evangelischen Pfarrer, der auch bei dieser gewaltigen Ansammlung von Heiligenbildern keinen antikatholischen Allergieschock bekam, die Einweihung vornehmen. Und so haben wir dann gebetet:

„Herr, unser Gott, segne Du diese neu wieder errichtete Kapelle hier auf Burg Kakesbeck. – Segne all die Menschen, die sich für die Wiedererrichtung dieses Ortes der Begegnung zwischen Gott und Mensch, dieses Ortes der Begegnung zwischen Mensch und Mitmensch eingesetzt und verdient gemacht haben. – Segne den Bauherrn, die Architekten und Bauleute, die Freunde und Förderer dieses hochherzigen Unternehmens. – Lass alle, die sich in dieser Kapelle versammeln, die hier die Stille suchen, die hier beten und Gottesdienst feiern, selber inneren Frieden finden, Frieden stiften und einander in Menschlichkeit nahe sein. – Lass uns, die wir hier beten, auch neu Orientierung finden am Vorbild der „Heiligen von Kakesbeck“. Lass uns – wie sie – konfessions- und religionsverbindend miteinander nach Gott und seiner Wahrheit suchen. – Lass uns hier in Freude und Trauer, als junge oder alte, als gesunde oder kranke Menschen Gott begegnen und in ihm uns selbst. – Herr, unser Gott, segne Du diese neu wieder errichtete Kapelle und uns alle mit ihr.“

Der gerade verflossene Allerheiligentag sagt mir: Wir Menschen, ganz gleich ob Christen, Juden, Moslems oder was auch immer wir sind, wir brauchen als fehlbare, gefährdete und gefährdende Menschen Vorbilder. Und diese Vorbilder, auch wenn die katholische Kirche sie insbesondere gepflegt hat, gibt es in allen Religionen. In Dreiteufelsnamen geschieht unendlich viel Böses in dieser Welt; denn das Böse ist hochinfektiös. Gottlob ist aber nicht nur das Böse ansteckend, sondern auch das Gute, selbst wenn es uns nicht perfekt gelingt. Oder in einem anderen Bild gesagt: Ein Heiliger ist oder wird der, der sich in das Kraftfeld Gottes begeben hat oder in das Kraftfeld Gottes geraten ist. Und indem er dahinein gerät, trägt er zur Erhöhung der Anziehungskraft, zu einer Verstärkung der Massenanziehung bei. Die Welt braucht es, dass wir das uns menschenmögliche Gute tun, dass wir selbst im überschaubaren Bereich unserer Zuständigkeit nach Kräften menschlich und vorbildlich zu leben versuchen. Ob uns das gelingt, gelungen ist, darüber entscheidet letzt- und höchstinstanzlich Gott.

Manchmal erscheint mir die ganze menschliche Existenz wie eine solche Burg, abgeschottet mit Wassergräben und Zugbrücken, mit Mauern und Schießscharten gegen die vielen bedrohlich erscheinenden Nachbarburgen und deren Burgherren. Vielleicht sollten wir – ein jeder für sich – auch in der Wasserburg, der Trutzburg, der Zwingburg, in der Vor- oder Hauptburg unserer Existenz, vielleicht sollten wir auf den Grundmauern der abgerissenen alten Kapelle unserer vergangenen Frömmigkeit auch wieder eine neue Kapelle errichten. Es sollte eine Kapelle der Stille, der Nachdenklichkeit, der Selbst- und Gottesbegegnung sein. Und wenn es uns hilft, dann können wir diese unsere Burgkapelle vielleicht ausmalen (lassen) mit dem je uns zuträglichen und vorbildlich erscheinenden Sortiment von Heils- und Heiligengestalten, quer durch die wahrhaft menschliche Seite der Religions- und Menschheitsgeschichte. Die neu zu errichtende oder die wieder errichtete Kapelle in der Burg unserer menschlichen Existenz, die schafft ein neues Zentrum zur Begegnung mit dem anderen, mit mir selbst und mit Gott. Diese neue Kapelle hält uns sogar den Himmel offen. Und wem der Himmel offen steht, der muss nicht durch Schießscharten den Nächsten beargwöhnen, belauern oder gar befehden. Wem der Himmel Gottes offen steht, der kann auch die Zugbrücke zum Nächsten runter- und das Burgtor für ihn auflassen; denn der hat den nach menschlichem Ermessen weitestmöglichen Horizont.

Warnschuss oder Salut?

Christkönig / Totensonntag

Bevor das profane Jahr mit dem Advent in seine anheimelnde Endphase übergeht und das neue Kirchenjahr beginnen lässt, mutet uns die Liturgie mit ihren Texten „starken apokalyptischen Tobak“ zu. Uns wird klar gemacht, dass unsere Zeit, unsere kostbare Lebenszeit ohne Einspruchsrecht befristet und nur auf Widerruf gestundet ist. Fast alle liturgischen Texte des ausgehenden alten Kirchenjahres stimmen diesen Endzeitton an. So schreibt z. B. Paulus um das Jahr 51 herum an die kurz zuvor gegründete Gemeinde in Thessaloniki, dem heutigen Saloniki: *„Über Zeit und Stunde, Brüder, brauche ich euch nicht zu schreiben. Ihr wisst genau,* *dass der Tag des Herrn kommt wie ein Dieb in der Nacht. Während die Menschen sagen: Friede und Sicherheit!, kommt plötzlich Verderben über sie wie die Wehen über eine schwangere Frau, und es gibt kein Entrinnen.*" (1 Thess 5, 1) So sicher die Schwangere mit Wehen rechnen muss und darf, so sehr müssen und dürfen wir Christen mit dem Kommen, dem richtenden und rettenden Wiederkommen des Herrn, mit unserm Ankommen beim richtenden und rettenden Herrn rechnen.

Wenige Jahre vor seinem Tod, so erzählte mir ein Bekannter, wurde der alte Spiritual des Münsteraner Priesterseminars bei einer Wanderung aus einem vorbeifahrenden Auto heraus ohne ersichtlichen Grund beschossen. Er erlitt einen Streifschuss am Kopf. Ein paar Zentimeter näher heran und es wäre sein Ende gewesen. Ein paar Zentimeter weiter entfernt und er hätte es, wenn überhaupt, gar nicht als Gefährdung seines Lebens, sondern als Streich von ein paar Halbstarken wahrgenommen. So aber deutete er diesen Streifschuss neben allem, was an krimineller Energie darin gesteckt haben mag, als existenziellen Warnschuss, ja als Wink des Himmels, sein Leben noch gesammelter auf Gott hin, mit noch mehr existenziellem Ernst und entschiedenerer Menschlichkeit zu führen. Brauchen wir, wenn unser Leben zu sehr ins Beliebige oder Billige zu verrutschen scheint, dann und wann Warnschüsse hoffentlich nicht dieser, aber doch vielleicht ähnlicher Art?

Man lebt seine Zeit anders nach solchen Warnschüssen, anders, wenn man weiß, dass die Zeit befristet ist. Man weiß plötzlich, was wirklich wichtig und was unwichtig ist. So geht es einem, wenn man bei einem lieben Menschen aushält, der dem Tode nahe ist oder sogar schon im Sterben liegt. Man will ihm alles Gute angedeihen lassen, dessen er bedarf. Man will die verbleibenden Stunden mit ihm nutzen, um des Guten wie auch des Schweren zu gedenken, das man mit ihm erlebt hat. Man will, wenn Streit herrschte, endlich Frieden mit ihm schließen, damit er selbst und man selbst Frieden findet. Man will das, was ist, zum Guten und zum Heil wenden.

Apokalyptische Bilder muten uns am Ende des Kirchenjahres auch die Evangelien zu: Nachdem der Evangelist Lukas, ganz ähnlich wie Matthäus und Markus, in der Bilderwelt seiner Zeit ein endzeitliches Schreckensszenarium, eine nicht mehr zu toppende ultimative Katastrophe geschildert hat, sagt er nicht etwa, dann nehmt die Lebensversicherung in Anspruch, oder dann geht in den Atombunker, oder dann gebt euch selber oder einander den Gnadenschuss. Er sagt stattdessen: *„Wenn all das geschieht, dann richtet euch auf und erhebt euer Haupt; denn eure Erlösung ist nahe.“* (Lk 21,28) Das ist doch eine geradezu dreiste ungeheuerliche Zumutung, könnte man sagen. Ja, das könnte man. Aber genau hier spricht sich die paradoxe Logik des Evangeliums aus: Denn das ist keine Entmutigung angesichts all des Schrecklichen, sondern eine Ermutigung trotz und wegen all des Schrecklichen. Die biblischen Texte wollen uns sagen: Wie unabsehbar groß und umfassend das Unheil für diese Erde auch ist oder uns erscheinen mag, das Heil Gottes ist immer größer und umfassender, nämlich allumfassend, d. h. eben alle und alles, ja sogar das All umfassend. Die Konsequenz von Paulus in seinem Brief an die Thessalonicher ist daher: *„Ihr aber, Brüder und Schwestern, lebt nicht im Finstern, so dass euch der Tag nicht wie ein Dieb überraschen kann. Ihr seid Kinder des Lichtes und Kinder des Tages. Wir gehören nicht der Nacht und nicht der Finsternis. Darum wollen wir nicht schlafen wie die anderen, sondern wach und nüchtern sein.“*

Aus Anlass der Ankunft eines wichtigen, bedeutenden Staatsmannes im Ausland, schießt die angetretene Ehrenkompanie des Gastlandes Salut. Das Wort Salut kommt vom Lateinischen „salus“ und bedeutet Heil. Man dokumentiert mit diesem Salut die Verteidigungsfähigkeit des Gastgebers, leistet sozusagen einen Warnschuss gegen mögliches, drohendes Unheil und gibt damit zugleich eine dem Gast geltende Sicherungsgarantie oder gar Heilszusage. Vielleicht sind die Warnschüsse, die uns das Leben auf diese oder jene Weise zumutet – persönlich, familiär, wirtschaftlich, sozial, medizinisch, fast immer aber auch existenziell – nicht nur beängstigende Warnschüsse, sondern zugleich ein heilsdienlicher ermutigender Salut. Bei dem Dichter Friedrich Hölderlin (1770–1843), einem studierten Theologen, findet sich ein seltsames Gedicht mit dem Titel „Patmos". Die Insel Patmos im Mittelmeer war den verfolgten frühen Christen ein Zufluchtsort in apokalyptischen Krisensituationen. Hier soll der Seher Johannes, der Verfasser der Apokalypse, gelebt haben und gestorben sein. In diesem Gedicht „Patmos" fasst Hölderlin 1803 seine Hoffnung, dass sich Geschichte doch noch zur Heilsgeschichte wenden möge, so zusammen:

„Nah ist
Und schwer zu fassen der Gott.
Wo aber Gefahr ist, wächst
Das Rettende auch."

Trauen wir dieser Erfahrung, dass auch der nur schwer zu fassende, manchmal ganz unfassliche Gott nahe ist, und dass wir in ihm erfahren, was der lateinische Gruß besagt: Pax, bonum salusque – den Frieden, das Wohl und das Heil!

Christsein – auf Sendung

Christkönig / Totensonntag

Zum Verabschiedungsgottesdienst von ihrer Universität haben sich die Theologiestudenten an der RWTH Aachen Texte gewählt, die jedem Christen ans Herz gelegt werden könnten: *„Seid stets bereit, jedem Rede und Antwort zu stehen, der nach der Hoffnung fragt, die euch erfüllt."* (1 Petr 3,15) Und dazu haben sie die letzten Worte des Matthäus-Evangeliums gewählt: *„Mir ist alle Macht ge-*

geben im Himmel und auf der Erde. Darum geht zu allen Völkern und macht alle Menschen zu meinen Jüngern; tauft sie auf den Namen des Vaters und des Sohnes und des Hl. Geistes und lehrt sie alles befolgen, was ich euch geboten habe. Seid gewiss: Ich bin bei euch alle Tage bis zum Ende der Welt." (Mt 28,16–10) Es lohnt sich das einmal Vers für Vers durchzugehen:

„*Geht zu allen Völkern.*" Zu welchen Völkern die zukünftigen Lehrer gehen, das legt die Landesregierung mit dem Einsatzplan für Referendare und für die beamteten und die angestellten Lehrer fest. Aber wenn Gott durch geschichtlich zufällige Ereignisse wirkt, dann sind die „Völker", zu denen sie von ihm geschickt werden, genau da, wo sie demnächst als Lehrer Dienst tun. Und da gilt es überzeugt und überzeugend Christ zu sein.

„*Macht alle Menschen zu meinen Jüngern.*" Sind wir denn selbst seine Jünger? Und wie äußert sich das? Wie will ich andere zu Jüngern Jesu machen, wenn ich selbst erkennbar keiner bin? Zumindest ein aufrichtig Suchender in der Nachfolge Jesu muss ich sein, um andere zur Jüngerschaft, zur Nachfolge Jesu zu bewegen. Ich glaube, Eltern oder Lehrer, die nicht mit ganzem Herzen bei der Sache sind, sich nicht selbst existenziell ins Spiel bringen, werden auch die Herzen ihrer Schüler, werden auch ihre Kinder nicht existenziell erreichen können.

„*Tauft sie auf den Namen des Vaters, des Sohnes und des Hl. Geistes.*" Die Taufvollmacht haben wir Christen nur in Notfällen. Aber den dreifaltigen Gott sollten wir als Eltern, Lehrer, Priester dennoch zur Sprache und ins Spiel bringen. Den einen und einzigen Gott, der unendlich über, vor und um uns ist, den Gott nennen wir den Vater. Den einen und selben Gott, der als Mensch in unserer Geschichte und als Mitmensch an unserer Seite ist, den nennen wir den Sohn. Und den einen und selben Gott, der in unserm Innern wirksam ist, inspirierend in der Stimme unseres Gewissens, der uns näher ist als wir uns selbst, den Gott nennen wir den Hl. Geist.

„Und lehrt sie alles befolgen, was ich euch geboten habe." Das ist gewiss mehr als im Lehrplan für Religion steht und mehr als wir fehlbaren Menschen selbst leisten können. Aber die Ernsthaftigkeit unseres Bemühens muss trotz aller Fehlbarkeit erkennbar sein. Der Pfarrer, der in der Fastenzeit anderen Selters predigt und selber Sekt säuft, der braucht gar nicht erst auf die Kanzel zu steigen. Nicht viel anders verhält es sich auch beim Religionslehrer. Der Mathe- und Chemielehrer wird an seiner Fach- und Vermittlungskompetenz gemessen, der Religionslehrer wird jenseits seiner Fach- und Vermittlungskompetenz auch noch an seiner existenziellen Glaubwürdigkeit gemessen. Er kann noch so viel und noch so klug von der Feindesliebe in der Bergpredigt reden, wenn er mit seinem Nachbarn nur noch vor Gericht verkehrt, dann hat er ein Glaubwürdigkeitsproblem.

„Seid stets bereit, jedem Rede und Antwort zu stehen, der nach der Hoffnung fragt, die euch erfüllt." Rede und Antwort stehen, das sollen wir und müssen wir, Rede und Antwort stehen, das können wir und dürfen wir in Schule, Hochschule, Familie und Freundeskreis, privat und dienstlich. Wer den Gipfel des „Rede-und-Antwort-Stehens" ersteigen will, muss allerdings intellektuell schwindelfrei und argumentativ trittsicher sein. Wer auskunftsfähig, wer überzeugungsfähig ist für die „Hoffnung, die uns erfüllt", der ist zuerst einmal selbst glaubwürdiger. Aber der macht nicht nur unseren Glauben glaubwürdiger, der leistet auch einen Dienst für die Hoffnungslosen, für die Resignierten, für die Zweifelnden, für die Eingeschüchterten, für die mundtot Gemachten und die Sprachlosen. Jedem Rede und Antwort zu stehen, der nach einer erfüllenden Hoffnung fragt, das ist eine fundamentale „Erste-Hilfe-Leistung" für das geistige und geistliche Überleben unserer Mitmenschen. Und wir können als lernende Lehrer und lehrende Lerner den Suchern einen Sinn, den Wanderern ein Ziel, den Zweifelnden und Verzweifelten die lebenserhaltende Hoffnung nahebringen, die uns selbst vom menschlich nahen Gott geschenkt ist.

Wie soll man das alles schaffen die grundlegende Fachkompetenz, die überzeugende Vermittlungskompetenz und existenzielle Glaubwürdigkeit und das vom Glauben geprägte Rede-und-Antwort-Stehen in den Zeit- und Streifragen unserer Tage? Sind wir mit all dem nicht überfrachtet wie ein armseliger Lastesel, der irgendwann zusammenbricht und nur noch alle Viere von sich streckt? Die alten Römer sagten: *„Ultra posse nemo obligatur.“* Jenseits seines Könnens ist niemand zur Leistung verpflichtet. Wo unsere Gaben liegen, da liegen auch unsere Aufgaben. Ich glaube, um Dampf aus dem Überdruckkessel der Anforderungen zu nehmen, hilft es, den ersten und den letzten Satz des Evangeliums noch einmal zu lesen: *„Mir (Christus) ist alle Macht gegeben im Himmel und auf der Erde. (…) Seid gewiss: Ich bin bei euch alle Tage bis zum Ende der Welt.“* Er, der Pantokrator, dem alle Macht, dem die Allmacht gegeben ist, der ist bei uns, nicht nur sonntags oder bis zu den Sommerferien oder bis zum Erreichen der Altersgrenze, sondern bis zum Ende der Welt. Und darum ist nicht „Matthäus am Letzten“. Er ist auch dann bei uns, wenn diese ganze Welt oder auch nur unsere ganz persönliche Welt untergeht. Nicht wir werden sang- und klanglos verenden, sondern er wird uns in seiner göttlichen Menschlichkeit in seiner menschlichen Göttlichkeit vollenden. Das erhoffen wir, weniger nicht!

Perspektivenwechsel vom Tod zum Leben

Christkönig / Totensonntag

Die Feste Allerheiligen und Allerseelen, der Volkstrauertag und der Totensonntag werden im Monat November begangen. Und wir stehen leiblich und seelisch fröstelnd an den Gräbern unserer Verstorbenen auf Friedhöfen und hören von einem Bein aufs andere tretend Reden an Gedenkstätten. Auch durch das Sterben und den

Tod in der Natur werden wir nachdrücklich angehalten, unser Leben im Horizont von Befristung und Endlichkeit zu betrachten. In jungen Jahren erscheint uns unser Leben wie das Land der unbegrenzten Möglichkeiten, kommen wir uns selbst vor wie die einzigen Unsterblichen auf dieser Welt. Später werden wir uns mit den Worten der Dichterin Ingeborg Bachmann mehr und mehr dessen bewusst: Unser Leben ist „auf Widerruf gestundete Zeit". Natürlich bin ich dankbar, wenn es gelingt, den Tod hinauszuschieben, wenn auch nicht um jeden Preis. Und wie viele von Ihnen läge auch ich schon längst unter, anstatt auf der Grasnarbe, wenn es die Medizin nicht gäbe. Aber alle Frischzelltherapien, alle Wellness- und Anti-Aging-Kuren, alle pharmakologischen Wunderpräparate, alle Organbanken und Genomkorrekturen schaffen uns das Sterben nicht vom Halse und nicht aus Mark und Bein. Nur der Tod ist todsicher. Jede Variante, dem Tod zu entgehen, ist nur eine Variante, dem Tod entgegenzugehen.

Wenn all den ideologischen Klugschwätzern einer Idealgesellschaft, all den Coaches für lebenserfüllenden Berufsaufstieg und all den Werbepropheten einer Konsumbeglückung bei jedem unwiderruflichen Zuklappen eines Sargdeckels das Wort im Hals stecken bliebe, welch eine nachdenkliche Stille könnte sich dann breitmachen. Dann wäre endlich Schluss mit den verbalen Nebelkerzen und der nicht nur beängstigende, sondern auch heilsame Blick auf Befristung und Ende unseres Lebens wäre frei. Schon der Psalmbeter Jahrhunderte vor Christus wusste: „Unsere Tage zu zählen, lehre uns, Herr, damit wir ein weises Herz gewinnen." Aus dem Wissen um Befristung soll nicht die Panik, sondern die Weisheit des Herzens erwachsen.

Der Frankfurter Pfarrer und Dichter Lothar Zenetti (*1926) hat das illusionslos und schlicht so bedichtet: „*Wir sind mitten im Leben/ zum Sterben bestimmt,/ was da steht, das wird fallen./ Der Herr gibt und nimmt.*" Als Glaubende können wir aber dem Gedanken an Tod und hoffentlich auch dem Tod selber standhalten. Denn das offene Grab ist nicht die letzte aussichtslose Einsicht. Wer glaubt, sieht über offene Gräber hinaus. So dichtet denn auch Zenetti weiter: „*Wir gehören für immer/ dem Herrn, der uns liebt;/ was auch soll uns geschehen,/ er nimmt und er gibt.*"

Aber warum sollte der Gott, der Leben schuf und uns ins und durchs Leben geführt hat, den Lebensfaden ersatzlos und gnadenlos abschneiden. Aus dieser bleibenden Verbundenheit mit Gott erwächst auch Zenettis zugleich tollkühne und schlicht formulierte Umkehr der Todesperspektive: „*Wir sind mitten im Sterben/ zum Leben bestimmt;/ was da fällt, soll erstehen./ Er gibt, wenn er nimmt.*"

In einem kleinen Gedichtband von 1941, zusammengestellt also inmitten des Zweiten Weltkrieges, stieß ich auf ein Gedicht von Rudolf Alexander Schröder (1878–1962), das in dieser Hinsicht noch drastischer ist. Es trägt die Überschrift des heutigen Tages: „*Totensonntag/*

Alles Leben führt zum Tod,/ Kannst es leicht betrachten:/ Morgenrot bringt Abendrot,/ Und was tagt, muss nachten.// Alles Leben führt zum Tod./ Hab Geduld: Es endet./ Also grimm ist keine Not,/ Die der Tod nicht wendet."

Da ist keine Morbidität und keine Todesverliebtheit im Spiel, sondern eher eine gnadenlose Nüchternheit. Und fast schon frivol fährt er fort:

„*Lass die Toten denn im Tod/ Grab an Grab verwesen,/ Du, ob Tod und Todes Not,/ Weil du's weißt erlesen.// Weißt, an dir ist keiner Not/ Fürder Macht gegeben:/ All dein Leben führt zum Tod,/ All dein Tod zum Leben.*"

Auch hier wie bei Zenetti finden wir die aus Glaube und Hoffnung gespeiste Perspektivenumkehr von „Alles Leben führt zum Tod" in der ersten Zeile des Gedichts zu „All dein Tod zum Leben" in der letzten Zeile.

Angesichts der frisch ausgehobenen und angesichts der längst vergessenen Gräber, angesichts der Krebstoten heute und der Pesttoten damals, angesichts der Verhungernden heute und der Vergasten damals hat christliche Hoffnung die Tarnmanöver und Täuschungszeremonien, mit denen das Bewusstsein von Sterben und Tod medial hinwegvergnügt und merkantil hinwegkonsumiert werden soll, zu entlarven. Sie allein kann, so scheint es mir, das wuchernde Gestrüpp der Verzweiflung ausreißen und den Keimling der Hoffnung einpflanzen auf dem Acker unseres Lebens.

Unsere „auf Widerruf gestundete Zeit" mündet, so hoffen wir, in eben nicht mehr gestundete, sondern unwiderruflich geschenkte Ewigkeit. Lothar Zenetti hat auch das auf wenige Zeilen komprimiert so ausgedrückt: *„Menschen, die aus der Hoffnung leben, sehen weiter. – Menschen, die aus der Liebe leben, sehen tiefer. – Menschen, die aus dem Glauben leben, sehen alles in einem anderen Licht."*

Die Katholische Kirche hat den Totensonntag in diesem anderen Licht gesehen und ihm darum noch einen anderen Namen gegeben: Christkönigssonntag. Mit Christus, dem Herrn über Leben und Tod, dem König über Zeit und Ewigkeit, dem König über Himmel und Erde, wird eine Hoffnungsperspektive benannt, die über Leid, Sterben, Tod und offene Gräber hinausblickt auf ein neues Leben, unbefristet und vollendet in der Liebe.

(Ge)Denktage – Heilige, Selige, Sonstige

Der Gentleman-Heilige

Franz von Sales – 24. Januar

Am 24.1. feiert die katholische Kirche das Fest des hl. Franz von Sales. 1567 wird er auf Schloss Sales bei Thorens in Savoyen als erstes von 13 Kindern in eine angesehene Adelsfamilie hineingeboren. Mit 11 Jahren kommt er nach Paris, um dort bei den Jesuiten eine grundlegende humanistische Ausbildung zu bekommen. Dort bleibt er bis zu seinem 21. Lebensjahr. 1586/87 macht er dort die Krise seines Lebens durch. Die Prädestinationslehre des Johannes Calvin macht ihn seelisch und körperlich schwer krank. Nach dieser Lehre ist in Gottes ewigem Ratschluss schon Heil und Unheil über jeden Menschen beschlossen. Und dagegen kann sich der Mensch noch so sehr wehren, er entkommt dem nicht. Franz von Sales glaubt, er sei von Gott verworfen. Erst als er sich sterbenskrank in der Kirche Saint-Etienne-des-Gres der unendlich größeren Liebe Gottes anvertraut, findet er körperlich und seelisch Heilung und Heil. Und von da an entwickelt und vermittelt er ein optimistisches, zutiefst menschenfreundliches Gottes-, Menschen- und Weltbild, das ihn lebenslänglich bestimmt und zu einem großartigen Seelsorger macht.

Franz studiert Jura und insgeheim auch Theologie in Padua, promoviert zum Doktor des weltlichen und kirchlichen Rechts und wird dann gegen den Willen seines Vaters zum Priester geweiht und Dompropst in Annecy. Aber er will im calvinistischen Teil der Diözese Genf, dem Chablais, arbeiten und die Menschen von dem seiner Erfahrung nach krank machenden Prädestinationskonzept weg und der katholischen Kirche zuzuführen. Aber die Calvinisten stellen das Hören seiner Predigten unter Strafe. Da erfindet er das theologische Flugblatt und gewinnt damit innerhalb von vier Jahren fast das gesamte Chablais für den katholischen Glauben zurück. 1602 wird er in seiner Heimatkirche in Thorens bei Annecy zum Fürstbischof von Genf geweiht. Da Genf aber fest in der Hand der Calvinisten und ein für ihn lebensgefährliches Pflaster ist, kann er nur in Annecy residieren. Er besucht dennoch als erster Bischof alle 311 Pfarrgemeinden seiner Diözese, hält mehr als 3000 Predigten, schreibt ca. 20.000 Briefe zur geistlichen Begleitung von Menschen, kümmert sich um die religiöse Kinder- und Jugendbildung. 1606 entwickelt er einen Vorläufer der heutigen Academie française, um die modernen Wissenschaften, es ist die Zeit des Kopernikus und des Galilei, und den christlichen Glauben einander näher zu bringen.

Was zahllose Zeitgenossen an ihm fasziniert, ist seine außerordentliche Sanftmut und Herzlichkeit auch und gerade als Jurist. Mit freundlichem Humor weiß er Bissigkeiten und Bösartigkeiten aufzufangen.

1604 begegnet er Johanna Franziska von Chantal, und es entwickelt sich eine einzigartige geistige Freundschaft, aus der 1610 der Orden der Salesianerinnen oder Visitandinnen entsteht, der 1618 von Papst Paul V. approbiert wird. Als in diesem Zusammenhang des Öfteren Frauen bei ihm zu Gast sind und irgendwelche Leute an die Mauer seines Hauses „Bischofsharem“ schreiben, da meint er: Er könne sich in vielerlei Hinsicht zwar nicht mit Christus vergleichen, aber in dieser Hinsicht wohl. Auch Jesus sei von vielen Frauen umgeben gewesen. Als ihn eines Tages sein griesgrämiger Bruder, der ihm auch noch als Bischof im Amt folgen sollte, übel anmacht, zeigt er ein strahlendes Lächeln. Zur Rede gestellt, was es denn da zu lächeln gebe, sagt er: „Ich habe gerade an das Glück der Frau gedacht, die du nicht geheiratet hast.“ Einen jungen Mediziner, der ihn öffentlich als feistes Schwein beschimpft, lädt er zu sich und bittet ihn um medizinische Beratung. Damit dokumentiert er ohne irgendeinen Schaum vor dem Mund: Ja, ich habe ein Problem und erkenne deine medizinische Kompetenz an. Franz von Sales ist, weil er sich selbst und sein Amt nicht so wichtig nimmt, schlichtweg nicht beleidigend und nicht zu beleidigen – ein Gentleman-Heiliger eben.

1609 erscheint sein Buch „Zum frommen Leben", in Deutschland als Philothea bekannt, und bis heute, so hört man, unter den zehn meistverkauften geistlichen Büchern weltweit. Sein theologisches Hauptwerk erscheint dann 1616: „Abhandlung über die Gottesliebe" (Theotimus). Damit gehört er zu den bedeutendsten Mystikern des 17. Jahrhunderts. Mehrfach wird er auf politischer Ebene erfolgreich als Schlichter tätig. Auf einer seiner Reisen erleidet er in Lyon einen Schlaganfall und stirbt kurz darauf im Alter von 55 Jahren. Er wird nach Annecy überführt und dort in der Klosterkirche der Salesianerinnen beigesetzt.

Was lernt man von einem solchen Leben aus dem 17. Jahrhundert für unser Leben im 21. Jahrhundert? Franz von Sales lässt die Vielfalt des Lebens als unterschiedliche Wege zu Gott gelten. Und in jedem Leben sieht er vor allem das Positive, die unerschöpflichen Möglichkeiten zu einer ganz persönlichen einzigartigen Gottesbegegnung im Heute, und das an jedem Tag neu. So schreibt er: *„Meine Vergangenheit kümmert mich nicht mehr. Sie gehört dem göttlichen Erbarmen. – Meine Zukunft kümmert mich noch nicht. Sie gehört der göttlichen Vorsehung. – Was mich kümmert und was mich fordert, ist das Heute, das gehört der Gnade Gottes und der Hingabe meines Herzens, meines guten Willens."*

Franz von Sales versteht es bei allem, was er tut, in der Gegenwart des liebenden Gottes zu leben. Wer sich so von Grund auf geliebt weiß, über dieses Leben hinaus geliebt weiß, der schöpft aus einer nicht versiegenden Quelle. Der kann so lebenslänglich eine gewinnende Liebenswürdigkeit, eine humorvolle Herzlichkeit, eine abgründige Lebenszuversicht auch über den Tod hinaus an andere weiterschenken. Wie sehr würde sich mein Leben ändern, wenn mir das intellektuell und existenziell bewusst würde: Ich lebe in der Gegenwart des liebenden Gottes? Und der will mir Leben in Fülle schenken, schon jetzt vor und erst recht nach meinem Tod.

Wertvoll

Johannes Rau – 27. Januar

Neulich stieß ich auf eine pikante Karikatur. Im Mittelpunkt steht ein runder fürchterlich „abgefressener Tisch", leere Teller, Gläser und Flaschen in Massen, Zeugen einer (un)ziemlichen Fress- und Sauforgie. Sechs Stühle stehen darum herum, fünf davon sind leer; die Zecher haben sich vermutlich gut abgefüllt und schwankend davongemacht. Auf den Lehnen der leeren Stühle stehen die Namen der illustren, aber inzwischen ausgeflogenen Zechkumpane: Umwelt, Banken, Atom, Renten, Staatsverschuldung. Ein besorgt schauender Kellner mit einer meterlangen Rechnung wendet sich dem letzten verbliebenen Gast zu mit der Bemerkung: „Die Herren meinten, Sie übernähmen die Rechnung." Im sechsten Stuhl, es ist ein Hochstühlchen für Kinder, da sitzt ein kleiner Fratz mit Schnuller im Mund und Fläschchen vor sich und schaut arglos und treuherzig den Kellner an, der ihm da die Rechnung serviert. Als ich das sah, dachte ich: So ist es wohl, und mir fielen noch ein paar andere Zechpreller ein wie Rüstungsindustrie und Machtpolitik etc. Welche Welt mit welchen Hypotheken hinterlassen wir unseren Kindern und Kindeskindern? Welche Verantwortung übernehmen wir und für welche Zeit? Denken die Politiker nur in Legislaturperioden und wählen wir die Politiker, die uns am kurzfristigsten und hemmungslosesten das Blaue vom Himmel versprechen? Dann sind wir, Wähler wie Gewählte, gleichermaßen entweder unzurechnungsfähig oder verantwortungslos. Welche Werte leiten unser Denken,

Reden und Tun? Und welche Werte wollen wir unseren Kindern und Kindeskindern hinterlassen? Aber Vorsicht, dass wir hier nichts verwechseln; denn wir wissen von fast allem den Preis, aber von vielem nicht mehr den Wert. Und vieles Hochpreisige ist wertlos, wie manches Wertvolle preislos und manches Wertlose preiswert ist. Wie wird, was wir denken, reden und tun, wertvoll? – Die Älteren erinnern sich an Johannes Rau (1931–2006). Er war in NRW Minister für Wissenschaft und Forschung (1970–1978), dann Ministerpräsident in NRW (1978–1998) und schließlich Deutscher Bundespräsident (1999–2004). Liebenswürdige Spötter haben ihn nachsichtig „Bruder Johannes" und böswillige einen „gefürchteten Kirchentagsschwätzer" genannt. Aber alle haben gemerkt, der Mann hat Werte und kennt nicht nur Preise. Als Jürgen Girgensohn, damals Kultusminister in NRW, und Johannes Rau, damals Ministerpräsident, bei einem offiziellen Empfang dem damaligen Aachener Bischof Klaus Hemmerle begegneten, begrüßte der sie mit „Willkommen! Jürgen, unser Fibelbester, und Johannes, unser Bibelfester!" Man kann gewiss über die Politik von Johannes Rau streiten, und ich als Katholik wollte ihn, den Protestanten, auch nicht zur Seligsprechung vorschlagen; denn dessen bedarf es nicht. Aber dass er Werte hatte und aus ihnen lebte, das scheint mir unbestreitbar. Auf dem Dorotheenstädtischen Friedhof in Berlin findet sich eine schlichte Grabstele aus grauem Stein, ein Relief mit seinen markanten Gesichtszügen oben, sein Name ohne alle Meriten und seine Lebensdaten darunter und unten das Bibelwort: *„Dieser war auch mit dem Jesus von Nazareth"*. Das Wort wurde im Garten des Hohenpriesters in Jerusalem gesprochen. Es war die Nacht des Verrats Jesu durch Judas und (sic!) durch Petrus. Vielleicht bestand der Unterschied zwischen Judas, dem Verräter, der sich in Verzweiflung über seine Tat aufgehängt hat, und Petrus, dem Verräter, der zum Fels der Kirche und zum Märtyrer werden sollte, nur im Glauben an die unendliche Vergebungsbereitschaft Gottes. Während Jesus verurteilt wurde, erkannten erst die Pförtnerin und dann noch ein paar andere den Petrus als Jesus-Jünger (Jo 18, 17. 24): „*Dieser war auch mit dem Jesus von Nazareth*“. Und Petrus leugnete gleich dreimal, zu Jesus zu gehören. Johannes Rau hat diese Gemeinschaft mit dem Jesus von Nazareth nicht geleugnet, sondern sie, trotz aller menschlichen und politischen Defizite, bewusst privat und öffentlich zu leben versucht. Nach einem längeren Krankenhausaufenthalt, er war schon aus dem Amt des Bundespräsidenten ausgeschieden, hielt er auf dem Kirchentag in Hannover 2005 eine Betrachtung zum 6. Kapitel im Buch Deuteronomium, wo auch das Gebot der Gottesliebe zu finden ist: „*Höre, Israel! Jahwe, unser Gott, Jahwe ist einzig. Darum sollst du den Herrn, deinen Gott, lieben mit ganzem Herzen, mit ganzer Seele und mit ganzer Kraft.*“

Wenige Monate später starb Johannes Rau, und so hat diese Rede auf dem Kirchentag schon Vermächtnischarakter: „*Wenn Menschen meiner Generation mich fragen, was sie denn weitergeben sollten, dann sage ich ihnen dies: Sagt euren Kindern, dass euer Leben verdankt ist dem Lebenswillen Gottes. – Sagt ihnen, dass euer Mut geliehen war von der Zuversicht Gottes. – Sagt ihnen, dass eure Verzweiflung geborgen war in der Gegenwart des Schöpfers. – Sagt ihnen, dass wir auf den Schultern unserer Mütter und Väter stehen. – Sagt ihnen, dass ohne Kenntnis unserer Geschichte und unserer Tradition eine menschliche Zukunft nicht gebaut werden kann. – Sagt ihnen, dass wir ohne innere Heimat keine Reisen unternehmen können. Denn wer nirgendwo zu Hause ist, der kann auch keine Nachbarn haben. – Und sagt ihnen zu guter Letzt, dass die stete Bereitschaft zum Aufbruch die einzige Form ist, die unsere Existenz zwischen Leben hier und dem Leben dort wirklich ernst nimmt.*“ Unser ganzes Leben ist verdankte Existenz. Unsere Zuversicht ist getragen durch Gott, und noch unsere Verzweiflung ist geborgen in Gott. Mit ihm haben wir, wohin auch immer uns das Leben verschlagen mag, eine innere Heimat. Unser letzter Aufbruch führt aus diesem zwielichtigen und vom Tode umnachteten Leben zur lichten Fülle des Lebens, in das Jesus Christus uns vorausgegangen ist. Wenn wir so zu leben versuchten, dass man von uns am Ende sagen könnte: „Dieser war auch mit Jesus Christus", das wäre wertvoll und für den Anfang nicht schlecht.

Darstellung des Herrn heute

Alfred Delp 2. Februar

Gerade haben wir ein uraltes, seit Anfang des 5. Jahrhunderts in der Kirche begangenes Fest gefeiert, nämlich das Fest der Darstellung des Herrn im Tempel (2. II.). Und in der Liturgie hören wir die bewegenden Worte des greisen Simeon angesichts der Begegnung mit dem neugeborenen Jesus, den er als Christus erkennt. *„Nun lässt du, Herr, deinen Knecht, wie du gesagt hast, in Frieden scheiden. Denn meine Augen haben das Heil gesehen, das du vor allen Völkern bereitet hast, ein Licht, das die Heiden erleuchtet, und Herrlichkeit für dein Volk Israel. … Dieser ist dazu bestimmt, dass in Israel viele durch ihn zu Fall kommen und viele aufgerichtet werden, und er wird ein Zeichen sein, dem widersprochen wird."* (Lk 2,29ff.)

Diese Worte sind das Abendgebet eines Lebens und das Abendgebet der Kirche geworden. Sie sind auch für einen Mann das Gebet am Lebensende geworden, dessen Lebensabend mit 38 Jahren eigentlich noch nicht angebrochen war, Alfred Delp. Am 11.1.1945 wird er vom Volksgerichtshof wegen angeblichem Hoch- und Landesverrat zum Tode verurteilt und am 2. Februar von den Nationalsozialisten in Berlin-Plötzensee erhängt. Wenige Augenblicke zuvor feiert er noch einmal, ein letztes Mal und als letztes Mahl, Eucharistie mit diesen Evangelienworten: *„Nun entlässt du, Herr, deinen Knecht …"*

Der am 15.9.1907 in Mannheim geborene Delp ist wirklich ein „Knecht des Herrn". 1926 ist er in den Jesuitenorden eingetreten und nach den ordensüblichen ausgiebigen Studien in Philosophie und Theologie 1937 zum Priester geweiht worden. Von 1939 bis 1941 ist er soziologischer Referent im Redaktionsstab der angesehenen theologisch-philosophischen Zeitschrift „Stimmen der Zeit", die einen klar regimekritischen Kurs fährt. Und von 1941 bis 1944 ist er Kirchenrektor an St. Georg in München Bogenhausen.

Delp ist ein Theologe und Schriftsteller von Rang. Seit 1942 ist er Mitglied im Kreisauer Kreis, einer gewaltfreien Widerstandsgruppe gegen den Nationalsozialismus. Kopf der Gruppe ist der wenige Tage vor ihm hingerichtete Helmuth James Graf von Moltke. Seit Juni 44 hat Delp auch Kontakt zu Klaus Schenk von Stauffenberg, ohne in dessen Attentatspläne eingeweiht zu sein. Aber nur wenige Tage nach dem misslungenen Attentat wird er am 28.7.1944 verhaftet. In wochenlanger Einzelhaft und mehrfach grässlich verprügelt wird ihm mehr und mehr das Hoffnungslose seiner Situation bewusst oder, genauer, das einzig Hoffnungsvolle, der Glaube an den Gott des Lebens. In der verzweiflungsvollen Enge der Zelle schreibt er im Spätsommer und Herbst 1944: *„Einen schönen Raum der inneren Freiheit hat mich Gott gewinnen lassen. Gottes Wirklichkeit geht mir allmählich in großer Nähe und Dichtigkeit auf."* Und *„Eine Tür nach der anderen ist zugefallen. (…) So bin ich jetzt gestellt: in eine enge Zelle gesperrt und gebunden. Es gibt zwei Auswege: den über den Galgen in das Licht Gottes und den über das Wunder in eine neue Sendung. An welchen ich glaube?"*

Er bewahrt eine Hostie in der Zelle auf, das Zeichen der stärkenden, den Glauben nährenden Gegenwart des mitleidenden Gottes: *„Ich bin so dankbar um die Hostie, die ich seit dem 1. X. in der Zelle habe. Sie bricht die Einsamkeit, obwohl ich – zur Schande sei's gesagt – manchmal so müde und zerstört bin, dass ich diese Realität gar nicht mehr aufnehme."* Und dann wieder schreibt er: *„Die Welt ist Gottes so voll. Aus allen Poren der Dinge quillt uns dies gleichsam entgegen. Wir aber sind oft blind. Wir bleiben in den schönen und in den bösen Stunden hängen. Wir erleben sie nicht durch bis zu dem Punkt, an dem sie aus Gott hervorströmen. Das* *gilt für das Schöne und auch für das Elend. In allem will Gott Begegnung feiern und fragt und will die anbetende, liebende Antwort.*“ Da spricht aus ihm der Jesuit und das Leitwort des Ordensgründers Ignatius von Loyola: „Omnia ad maiorem Dei gloriam.“ Alles zur größeren Ehre Gottes.

Wenige Tage vor seinem Todesurteil im Januar 45 schreibt er: *„Das allgemeine Schicksal, meine persönliche Lage, die Entscheidung der nächsten Tage, die Botschaft des Festes: Alles sammelt sich in das Eine: Mensch, lass dich los zu deinem Gott hin und du wirst dich selbst wieder haben. Jetzt haben dich andere, sie quälen dich und erschrecken dich und jagen dich von einer Not in die andere. Das ist dann die Freiheit, die singt: – uns kann kein Tod nicht töten. Das ist dann das Leben, das ausfährt in die grenzenlose Weite.“*

Und zwischen Todesurteil und Hinrichtung notiert er: *„Ich bin noch nicht erschrocken und noch nicht zusammengebrochen. Die Stunde der Kreatur wird schon auch noch schlagen. (…) Es ist Zeit der Aussaat, nicht der Ernte. Gott sät; einmal wird er auch wieder ernten. Um das eine will ich mich mühen: wenigstens als fruchtbares und gesundes Saatkorn in die Erde zu fallen. Und in des Herrgotts Hand. (…) Gott halte mich in der Kraft, Ihm und seiner Fügung und Zulassung gewachsen zu sein.*“ Alfred Delp tritt nicht verbittert und anklagend vor seinen Henker sondern schreibt: *„Wenn durch einen Menschen ein wenig mehr Liebe und Güte, ein wenig mehr Licht und Wahrheit in der Welt war, hat sein Leben einen Sinn gehabt. (…) Und so will ich zum Schluss tun, was ich so oft tat mit meinen gefesselten Händen und was ich tun werde, solange ich noch atmen darf: segnen.“*

Da glaubt einer – noch jung an Jahren – wie der alte Simeon: *„Denn meine Augen haben geschaut das Heil, das du bereitet hast vor aller Völker Angesicht.*“ Und dann segnet er das Zeitliche, weil er an das Ewige glaubt und auf den Ewigen und sein Leben hofft. Das ist Darstellung des Herrn im zwanzigsten Jahrhundert! Mit Ausstrahlung ins einundzwanzigste?

Lehrstuhl oder Leerstuhl

Kathedra Petri – 22. Februar

Ein sehr merkwürdiges Fest begeht die Kirche am 22. Februar. Ich entsinne mich gut der Heiterkeitsausbrüche, als wir – im besten Messdieneralter – angesichts eines Kirchenkalenders erstmals auf seinen Namen stießen: „Petri Stuhlfeier". Hatte der darin erwähnte Herr die mit dem Namen eines Sitzmöbels angedeuteten Darmentleerungsprobleme? Waren sie gar derart, dass ihr Abklingen schon eines weltweit begangenen Festes würdig war? Oder war es einfach nur ein Fest für den A ...?

Heute wird das Fest dem Kalender in der lateinisch unanstößigen Namensversion als „Kathedra Petri" anvertraut, damit keiner mehr auf dumme Gedanken kommt. (Vielleicht wäre man gut beraten, trotz und wegen aller Tradition auch den höchst unglücklichen Namen „Hl. Stuhl" zu überdenken!)

Kathedra, das ist der Sitz eines Bischofs in einer Kathedrale. Es ist zumeist ein über alle anderen erhöhter Sitz im Scheitel der Apsis, also ganz vorn. Von hier aus leitet der Bischof die Liturgie, verkündigt er das Wort und erteilt er die Ordination, hat er das Volk und hat das Volk ihn im Blick. Die Kathedra mit dem Bischof sollte äußerlich sichtbares Zeichen der Gegenwart Christi in der Liturgie sein. Denn eigentlich hat er den Vorsitz und der, der statt seiner dort sitzt, ist stets nur eine mehr oder weniger geeignete Vertretung.

Und doch hat es in der Geschichte viele Versuche gegeben, sich eine solche Kathedra zur eigenen Erhöhung selbst unter den Hintern zu schieben. Doch je mehr man sich die Kathedra im Mittelalter mit Stufen, Baldachin, Marmor und Seidenbedeckung zum Fürstenthron erhöhte, umso mehr kam sie der Sache nach herunter und wurde ein stinkvornehmes Feudalsitzmöbel, also doch etwas für den A...

Manches Wichtige, Aufrüttelnde, Tröstliche, Menschliche ist von der Kathedra aus dem gläubigen Volk gesagt worden, aber leider auch viel Menschlich-Allzumenschliches. Und manchmal denke ich, ohne die Präsenz des Bischofs in der Liturgie bestreiten zu wollen: Das bessere Zeichen wäre es, der Stuhl bliebe leer, weil dann nicht die Antwort von dem erwartet würde, der darauf sitzt und der doch – mit Verlaub – ein genauso armes Schwein ist wie wir, genauso fragend, fraglich und fragwürdig. Wenn der Stuhl leer bliebe, dann könnte die Frage nach dem, der wirklich die Antwort auf unsere Existenznöte hat und ist, eher offengehalten werden wie der Platz, der letztlich nur ihm zusteht. Um die Besetzung der Kathedra gab es und gibt es manches kirchenpolitische Gerangel. Wer setzte im Mittelalter die Bischöfe ein, die zugleich Fürsten des Landes und Leiter des Bistums waren? War hier der Papst oder der Kaiser zuständig? Wollte sich hier der Papst zusätzlich weltliche Macht aneignen oder der Kaiser kirchliche Macht? Und auch heute noch kämpft die Kirche in China um ihre Autonomie, denn das politische System versucht, der Kirche die Besetzung ihrer Bischofsstühle vorzuschreiben, ja setzt sogar, als ob es Beamte wären, eigenmächtig Bischöfe ein.

Kathedra bezeichnet auch den für einen Verstorbenen beim heidnisch antiken Leichenmahl aufgestellten Sessel, wie wir ihn in den römischen Katakomben noch finden. Das Fest der Kathedra Petri am 22. Februar entstand letztlich daraus, dass auch für den unter Kaiser Nero (ca. 64/ 65) umgebrachten Petrus ein Stuhl freigelassen wurde. Das heißt, die Christen griffen einen heidnischen Brauch auf und deuteten ihn christlich um. Auch wenn der mutmaßlich erste Bischof der römischen Gemeinde in der Christenverfolgung umgekommen war, so lebte er doch im Bewusstsein seiner Gemeinde und bei Gott weiter. Erst später erfuhr das Fest eine weitere Umdeutung als Fest zum Amtsantritt des Bischofs, zur Inbesitznahme des Lehrstuhls Petri. Der Lehrstuhl – war also in der Tat ursprünglich ein Leerstuhl.

Aber was ist mit der Kathedra in der Peterskirche in Rom? Diese Kathedra ist nur ein für Karl den Kahlen (823–877) gefertigter und dem Papst geschenkter Holzthron, an dem Reste eines älteren Eichenthrons befestigt sind. Später hat dann Bernini (1598–1680) die zweifelhaft-fürstliche Herkunft dieses Lehrstuhls barock verhüllt. Der ursprüngliche Lehrstuhl des hl. Petrus ist das gewiss nicht. –

Wie wäre es, wenn wir einen Stuhl freiließen für den, der aus Solidarität mit uns gestorben ist, damit die Sitzenden und Besitzenden erinnert seien, dass auch sie ihren Stuhl – und sei es ein bischöflicher oder professoraler Lehrstuhl, sei es ein Sitz im Aufsichtsrat oder gar eine sichere Bank – bald werden räumen müssen?

Einen Leerstuhl ganz vorn in die Kirche zu stellen, den niemand besitzen kann, der von keinem besessen wird, der nur dem zusteht, der ihn wirklich zum Lehrstuhl machen kann, nämlich Christus – was wäre das für ein Zeichen! In manchen Kirchen steht noch das Tabernakel in der Apsis der Kirche. Es enthält die eucharistischen Gaben, die äußerlich erkennbaren, ja sogar genießbaren, die zwar ergreifbaren, aber unbegreifbaren Zeichen der Gegenwart Gottes unter den Menschen. Das Tabernakel ist dann der besondere Ort unserer Gottesbegegnung, der Ort, von dem Ermutigung, Stärkung und Trost ausgeht.

Einen Menschen, und sei er heilig wie Petrus, in den Hochchor der Anbetung, in den Scheitelpunkt der Apsis unserer Verehrung zu stellen, von ihm die Lehr-Antwort auf alle Fragen zu erwarten, ist uns Christen nicht erlaubt. Der Platz kommt nur Christus zu.

Hoffnungsvolle Menschlichkeit

Heinrich Hahn – 11. März

Jahrelang bin ich auf meinem Radweg zur Aachener Uni an einer Dr. Hahn-Straße vorbeigefahren und habe gemeint, die sei Otto Hahn gewidmet, der zusammen mit Fritz Straßmann 1938 die Kernspaltung am Uran-Atom vorgenommen und dafür 1944 den Nobelpreis erhalten hatte. Otto Hahn, ein auch in der NS-Zeit aufrechter Wissenschaftler, hat damit den Zugang zu ungeheuren Energien eröffnet, die uns heute als Atomkraft in Bomben, Raketen und (maroden) Kraftwerken große Sorgen machen.

Aber der Dr. Hahn, dem die Straße in Aachen gewidmet ist, hieß nicht Otto, sondern Heinrich mit Vornamen und lebte von 1800 bis 1882 in Aachen. Er ist kein Radiochemiker wie Otto Hahn, sondern ein Mediziner. In Aachen beginnt er seine Gymnasialzeit und wechselt dann zum kaiserlich-bonapartistischen Lyzeum nach Bonn. In dieser Zeit verliert der erst Zwölfjährige seine Mutter. Als General Blücher über den Rhein setzt, wird mit der französischen Besatzung des Rheinlandes auch sein Gymnasium aufgelöst und der vierzehnjährige Heinrich besucht fortan das Königliche Athenäum in Brüssel. Anschließend studiert er in Gent Medizin und wird 1823 Regimentschirurg in Berlin. Nach seiner Approbation 1824 lässt er sich als Arzt in Aachen nieder, wo er fast sechzig Jahre lang praktiziert. Ab 1832 macht er sich neben seiner ärztlichen Tätigkeit an die Gründung und Ausbreitung des Franziskus-Xaverius-Missionsvereins, die 1842 als Bruderschaft staatliche und kirchliche Anerkennung erhält. Er will Menschen für Christus und dessen Menschlichkeit gewinnen. Das ist nicht irgendein Verein, sondern einer, den es bis heute gibt und der seit 1972 den Namen „missio – internationales katholisches Missionswerk“ trägt. Seine religiöse Intuition und seine soziale Aktion tragen auch fast 200 Jahre nach ihrer Begründung weltweit reiche Früchte.

Heinrich Hahn leistet ein unglaubliches Arbeitspensum. Er ist Vater von neun Töchtern und einem Sohn, der früh verstirbt. Neben seiner Tätigkeit als niedergelassener Arzt, der die bettelarmen, sozial verelendeten Opfer der Industrialisierung aufsucht und medizinisch betreut, ist er auch wissenschaftlich und politisch aktiv. Wissenschaftlich erstellt er 1854 eine Arbeit über die tuberkulöse Hirnhautentzündung, für die er von der Medizinischen Gesellschaft in Bordeaux den ersten Preis, eine Medaille in Gold, erhält. Und 1874 ernennt ihn die Katholische Universität Löwen zum Ehrendoktor der Medizin. Politisch ist es die Zeit nach den napoleonischen Eroberungsfeldzügen, die in ganz Europa unabsehbares Elend hinterlassen haben. Europa muss mit seinen Grenzen ganz neu entworfen werden. Es ist die Zeit des Vormärz, die Zeit des Kölner Ereignisses, die Zeit der Deutschen Revolution von 1848, die Zeit des Kommunistischen Manifests, die Zeit der Restauration, die Zeit des erbitterten Kulturkampfes zwischen politisch dominanten Protestanten in Preußen und den sozial, politisch und bildungsmäßig abgehängten Katholiken. Die Daumenschrauben für einen kirchlich orientierten Katholizismus heißen damals Jesuitengesetze, Kanzelparagraf, Brotkorbgesetze, Enteignung des Kirchengutes, Aufhebung der katholischen Orden etc. In dieser Zeit musste sich der Katholizismus sozial und religiös bewähren. Von 1846 bis 1881 ist Heinrich Hahn Mitglied im Aachener Stadtrat und von 1859 bis 1861 Mitglied im Preußischen Landtag. Hier kümmert er sich um die sozialpolitischen, gesundheitspolitischen und schulpolitischen Fragen seiner Zeit. Er gestaltet also politisch aktiv mit, was ihm sein waches soziales und religiöses Gewissen zu tun aufträgt. Seine Kraftquelle ist das tägliche Rosenkranzgebet und die tägliche Eucharistie. Diese Kraftquelle der Spiritualität müssen wir wie Heinrich Hahn offenhalten. Wir dürfen sie nicht mit kurzfristigem Aktionismus zuschütten, wenn wir politisch, sozial und religiös einsatzfähig, satisfaktionsfähig, reputationsfähig und innovationsfähig bleiben wollen. Unsere heutige zeitgemäße

Spiritualität mag etwas anders aussehen als die von Heinrich Hahn im 19. Jahrhundert, aber es muss sie sichtbar, hörbar und spürbar geben. Wir müssen sie erfahren und erfahrbar machen, wenn wir im 21. Jahrhundert Christen sein und bleiben wollen. Und zu dieser überlebensnotwendigen Spiritualität gehört – damals nicht anders als heute – die Eucharistie unabdingbar dazu. Angesichts des Todes seiner Frau 1866 und angesichts all der hoffnungslosen sozialen, medizinischen, politischen Abgründe hat Heinrich Hahn dies Lebensmotto: „Christus, meine Hoffnung!"

„Dreißig Prozent weniger Geld, Katholiken und Seelsorger in den nächsten fünf Jahren!" Das hört man derzeit ständig aus den Bistumsleitungen und das klingt anders als „Christus, meine Hoffnung." Bei allem nötigen Realismus glaube ich, das sind Defätistenparolen. Damit kann man nur noch eine Palliativseelsorge machen, die davon ausgeht, dass wir als Kirche ohnehin schon dem Tod geweiht sind. Und wenn Therapie nicht mehr möglich ist, dann kann man sich ja gleich das Sterben recht kommod machen. Einer Kirche, die nur angstvoll auf die Gestaltung ihrer Schrumpfungsprozesse fixiert ist, muss man, wie Heinrich Hahn es im 19. Jahrhundert getan hat, das Wort Mission auch im 21. Jahrhundert neu durchbuchstabieren und vorexerzieren.

Am 11.3.1882 ist Heinrich Hahn in seiner Vaterstadt Aachen gestorben. Er ist auf dem Ostfriedhof beigesetzt. Otto Hahn hatte radiochemisch den Zugang zu ungeheuren technisch und militärisch nutzbaren Energien geöffnet. Heinrich Hahn hat sozial und religiös den Zugang zu ungeheuren menschlichen Energien geöffnet. Otto Hahns Leistung ist mit dem Nobelpreis gewürdigt worden, Heinrich Hahns Leistung vielleicht bald mit der Seligsprechung. Beide Männer und beide Preise haben Weltgeltung, aber die Seligsprechung hat noch eine Geltung über diese Welt hinaus, sozusagen eine Himmelsgeltung.

Reden ist Silber, Schweigen ist Gold?

Johannes Nepomuk – 16. Mai

Immer wieder gibt es öffentliche Diskussionen über den Sinn und die Berechtigung der Schweigepflicht. Anwälte haben sie und Ärzte und Priester mit den vielleicht weitreichendsten Konsequenzen: Denn, wenn ein Priester das Beichtgeheimnis bricht, exkommuniziert er sich ipso facto selbst. Wenn ich als Kind von meinem Vater ein „Geheimnis" erfahren wollte, dann fragte er komplizenhaft geheimnistuerisch zurück: „Kannst du schweigen?" Und wenn ich dann in Erwartung, nun endlich das Geheimnis zu erfahren, antwortete: „Na klar kann ich schweigen!", dann antwortete er: „Das ist gut! Ich kann's auch." Und dann war nichts mehr aus ihm herauszubringen. Der Mann, den sein Schweigen ins Grab gebracht, ist Johannes Nepomuk, der Brückenheilige. Da ich auf einem Gymnasium, das seinen Namen trug, dem Gymnasium Nepomucenum in Coesfeld, vor vielen Jahren mein Abitur gemacht habe, will ich ihm doch an seinem Festtag, dem 16. Mai, kurz meine Referenz erweisen. Eigentlich hieß er Johannes Welflin oder Wolfflin, stammte aus einer böhmisch-deutschen Familie und wurde um 1350 im westböhmischen Pomuk, dem heutigen Nepomuk bei Pilsen, geboren. Sein Vater war wohl der Ortsrichter von Pomuk. Seit 1369 ist Johannes Nepomuk als Notar und Sekretär in der Kanzlei des Erzbischofs von Prag tätig. 1380 empfängt er die Priesterweihe und wird Seelsorger an der Veitskirche und später Pfarrer an der Galluskirche. Er studiert an den berühmten Universitäten in Prag und Padua Jura und erwirbt 1387 das Doktorat des Kirchenrechts. 1389 macht ihn der Prager Erzbischof Johannes von Jenstein zu seinem Generalvikar. Unbestechlich und redlich ordnete er die komplizierten Angelegenheiten dieses großen Bistums. Zwischen Erzbischof Johannes von Jenstein und König Wenzel IV. kam es in dieser Zeit zu heftigen Auseinandersetzungen, da Wenzel, in dessen Diensten Johannes von Jenstein früher einmal Kanzler war, für sich in Anspruch nahm, Bistumsgrenzen neu festlegen und Bischöfe einsetzen zu dürfen. Der Streit eskalierte umso mehr, als Wenzel ein jähzorniger, rachsüchtiger und rücksichtsloser Trunkenbold war und in seinem Tross die sittenlosesten Galgenvögel Prags versammelt hatte, von denen einige bereits durch den Bischof mit der Exkommunikation belegt waren. Als Wenzel um das Kloster Kladrau und zu Lasten des Erzbistums Prag ein neues Bistum mit dem ihm genehmen Gerard von Burenitz als Bischof einrichten wollte, verweigerten sich die Mönche, indem sie nicht Wenzels Kandidaten, sondern ihren Mitbruder Olen zum Abt wählten. Johannes Nepomuk bestätigte als Generalvikar diese Wahl so zügig, dass der abwesende König Wenzel die Einspruchsfrist nicht einhalten konnte. Weiter wird berichtet, dass Wenzel seinen Koch wegen einer schlechten Mahlzeit verbrennen lassen wollte und Johannes Nepomuk sich für den hilflosen Mann einsetzte. Wohl wegen beider „Delikte" ließ Wenzel ihn verhaften und grausam foltern. Dabei habe er sich selbst mit brennenden Fackeln an der Folter beteiligt und versucht, aus Nepomuk herauszupressen, was seine, Wenzels, Frau, die er der Untreue verdächtigte, gebeichtet habe. Nepomuk schwieg wie ein Grab, und das brachte ihn ins Grab. Der Prager Erzbischof erstattete bei Papst Bonifaz IX. folgenden uns erhaltenen Bericht: *„Nachdem man ihm die Seiten so schwer verbrannt hatte, dass er auch ohne den gewaltsamen Tod hätte sterben müssen, wurde der ehrwürdige Dr. Johannes, mein geistlicher Vikar, in aller Öffentlichkeit durch die Straßen und Gassen der Stadt zur Moldau geschleppt und dort, die Hände auf den Rücken gebunden, die Füße mit dem Kopf wie ein Rad verknüpft und den Mund mit einem Holzpflock auseinandergespreizt, von der Prager Brücke hinabgestürzt und ertränkt."* Dies geschah in der Nacht zum 20. März 1393. – Zwei Dinge faszinieren mich an diesem Mann:

1. Er macht den Mund auf, wo es darauf ankommt, koste es, was es wolle. Ich frage daher mich und uns: Wie oft schon haben wir den Mund gehalten, um ja nicht aus der Reihe zu tanzen, um sogenannte Freunde nicht zu verlieren, um bei Vorgesetzten nicht unangenehm aufzufallen und haben den, der unser schirmendes Wort benötigt hätte, im Platzregen der Anfeindungen stehen gelassen? Papst Bonifaz VIII. (nicht mit dem oben genannten Bonifaz IX. zu verwechseln), selber ein Machtmensch, wusste feiges Schweigen zu nutzen: „Qui tacet, consentiere videtur." Wer schweigt, scheint zuzustimmen. Johannes Nepomuk macht den Mund auf und lässt sich das Kopf und Kragen kosten; denn es ging immerhin um den Kopf eines anderen, um Menschenleben.

2. Und weiter imponiert mir an Johannes Nepomuk dies: Er hält den Mund, wo es darauf ankommt zu schweigen, wie beim Beichtgeheimnis, wo sein Wort missbraucht werden könnte. Ich frage daher auch hier mich und uns: Wie oft haben wir schon pikante Dinge über andere ausgeplaudert, Ungeprüftes neu garniert weitergereicht, uns durch delikate Geschwätzigkeit interessant gemacht? – Alles, was wir sagen, sollte drei Testinstanzen durchlaufen: 1. Ist das, was ich sage, als wahr erwiesen? 2. Ist es, wenn schon nicht als wahr erwiesen, wenigstens gut? Hat es für irgendwen gute Konsequenzen? Und 3. ist es, wenn es nicht als wahr erwiesen, und wenn es außerdem nicht gut ist, wenigstens notwendig, das zu sagen, z. B. im Sinne einer Gefahrenabwehr? – Lernen wir dies von Johannes Nepomuk: Man kann feige das Unheil über andere zusammenschweigen. Und man kann geschwätzig das Unheil über andere zusammentratschen. Aufgerufen sind wir als Christen, weder der feigen und wortlosen Duckmäuserei noch der geschwätzigen Intriganz dienstbar zu sein. Stellen wir also unser Reden und Schweigen in den Gottesdienst der Menschlichkeit. Denn Reden ist Gold, und Schweigen ist Gold – je zu seiner Zeit.

Kopf und Kragen

Thomas Morus – 22. Juni

Am 22. Juni gedenkt die Kirche eines Mannes, der gegen diktatorisch durchgesetzte Herrschaftsansprüche seines Königs, gegen den auch ihm nahegelegten Opportunismus höchster kirchlicher Würdenträger das Gewissen zur entscheidenden Richtschnur seines politisch-moralischen Handelns gemacht und den höchsten dafür zu zahlenden Preis in Kauf genommen hat, die Todesstrafe. Thomas More (latinisiert Thomas Morus) ist sein Name. Er wird 1478 geboren als Sohn eines angesehenen Londoner Juristen und erhält eine Ausbildung im Hause des Erzbischofs von Canterbury, des Kardinals und Lordkanzlers Morton. Mit 19 Jahren lernt er als Jurastudent den großen Humanisten Erasmus von Rotterdam kennen, mit dem ihn eine lebenslange Freundschaft verbindet ebenso wie mit dem Maler Hans Holbein. Mit 26 Jahren sitzt er im Parlament und bringt unter dem Beifall der kleinen Leute Steuererhöhungsgesetze von Heinrich VII. zu Fall. Übereinstimmend wird er von allen als exzellent begabt und gewinnend humorvoll beschrieben. Er ist verheiratet und hat 5 Kinder, die er auf einem riesigen Anwesen in Chelea großzieht. Er schreibt lateinische Epigramme gegen die Tyrannei der Könige und wird mit seinem Werk „Utopia", einem auf die griechischen Kardinaltugenden gegründeten Vernunftstaat, über Nacht zum weltberühmten Autor. In diesem Werk sieht er schon voraus, was alles im England Kaiser Heinrichs VIII. schieflaufen wird. Unter Heinrich VIII. macht More eine politische Karriere wider Willen, auf die er sich nur einlässt, um noch Schlimmeres zu verhindern. *„Vielmehr musst du darauf bedacht sein, das, was du nicht zum Guten wenden kannst, so zu ordnen, dass es nicht sehr schlecht wird."* Als höchster Richter des Staates waltet er unbestechlich und gerecht. Er wird geadelt und zum Unterschatzkanzler ernannt. *„Kein Vernünftiger wird sich des-*

halb etwas einbilden und sich höher schätzen, weil er eine Würde oder Macht hat in dieser Welt: Ist er ja nicht besser dran als ein Gefangener, den der Kerkermeister zum Aufseher über seine Mitgefangenen gemacht hat, bis der Richtkarren auch für ihn kommt."

1521 lässt Heinrich einen Verwandten hinrichten und eröffnet damit die Reihe seiner Justizmorde. 1527 möchte Heinrich seine Ehe mit Katharina, einer Tochter des spanischen Königs, für ungültig erklären lassen, um Anna Boleyn heiraten zu können. Der Papst, der ihm noch fünf Jahre zuvor den Titel „Verteidiger des Glaubens" hatte zukommen lassen, lehnt das Ersuchen ab. Da fordert Heinrich den sich zunächst sträubenden More auf, ein Rechtsgutachten zu erstellen. Und der kommt nach gründlicher Abwägung zum selben Urteil wie der Papst. Heinrich setzt 1529 Kardinal Wolsey, seinen Lordkanzler, ab, weil der vor dem Ehegericht in Rom nicht erfolgreich war, und ernennt, obschon auch der in der Ehefrage nicht auf seiner Seite steht, More zum Nachfolger. 1531 setzt Heinrich gegen den Papst bei den eingeschüchterten und opportunistischen Bischöfen seine Anerkennung als alleiniges Oberhaupt der Kirche von England durch. Nur der greise Bischof von Rochester, John Fisher, verteidigt eine Einschränkungsklausel, „soweit es das Gesetz Christi erlaubt." Das sollte ihn schließlich das Leben kosten. 1532 verzichten die Bischöfe auch noch auf ihr Recht, ohne königliche Zustimmung kanonische Gesetze zu erlassen. Das ist der endgültige Bruch mit Rom. Am folgenden Tag tritt More ohne weitere Erklärungen vom Amt des Lordkanzlers zurück, landesweit ein wortloses und vielsagendes, ja himmelschreiendes Signal. Kommuniziert wird ein altes Brustleiden, um den König nicht bloßzustellen. Postwendend verliert More seine gesamten Einkünfte. Die Bischöfe bieten ihm – ihrem schlechten Gewissen geschuldet – eine große Summe Geldes. Aber More ist nicht käuflich. Die Fallhöhe von außerordentlich wohlhabend zu bettelarm ist beträchtlich, sie schreckt ihn nicht. Erzbischof Cranmer, ein gefügiger Günstling des Königs, erklärt schließlich die

Ehe mit Katharina für nichtig und krönt in Westminster-Abbey Anna Boleyn. Der ausdrücklich und nachdrücklich zur Feier geladene More bleibt dem Ereignis demonstrativ fern. Mithilfe eines eigens auf More zugeschnittenen Hochverratsgesetzes versucht man ihn zu erledigen. Elegant entlarvt More diesen plumpen Versuch. Im April 1534 aber wird er zum Erzbischof vorgeladen, um dort den Suprematseid abzuleisten. Er verweigert ihn und wird sofort im Tower inhaftiert. Man sagt ihm, alle anderen hätten auch unterschrieben, und er wolle doch wohl nicht schlauer sein als alle anderen. Oder, er müsse als Untertan doch dem König gehorchen. More erklärt, er bestreite niemandem der Unterzeichner gewissenhaft entschieden zu haben, erwarte aber von ihnen nun auch den Respekt vor seiner eigenen Gewissensentscheidung. Zur Warnung lässt der König Kartäusermönche, die auch den Suprematseid verweigern, auf bestialische Weise umbringen. Gestützt auf einen meineidigen Zeugen unterstellt man More Äußerungen gegen den König, die er nicht getan hat, also Hochverrat, und verurteilt ihn zum Tod auf dem Schafott. An der wackligen Schafottleiter sagt er: *„Ich bitte euch, Herr Leutnant, bringt mich sicher hinauf. Für mein Herunterkommen will ich schon selber sorgen."* Damit der Gefängnisbart nicht unter das Messer kommt, schiebt er ihn sorgfältig nach vorn mit den Worten: *„Der wenigstens hat keinen Hochverrat begangen."* Seine letzten Worte sind dann wieder ernst und finden ihren Widerhall in ganz Europa: *„Ich leide den Tod in dem und für den Glauben der heiligen katholischen Kirche. Betet für mich in dieser Welt, und ich will beten für euch in jener Welt. Betet für den König, damit es Gott gefalle, ihm gute Ratgeber zu schenken. Ich sterbe als des Königs treuer Diener, doch Gottes zuerst."* Hier hat einer mit gewinnendem Humor, inspirierender Intelligenz und tiefem Glauben alle innerweltlichen Absolutheitsansprüche in die Schranken gewiesen.

Wissen und Glauben

Apostel Thomas – 3. Juli

Am 3. Juli gedenkt die Kirche des Apostels Thomas; im Volksmund heißt er der „ungläubige Thomas“, weil er die Auferstehungsbotschaft zunächst für ein Ammenmärchen hält. Und er treibt seinen Zweifel auf die Spitze: „*Wenn ich an seinen (Jesu) Händen nicht die Nagelwunden sehe und wenn ich meine Finger nicht in die Nagelwunden und meine Hand nicht in seine Seite lege, glaube ich nicht.*“ (Joh 20,25). Das wäre, Hand aufs Herz, doch sicher auch die Position der meisten Leser dieser Kolumne. Wer immer gleich glaubt, ohne zu sehen oder auch nur sehen zu wollen, der soll zusehen, dass er nicht bald selbst dran glauben muss. Und dann werden die verqueren Fronten aufgebaut: Hier die empirieorientierten Wissenden, also die aufgeklärten Ungläubigen, und dort die mythologieorientierten Glaubenden, also die unaufgeklärten Gläubigen, dann steht der Glaube gegen das Wissen. Dahinter steckt das offenbar unausrottbare Vorurteil: Wer viel wisse, müsse wenig glauben und wer wenig wisse, müsse eben viel glauben, so als sei das Glauben durch das Wissen zu überwinden. Der 2018 verstorbene Astrophysiker Stephen Hawking hat so gedacht. In seinem Werk „Der große Entwurf“ von 2010 schreibt er: „*Da es ein Gesetz wie das der Gravitation gibt, kann und wird sich das Universum (…) aus dem Nichts erzeugen.*“ Er hatte offenbar gemeint, und darüber mussten ihn erst andere Physiker belehren, da er den Theologen und Philosophen nicht glaubte, Gesetze könnten Ereignisse hervorbringen und nicht nur beschreiben. Damit war bei ihm die Gravitation zum Schöpfergott und das den Glauben angeblich ersetzende Wissen selber zu einem Ersatzglauben mutiert. Er war gewiss ein physikalischer Überflieger, aber leider auch ein philosophischer Tiefflieger. Wer ein physikalisches Gesetz derart metaphysiziert, der metafüsiliert die Naturwissenschaft.

Auch der von der Kirche, speziell von Papst Urban VIII., übel behandelte Galileo Galilei (1564–1642) hatte keineswegs den Glauben verloren oder durch Wissen ersetzen wollen, wohl aber das Wissbare wissen wollen. Und das begründete er so: *„Ich fühle mich nicht zu dem Glauben verpflichtet, dass derselbe Gott, der uns mit Sinnen, Vernunft und Verstand ausgestattet hat, von uns verlangt, dieselben nicht zu benutzen."*

Wer glaubt, man könne Glauben durch Wissen ersetzen, der hat nur noch nicht kapiert, was man alles glauben muss, um wissen zu können; denn es beginnt schon mit unserem Glauben an die Wahrheitsfähigkeit unseres Erkennens und Wissens. Und der hat auch noch nicht kapiert, was man alles glauben muss, um ungläubig sein zu können; denn auch der Unglaube ist ein Glaube. Und man glaubt nicht, wie viel man glauben muss, um ungläubig zu sein. Das Wissen hat Glaubensvoraussetzungen; denn ein archimedischer Punkt letzter Wissensgewissheiten ist uns nicht gegeben. Und der Glaube hat Wissensvoraussetzungen; denn wir glauben doch nicht auf gut Glück etwas Beliebiges und nicht wahllos ins Blaue hinein. Das wäre ein übler Köhlerglaube. Werner Heisenberg (1901–1976), einer der Mitbegründer der Quantenphysik, schrieb gegen den Aberglauben einer absolut gewissen Wissenschaft: *„Wir sind uns mehr als die frühere Naturwissenschaft dessen bewusst, dass es keinen sicheren Ausgangspunkt gibt, von dem aus Wege in alle Gebiete des Erkennbaren führen, sondern dass alle Erkenntnis gewissermaßen über einer grandiosen Tiefe schweben muss."*

Und sein Schüler Carl Friedrich von Weizsäcker (1912–2007), Philosoph und Physiker, formuliert in seinem Buch „Die Geschichte der Natur" das Miteinander von Glauben und Wissen respektive Denken so: *„Aus dem Denken gibt es keinen ehrlichen Rückweg in einen naiven Glauben. Nach einem alten Satz trennt uns der erste Schluck aus dem Becher der Erkenntnis von Gott, aber auf dem Grunde des Bechers wartet Gott auf den, der ihn sucht. Wenn es so ist, dann gibt es einen Weg des Denkens, der vorwärts* *zu religiösen Wahrheiten führt, und nur diesen Weg zu suchen ist lohnend.“*

Kurzum: Glauben ist keine Beschäftigungstherapie für geistig Minderbemittelte, sondern eine unumgängliche menschliche Notwendigkeit. Man kann das Nachdenken über den Glauben und den Glauben an das Nachdenken grundsätzlich nicht weit genug treiben. Denken und Glauben bedürfen einander und bedingen einander wechselseitig. Zurück zum Apostel Thomas: Nicht das gefällt mir an ihm, dass er seinen Glauben abhängig machen will von seinem empirischen Wissen, sondern dass er alles das wissen will, was wissbar ist, alles das sehen will, was sehbar und einsehbar ist, alles das greifen will, was greifbar und begreifbar ist. Und der auferstandene Christus kommt ihm dabei sogar entgegen ganz im Sinne Galileis, der ja meinte, der Gott, der uns Sinne, Verstand und Vernunft gegeben habe, könne wohl nicht gemeint haben, dass wir uns ihrer nicht bedienen sollten. Der Auferstandene sagt nicht: „Mach die Augen zu und glaube“, sondern „Sieh her!“ Der auferstandene sagt nicht: „Finger weg“, sondern „Leg deinen Finger hierher … nimm deine Hand und leg sie in meine Seite.“ Aber dazu kommt es nicht mehr; denn Thomas ist überwältigt von der Erscheinung des Auferstandenen, von seiner Präsenz und Evidenz. Er formuliert nur noch tief bewegt sein Glaubensbekenntnis: „Mein Herr und mein Gott.“ Und das Wort „Herr“ – im Griechischen Urtext „Kyrios“ – meint nicht Herr Müller, Meier oder Schulze, sondern meint nicht weniger als „Herr der Welt“, „Herr des Alls“. Der zweifelnde Apostel Thomas ist also kein Mitstreiter für „Glauben gegen Wissen“ oder gar „Glauben gegen besseres Wissen“. Er ist ein Mitstreiter für „Glauben wegen Wissen“. Und wenn wir ohnehin nicht umhinkommen, etwas zu glauben, dann sollten wir nicht an die totale Absurdität und Sinnlosigkeit dieses Welttheaters glauben, sondern an etwas, das im Leben und Sterben noch Sinn und Hoffnung stiftet; denn das prägt schon jetzt all unser Denken, Reden und Tun. Glauben macht menschlich und ist menschlich.

Bete und arbeite

Benedikt von Nursia – 11. Juli

Ein früherer Schulkamerad, mit dem ich kooperativ manche Versetzungshürde gemeistert hatte, – nur bei der letzten vor dem Abitur hatte es ihn dann doch noch aus der Kurve getragen, – der schenkt mir zu meiner Priesterweihe vor mehr als vierzig Jahren einen gedrechselten und beschnitzten Holzbecher. Rundum war die lateinische Inschrift geschnitzt: „ora et labora", zu Deutsch: Bete und arbeite. Aber das Wort „ora" war in das Wort „labora" eingelassen, so dass man beim weiteren Drehen und Lesen der Becherinschrift nur noch „et labora … et labora … et labora" „und arbeite … und arbeite … und arbeite" zu lesen bekam. Dahinter steckte wohl der Verdacht, das Beten sei weniger wichtig als das Arbeiten und dass es im Grund nur auf das Arbeiten ankäme.

Der Mann, von dem dieses Wort „ora et labora" stammen soll, ist Benedikt von Nursia (480–547), dessen Gedenktag die Kirche gerade am 11. Juli begeht. Benedikt, der Sohn eines reichen Landbesitzers in Nursia, studiert zunächst im Rom, bricht aber bald enttäuscht, ja angewidert von der Sittenlosigkeit Roms sein Studium ab und schließt sich einer Gruppe asketisch lebender Einsiedler an. Als dieses Experiment misslingt, zieht er sich noch mehr zurück und lebt drei Jahre allein in einer Höhle bei Subiaco östlich von Rom. Eine Mönchsgemeinschaft des nahegelegenen Klosters Vicovaro wählt ihn zum Abt, kommt aber mit den asketischen Vorstellungen Benedikts nicht klar und versucht sich sogar mittels Gift seiner zu entledigen. Benedikt kehrt nach Subiaco zurück und gründet dort zwölf kleine Ordenskonvente, von denen einer bis heute besteht, das nach seiner Schwester Scholastika benannte Kloster Santa Scolastica. Im Jahr 529 zieht Benedikt mit einigen Getreuen auf den eine Autostunde südöstlich von Rom gelegenen Monte Cassino und gründet dort das Mutterkloster der Benediktiner. Die Klosterregel, die Benedikt dort aus verschiedenen Quellen schöpfend schreibt, wird überarbeitet und verbreitet durch Benedikt von Aniane (750–816) zur wohl wichtigsten Regel des abendländischen Mönchtums. Das „ora et labora“ ist die wohl erst im Spätmittelalter aufgekommene Kurzfassung dieser Regel. Die Regel ist von einer menschlich-maßvollen Strenge. Sie schreibt auch vor, dass der Abt verpflichtet ist, in wichtigen Fragen die Meinung des jüngsten Bruders im Konvent einzuholen. Mit dem Benediktinerorden beginnt ein grandioses, landwirtschaftliches, handwerkliches und wissenschaftliches Kulturschaffen, die Tradierung des Schrifttums der heidnischen Antike in den Klosterskriptorien, die Einführung des kooperativen Wirtschaftens; alles das wird zur maßgeblichen Entwicklungshilfe hin zum christlichen Abendland. Ich glaube, das Geheimnis des Erfolgs dieser Lebensweise liegt genau hier: Die Regel lautet nicht, „Arbeite und vergnüge dich!“ oder „Arbeite und erhol' dich!“, sondern „Bete und arbeite!“. Arbeit ohne Gebet, ohne Bezug zu Gott, wird leicht zu blindem „Gewurschtel“, zu bloßer „Gschaftelhuberei“, zu zielloser Hektik. Gebet ohne Arbeit, ohne diszipliniertes Zuwerkegehen, wird leicht zu frommer Selbstbespiegelung, zur Nabelschau, die nichts ändert. Vielleicht kann der eingangs erwähnte geschnitzte Holzbecher auch dazu animieren, dass das Ora zum integralen Bestandteil des LabOra wird, so dass das Gebet alle Arbeit begleitet und durchwirkt.

Der Gründer des Jesuitenordens, der Spanier Ignatius von Lyola (1491–1556), verschärfte tausend Jahre nach Benedikt diese Sicht noch mehr: „*Wirke so, wie wenn alles nur von dir und nichts von Gott abhinge. Und vertraue (und bete) so, wie wenn alles nur von Gott und nichts von dir abhinge.*“ Und auch in Taizé, dem modernen ökumenischen Ordenskonvent, sprach der Gründer, Roger Schutz, von „Kampf und Kontemplation“. Wir dürfen unser Leben um Gottes und unserer selbst willen nicht auf „Arbeit, Arbeit, Arbeit …“ und auch nicht auf „Arbeit und Erholung, Arbeit und

Erholung …" reduzieren. Erst das Gebet gibt allem die richtige Qualität und sinnerschließende Tiefendimension. Erst das Gebet stiftet umfassenden bleibenden Sinn. Nun sind wir fast allesamt keine Mönche, die ihre Arbeit siebenmal am Tag für Gebetszeiten beiseitelegen könnten. Aber wenigstens eine intensivere Gebetszeit sollten wir Gott, oder besser uns selbst, gönnen. Nur so halten wir den Himmel über uns, d. h. die transzendente Dimension unseres Lebens, offen. Zum Arbeiten treiben uns die Verhältnisse, die Öffnungszeiten der Geschäfte und Behörden, die Schulklingeln, die Stechuhren, die wenn auch gleitend gestaltbare Arbeitszeit, das an Selbstausbeutung grenzende „Homeworking". Das Beten wird von der Arbeitszeit und einer sich oft aggressiv ausweitenden Freizeit- und Unterhaltungsindustrie in die Zange genommen. Benedikt entschied sich im Zweifel, was nun wichtiger sei, Arbeit oder Gebet, stets für das Gebet, („cui nihil praeponatur") dem nichts vorzuziehen sei. Machen wir also unsere Gebetszeit nicht zur Knautschzone des Alltags, die zwischen Arbeit und Erholung zum Nichts verdunstet, oder zum gefühlsseligen Bäuerchen, das, wenn es nicht direkt vertagt wird, zum Fast-Nichts zwischen Spätfilm und Bettkante schrumpft. Und dann halten Sie es wie Ignatius von Loyola: *„Wirke so, wie wenn alles nur von dir und nichts von Gott abhinge; und bete so, wie wenn alles nur von Gott und nichts von dir abhinge."*

Selbst die beruflich oft überaus oder gar übermäßig geforderten Mediziner haben das „Ora" aus ihrem Tätigkeitsbereich noch nicht gestrichen und verkünden, wenn sie mit ihrem Mediziner-Latein buchstäblich am Ende sind, ein tapferes „ora et angora!".

Kind Gottes

Gerhard Hirschfelder – 2. August

Als die ledige 25-jährige Maria Hirschfelder am 17.2.1907 im schlesisch-katholischen Glatz ihr einziges Kind, Gerhard Franziskus Johannes, zur Welt bringt, gilt das manchen „Anstandskatholiken" als Skandal und willkommener Anlass zu diskriminierendem Gerede. Gottseidank gibt es auch damals nicht nur solche „Anstandskatholiken"! Der Vater, ein durchaus vermögender, in Glatz ansässiger Lebensmittelhändler mit mehreren Geschäften, gibt sich dem Jungen nie zu erkennen, zahlt auch keinen Unterhalt. Die Mutter bringt ihn und sich als Schneidermeisterin durch eigener Hände Arbeit und aller Verunehrung zum Trotz ehrenvoll durch. Ja, sie ermöglicht ihrem Sohn Gerhard sogar den damals keineswegs selbstverständlichen Besuch der höheren Schule. Gerhard engagiert sich in der kirchlichen Jugendarbeit, gewinnt Selbstvertrauen, ja sogar Führungsstärke. Er macht sein Abitur und studiert katholische Theologie in Breslau, wie es für schlesische Priesteramtskandidaten in seiner Heimatdiözese Prag üblich ist. Als er sein Studium erfolgreich absolviert hat, kommt der nächste diskriminierende Tiefschlag. Wegen seiner nicht ehelichen Geburt muss vor der Zulassung zu den „höheren Weihen", Subdiakonat und Diakonat, eine Dispens aus Rom eingeholt werden, die nicht rechtzeitig eintrifft. So ist er sozusagen „Zaungast" bei der Weihe seiner Kurskollegen, die ihn doch immerhin so schätzen, dass sie ihn zum Sprecher ihres Jahrgangs gewählt haben. Als er 1932 im Dom zu Breslau dann doch zum Priester geweiht wird, schreibt er auf sein Primizbild: „Christus, unser Osterlamm, ist geschlachtet, Alleluja." Das Osterlamm ist im Alten Testament die Wegzehrung des Volkes Israel, als es aus dem ägyptischen Exil aus- und in die Freiheit aufbricht. Das Osterlamm Christus, wird für Gerhard Hirschfelder die Wegzehrung, die eiserne Hoffnungsration auf dem Leidensweg, der bald über ihn hereinbricht. Wegen seiner nicht ehelichen Geburt – peinlich für die Kirche – darf er seine Primiz nicht in seiner Heimatpfarrei St. Mariä Himmelfahrt in Glatz halten, sondern muss in eine Klosterkapelle im Nachbarort ausweichen. Aber tun wir bitte nicht so scheinheilig: dass man jemanden für seine von ihm nicht zu verantwortenden Entstehungsbedingungen abstraft, kennen wir heute leider auch noch. (Manchmal, z. B. im Falle der Abtreibung, ist es sogar die Todesstrafe.) Gerhard Hirschfelder wird Kaplan in Terbeney, damals Grenzeck, später dann in Habelschwerdt. In die Zeit seines Dienstortwechsels fällt der tragische Tod seiner Mutter; sie nimmt sich im Februar 1939 in der Neiße das Leben. Sie hatte, nicht zu Unrecht, große Angst um das Leben ihres Sohnes. In Habelschwerdt erhält Gerhard Hirschfelder auch das Amt des Diözesanjugendseelsorgers. Er ist ein so erfolgreicher Jugendseelsorger, dass die Jugendlichen lieber zu seinen Gruppenstunden als zu den Nazi-Jugendverbänden kommen. So gerät er ins Visier der Gestapo und wird als staatsgefährdend eingestuft. Er wird bespitzelt, überfallen und mit mehreren Hausdurchsuchungen traktiert. Selbst seine Jugendlichen warnen ihn vor den Nazis. Seine Antwort darauf ist: *„Kinder, ich kann nicht anders, wenn ich sehe, was sich gegen die Kirche und gegen die Menschenwürde tut, muss ich es von Herzen loswerden.“* Als Mitglieder der Hitlerjugend ein barockes Sandsteinbildnis der Krönung Mariens demolieren, dem Christusbildnis auf dem Bildstock beide Augen ausschießen, den Relieffiguren die Köpfe abschlagen und den Bildstock umstoßen, bezieht Gerhard Hirschfelder am Sonntag, den 27. VII. 1941, in der Sonntagspredigt dazu pointiert Stellung. Als Kernsatz seiner Predigt lautet: *„Wer der Jugend den Glauben an Christus aus dem Herzen reißt, ist ein Verbrecher.“* Fünf Tage später wird er während einer Jugendglaubensstunde vor den Augen der Jugendlichen verhaftet. Viereinhalb Monate bleibt er ohne Verhör und ohne Prozess im Glatzer Gefängnis inhaftiert. *„Gott verlässt mich nicht, des bin ich* *sicher*", so schreibt er aus dem Gefängnis. Dann wird er am 15. XII. 1941 ins Konzentrationslager Dachau gebracht. Er, der ein Leben lang so oft Diskriminierte, schreibt dazu: „*Herr, wenn man mir auch meine äußere Ehre nimmt, ich bleibe doch Kind Gottes, Kämpfer Gottes, Priester Gottes, das kann mir niemand nehmen. Lass mich dessen froh bleiben in allem Leid.*" Im KZ Dachau wird er als Hilfskapo zur Plantagenarbeit herangezogen. Als er körperlich sehr geschwächt und von Paratyphus befallen ist, zwingt ihn ein Aufseher, zwei Stunden unter der kalten Brause zu stehen. Davon erholt er sich körperlich nicht mehr. Seelisch hingegen bleibt er ungebrochen und voll Zuversicht in seiner Osterhoffnung. In seinem letzten Brief aus dem KZ schreibt er. „*Was ist doch alle Welt gegenüber der Herrlichkeit des Himmels, wo es kein Leid, nur Liebe ohne Hass gibt. So wollen wir halt Gottes Willen abwarten und ein starkes ‚Ja' dazu sprechen. Er wird es schon gut machen. … So wünsche ich dir von Herzen die Kraft, die ich schöpfe aus dem Vertrauen auf Gottes Vorsehung. Damit wollen wir in die Zukunft schauen.*" Am 1. VIII. 1942 stirbt er, am 2. VIII. ist sein Gedenktag. Sein Grab mit der Urne aus dem KZ Dachau befindet sich auf dem Friedhof von Tscherbeney, seiner ersten Stelle als Kaplan. Dieses Leben redet all denen ins Gewissen, die um der scheinheiligen bürgerlichen Wohlanständigkeit willen nicht zu ihrer eigenen Schuld stehen wollen, wie sein Vater, der ja den Werdegang seines Sohnes über Schule, Studium, Priesterweihe und Leidensweg bis zum Tod im KZ miterleben konnte. Es redet auch den Kirchenvertretern ins Gewissen, die mit überzogenen Moralvorstellungen zur Diskriminierung beigetragen haben. Es redet auch uns ins Gewissen, angesichts der bis heute gegebenen politischen, technischen, merkantilen Großmannssucht, Gottvergessenheit und Gottlosigkeit den Sinn und das Ziel unseres Lebens nicht aus den Augen zu verlieren, Gott.

Liebe – globalisiert und lokalisiert

Mutter Teresa – 5. September

Mit zwölf Jahren ist sie, die Tochter eines kleinen Händlers aus Skopje, sich ganz sicher, sie will Ordensfrau werden und zwar weit weg, in der Mission. Mit achtzehn Jahren, im November 1928, tritt sie ins Noviziat bei den Loreto-Schwestern in Dublin ein. Von dort geht es direkt nach Darjeeling (Indien), wo sie 1931 die zeitlichen und 1937 die ewigen Gelübde ablegt. Die Rede ist von Agnes Gonxa Bejaxiu, bekannter als Mutter Teresa. In der St. Mary High School von Kalkutta unterrichtet sie zunächst „höhere Töchter" in Geografie und ist einige Jahre später sogar Schulleiterin. Sie lebt im Kloster wie in einer kleinen Oase, auf einer Insel der Seligen umgeben von Slums, Müllhalden, heruntergekommenen Fabriken, inmitten von Krach, Dreck, Gestank und wirtschaftlichem, sozialem wie medizinischem Elend. Eine Gotteserfahrung im Jahr 1946 auf einer Bahnfahrt zwischen Darjeeling und Kalkutta lässt sie zweifeln, ob der eingeschlagene Weg als Lehrerin in einem Orden wirklich ihr Weg ist. 1948 bittet sie ihre Ordensobere, den Orden verlassen und außerhalb des Klosters in den Slums arbeiten zu dürfen. Sie legt den Habit des Ordens ab und wählt den weißen Sari mit der blauen Borte, die Kleidung der niedrigsten Kaste in Bengalen. Und so steht sie als Bettlerin unter Bettlern in einer Slumhütte.

Sie beginnt Kinder aus den Slums zu unterrichten, begibt sich aber auch einige Monate nach Patna, um sich bei den Missionsärztlichen Schwestern in Krankenpflege ausbilden zu lassen. 1949 überlässt ihr ein reicher Moslem, der nach Pakistan auswandert, sein Haus. Das wird fortan das Mutterhaus der „Missionarinnen der Nächstenliebe", wie sie ihren neuen, schon 1950 bestätigten Orden nennt. Zu den üblichen Ordensgelübden Armut, Gehorsam und Ehelosigkeit wählt sie ein viertes Gelübde: immer nur den Armen dienen. Gottesdienst und soziale Aktion gehören für sie und ihre Mitschwestern von Anfang an unmittelbar zusammen, keine Kontemplation ohne Aktion, keine Aktion ohne Kontemplation. Der Orden nimmt trotz oder wegen seines absolut asketischen Lebensstils eine geradezu atemberaubende Entwicklung. 1980 gibt es bereits ca. 2000 Schwestern in 156 Ordenshäusern, 90 davon in Indien und 66 außerhalb Indiens, das erste deutsche Ordenshaus entsteht 1979 in Essen. Heute hat der Orden über 5000 Schwestern in weltweit ca. 700 Ordensniederlassungen in mehr als 70 Ländern der Erde. Seit 1963 gibt es auch einen männlichen Zweig des Ordens mit ca. 500 Brüdern, die Missionsbrüder der Nächstenliebe. Nach wie vor ist der Mensch in Not, ganz gleich, ob am Anfang, in der Mitte oder am Ende des Lebens, ganz gleich, ob Hindu, Moslem, Atheist oder Christ Ausgangs- und Zielpunkt ihres Engagements. Darunter befinden sich Aussätzige, Waisen, Aidskranke, Prostituierte, Analphabeten, Flüchtlinge etc. Für fünftausend Kinder aus den Slums Kalkuttas stehen die Schulen der Mutter Teresa offen, für zehntausende von Menschen, die im Elend wie Tiere auf der Straße vegetiert haben, verschafft sie in ihren Krankenstationen Heilung und in ihren Sterbehäusern ein menschenwürdiges trostvolles Ende. Mutter Teresa sagt über ihre eigene Arbeit: „ … *ich bin überzeugt, dass Er es ist, nicht ich. Dass es sein Werk ist und nicht mein Werk. Ich stehe ihm nur zur Verfügung. Ohne ihn kann ich nichts tun. Aber selbst Gott könnte nichts für jemanden tun, der keinen Raum für ihn gelassen hat. Man muss völlig leer sein, um ihn hineinzulassen, damit Er tut, was Er will …, das ist das Schönste an Gott …, dass er allmächtig ist und sich einem doch nicht aufdrängt.*“

Nach vielen anderen Auszeichnungen erhält sie 1979 auch noch den Friedensnobelpreis. Das damit verbundene Bankett im Hotel Continental lässt sie absagen, um die eingesparten 12000 DM zu den 340000 DM Preisgeld hinzunehmen zu können; denn die Not weltweit ist nach wie vor unvorstellbar groß. Dem Nobelpreis-Komitee und den anwesenden Staatsmännern hält sie, die Tausende von ausgesetzten Kindern buchstäblich aus dem Müll aufgelesen hat, eine geharnischte Rede gegen die millionenfachen Abtreibungen. Kompromisslos und barsch kann sie durchaus sein. Dass sie den einträglichen Frieden der gut geschmierten Abtreibungsindustrie gestört hat, das hat man ihr auch in Kreisen, die das Selbstbestimmungsrecht der Frau über das Lebensrecht des Kindes stellen, bis ans Lebensende sehr übel genommen. „Wir sind keine echten Sozialarbeiter", sagt sie über ihren Orden, wir sind „Kontemplative im Herzen der Welt."

Mutter Teresa war kein Übermensch und manches, was sie initiiert hat, machen ihre Mitschwestern heute besser und professioneller, als sie es tun konnte; aber sie tun es im gleichen Geist der hingebungsvollen Nächstenliebe. Mutter Teresa hatte auch ihre tiefen existenziellen Glaubenszweifel. Erst nach ihrem Tod im Jahr 1997 wurden ihre privaten Notizen veröffentlicht. Darin kann man z. B. die erschütternden Worte lesen: *„Man erzählt mir, dass Gott mich liebt, jedoch ist die Realität von Dunkelheit und Kälte und Leere so überwältigend, dass nichts davon meine Seele berührt."* Auch in ihren existenziellen Zweifeln ist sie der von ihr so sehr verehrten kleinen Teresa, der hl. Teresa von Lisieux, sehr ähnlich. Bereits sechs Jahre nach ihrem Tod wird Mutter Teresa von Kalkutta durch Papst Johannes Paul II. seliggesprochen und am 4. September 2016, im Jahr der Barmherzigkeit, von Papst Franziskus heiliggesprochen.

Die heutige Generaloberin der Missionarinnen der Nächstenliebe ist Mary Prema, geborene Mechthild Pierick, aus dem münsterländischen Reken. Könnte es sein, dass eine Nächstenliebe, die die ganze Welt im Blick hat, also global denkt und darum den so fernen Nächsten und den so nahen Fernsten beisteht, also lokal handelt, dass eine solche lokale und globale Nächstenliebe auch uns im reichen gottvergessenen Deutschland angetragen und aufgetragen ist, auch uns zugemutet und zugetraut wird von Gott?

Fremde Legionäre?

Martyrer der Thebäischen Legion – 22. September

In der Kirche meiner frühen Kindheit, die den Namen St. Mauritz trägt, lagen und liegen in der Kapelle neben dem romanischen Turm zwei Grabmäler, Tumben, mit den oben aufliegenden steinernen Reliefs zweier Münsteraner Bischöfe des 11. Jahrhunderts, von Bischof Friedrich I. und seinem Nachfolger Bischof Erpho. In meiner kindlichen Fantasie waren das zwei der vielen Kämpfer der berühmten Thebäischen Legion, die in der Christenverfolgung um das Jahr 290 in Arcaunum, dem heutigen Saint-Maurice umgebracht wurden. Erst Bischof Eucherius von Lyon († 450) hatte um 430 unter Rückgriff auf mündliche Erzähltraditionen von diesem Martyrium berichtet. Aber schon in der ersten Hälfte des 4. Jahrhunderts hatte Bischof Theodor von Octodurum ihre Gebeine erhoben. Tatsächlich haben Grabungen in St. Maurice eine christliche Grabkapelle des 4. Jahrhunderts zutage gefördert, die die Angaben des Bischofs Eucherius bestätigten. Es waren Gebeine von Soldaten, die aus einer Säuberung im Heer um 298 stammten, Soldaten, die vor einer Alpenüberquerung das Götteropfer verweigerten und sich damit als Christen zu erkennen gaben. Eucherius nennt zunächst nur vier Märtyrer mit Namen, nämlich Mauritius, der der Anführer der Thebäischen Legion gewesen sein soll, sowie Exuperius, Candidus und Victor.

Allerdings waren manche ausschmückenden Erzählinhalte über das Martyrium der Thebäischen Legion doch eher legendarisch. War es wirklich eine ganze Legion, die da zum Christentum bekehrt und ihres Glaubens wegen hingerichtet wurde? Können die angegebenen militärischen Ränge stimmen? Wurde die Legion wirklich mehrmals bei religiös begründeten Säuberungen dezimiert, in St. Maurice, in Bonn, in Köln und in Xanten?

Nördlich und südlich der über Arcaunum, das heutige St. Maurice, führenden Hauptroute des römischen Militärs wurden später immer mehr Heilige der Thebäischen Legion zugeschlagen. Um 590 erwähnt Gregor von Tour, dass in Köln ca. 50 Angehörige der Thebäischen Legion begraben worden seien. Und bald schon geben die Namen der frühen Kirchenpatronate ein lebendiges Zeugnis für die Verehrung der Martyrer: Felix und Regula in Zürich, Gereon und angeblich 313 Gefährten in Köln, Cassius und Florentius mit 7 oder 12 Gefährten in Bonn, Victor und Mallosus mit angeblich 330 Gefährten in Xanten, Bonifatius und Palmatius in Trier, Vitalis in Siegburg u. a.m.

Von einer Blutspur der Hinrichtungen erzählen uns die teils legendarisch mit der Thebäischen Legion verbundenen Orte Arcaunum alias St. Maurice, Bonna alias Bonn, Colonia Agrippina alias Köln sowie Ad Sanctos alias Xanten. Aber an all diesen Orten erwies sich auch das von Tertullian im 3. Jahrhundert verfasste, bitter anmutende und doch hoffnungsvolle Wort „Sanguis martyrum est semen christianorum“ als wahr: Das Blut der Martyrer ist das Saatgut der Christenheit.

Die legendarischen Ausschmückungen sind sicher nicht immer historisch korrekt, aber sie zeigen die Imaginationskraft des Menschen für das Gute, die dem Guten innewohnende Entfaltungs- und Gestaltungsmöglichkeit.

Und dazu gehört auch der ins Legendarische gehende Brief, den Mauritius an Kaiser Maximian geschrieben haben soll: *„Wir sind deine Soldaten, Kaiser, doch wir sind auch Soldaten Christi. (…) Du bezahlst uns die Mühen des Kriegsdienstes, doch er gab uns das Geschenk des Lebens. Niemals, Kaiser, können wir dir gehorchen, wenn er uns zu gehorchen verbietet. (…) Unsere Arme sind nicht die Arme von Henkersknechten, sondern die von Soldaten; sie verstehen es wohl, die Feinde des Reiches zu bekämpfen, doch können sie nicht Unschuldige und Bürger töten. Um Bürger zu verteidi-*

gen, nicht um sie zu ermorden, haben wir die Waffen ergriffen. Was hält uns unter den Fahnen? Der Eid, den wir geschworen haben. Was würdest du sagen, wenn wir jenen Eid, der uns an Gott bindet, verletzten? Christus haben wir unsern ersten Eid geschworen, seine Soldaten waren wir eher als die deinigen. Unsern zweiten Eid haben wir dir, Kaiser, geleistet. Und nun, wenn wir die Gott gemachten Eide brechen, was bindet uns dann, jene zu bewahren, die wir den Menschen geschworen?"

Menschen mussten und müssen als Opfer der Verfolgung herhalten, die eigenen Knochen hinhalten, mussten und müssen Kopf und Kragen riskieren für die eigene Glaubensüberzeugung. Menschen mussten und müssen mit dem eigenen Glauben bestehen, für die eigene Glaubens-Gewissensentscheidung einstehen, einem staatlich verordneten unchristlichen System widerstehen, ihr eigenes Martyrium durchstehen, im Glauben überstehen. Kein Jahrhundert hat übrigens mehr christliche Märtyrer produziert als das letzte angeblich so aufgeklärte Jahrhundert.

Und ich bin sicher, dass die Wirkungsgeschichte eines Petrus und Paulus weit wirkmächtiger ist als die ihres nur scheinbar obsiegenden Henkers, Kaiser Nero. Und dass die Wirkungsgeschichte der Martyrer der Thebäischen Legion weit wirkmächtiger ist als die des mit mörderischer Effizienz wirkenden Kaisers Maximian.

Am 22. September, wo der Sommer in den Herbst übergeht, feiern wir das Fest des hl. Mauritius und seiner Gefährten, wie viele auch immer es gewesen sein mögen. Mag auch manche historische Kontur dieser Männer im Legendennebel versunken oder aus ihm erst hervorgegangen sein, erkennbar und vorbildlich für uns bleibt dies: Den Dienstverpflichtungen von hoher und höchster Stelle haben sie den Gottesdienst vorgezogen, der zugleich ein Dienst an der Menschlichkeit ist.

Kopfüber

Lorenzo Ruiz – 29. September

Am 29. September 1637 stirbt im japanischen Nagasaki am Ende eines leidvollen Lebens und auf bestialische Weise hingerichtet ein junger philippinischer Familienvater. Sein Name ist Lorenzo Ruiz. Zwischen 1600 und 1610 wird er in Manila, der Hauptstadt der Philippinen, geboren. Seine Mutter ist eine katholische Filipina, sein Vater ist Chinese, der aber als Erwachsener bei Dominikanern die Taufe empfängt und seinen Glauben mit großer Ernsthaftigkeit lebt. So lernt Lorenzo Ruiz Chinesisch und Tagalog, die Sprache der Eingeborenen, und wächst als Christ auf. Das Glück der Familie währt nicht lange; denn bei Kämpfen zwischen chinesischen Soldaten und spanischen Kolonialtruppen kommen der Vater und zwei Geschwister von Lorenzo Ruiz zu Tode. Die Dominikaner in Manila nehmen daraufhin Lorenzo und seine Mutter bei sich auf. Kurze Zeit später stirbt auch noch die Mutter und Lorenzo, nun Vollwaise, bleibt allein bei den Dominikanern und arbeitet als Ministrant und Küster mit. Er ist ein frommer und strebsamer junger Mann, und so schließt er sich der Bruderschaft vom Heiligen Rosenkranz, einer Art Drittem Orden der Dominikaner, an und erwirbt den Titel eines „escribano", eines Schreibers oder Kalligrafen, vielleicht eine Art Verwaltungsangestellter im Dominikanerkonvent Binondo. Er gründet eine Familie, die mit drei Kindern, zwei Söhnen und einer Tochter, gesegnet wird, und führt ein zufriedenes am Glauben orientiertes Leben. Aber auch das Glück seiner eigenen Familie währt – wie das seiner Herkunftsfamilie – nicht lange.

1636 wird er durch falsche Zeugen des Mordes an einem Spanier bezichtigt. Als Mestize hat er keine Möglichkeit, sich juristisch gegen diese Vorwürfe zu wehren. So nimmt er wiederum Zuflucht bei den Dominikanern. Zwar hält ihn der Provinzial der Dominikaner für unschuldig, sieht aber bei der desaströsen juristischen

Praxis in Manila keine Möglichkeit, Lorenzo Ruiz zu seinem Recht zu verhelfen. Stattdessen macht er ihn, als die lebensbedrohliche Anklage erhoben wird, aufmerksam auf ein Schiff, das mit fünf Inkognito-Missionaren nach Okinawa in Japan ablegen soll. In Japan allerdings ist das Christentum und damit der Zutritt von Missionaren streng verboten und wird sogar mit der Todesstrafe geahndet. Erst unterwegs wird dem Missionar aus Versehen oder gar wider Willen das Gefährliche auch dieses Unternehmens bewusst. Er merkt, dass er von der einen Lebensgefahr nur in die andere geraten ist. Aber dann entschließt er sich doch, zusammen mit den drei Dominikanern Antonio Gonzales, Guillermo Curtet und Miguel de Aozaraza, dem japanischen Priester Vincente Shiwozuka und einem an Lepra erkrankten Laien namens Lazaro von Kyoto das Missionsunternehmen zu wagen. Es gelingt ihnen, in Japan zunächst achtzehn Monate lang unentdeckt zu bleiben, aber dann werden sie von den Behörden aufgegriffen und nach Nagasaki gebracht. Man versucht die Verhafteten zunächst durch Foltern von ihrem für irrig und gefährlich gehaltenen Glauben abzubringen. Aber keiner der sechs Männer schwört seinem Glauben ab. So werden alle sechs zum Tode verurteilt und mit dem Kopf nach unten in eine Grube gehängt. Drei Tage bis zum 29. 9. 1637 dauert der qualvolle Todeskampf, bevor der Tod ihrer Qual ein erlösendes Ende bereitet. Lorenzo Ruiz, der Missionar wider Willen, der Missionar aus Versehen, ist es, der angesichts des Todes ein bemerkenswertes Wort von sich gibt: *„Für Gott würde ich, wenn ich sie hätte, tausend Leben hingeben.“* Im Jahre 1987, also genau 350 Jahre nach diesem Martyrium, hat Papst Johannes Paul II. alle sechs Männer heiliggesprochen. So stehen sie unter „Lorenzo Ruiz und Gefährten“ im Heiligenkalender, und Lorenzo Ruiz ist damit der erste Heilige der Philippinen. Wenn er auch bei uns wenig bis gar nicht bekannt ist, so tragen doch Dutzende Kirchen von den USA über Norwegen bis zu den Philippinen, dazu zahlreiche Schulen und Plätze seinen Namen.

Was kann uns heute ein solch abenteuerliches, derart leidvolles und weithin fremdbestimmtes Leben sagen? Dies Leben hat eine Botschaft, die der, der es lebte, nicht vorher in Ruhe planen, durchdenken und aufschreiben konnte. Das, worin er sich als Christ bewährte, konnte er sich nicht auswählen und hätte er, wenn er hätte wählen können, gewiss auch nicht auswählen wollen; es brach unvorhersehbar und brutal über ihn herein, über das Kind, über den jungen Mann, über den Familienvater. Aber dies Leben hat offenbar noch eine andere Botschaft: Das Leben stößt einem Menschen oft unmenschlich zu, aber Gott steht einem Menschen oft (über)menschlich bei. Ein Christ kann leiden, was er nicht leiden könnte, wenn nicht Gott in Jesus Christus mitlitte. Er kann tun, was er nicht tun könnte, wenn er es nicht mit Gott zu tun hätte. Er kann, ohne zu wissen wie, ein Ziel verfolgen selbst da, wo er zur Zielscheibe der Verfolgung gemacht wird. Gott weiß, wie. Der Ortsteil, in dem ich wohne, liegt an einer alten Bahnlinie, die aber zu einer wunderbaren Radstrecke umgestaltet wurde. Vor und hinter dem Ort gibt es einen Viadukt, der in ca. 20 Meter Höhe jeweils ein Bachtal überspannt. Innerhalb weniger Wochen haben sich zwei Schüler kopfüber in den Abgrund gestürzt und sich so das Leben genommen. Seitdem steht auf der Fahrbahn des einen der Viadukte ein Wort aus dem Märchen „Die Bremer Stadtmusikanten“: „Etwas Besseres als den Tod findest du überall.“ Ich glaube, dieser Satz gilt noch in einem anderen als dem nur auf die Verlängerung dieses Lebens bezogenen Sinn. Ich glaube, die verzweifelten Jungen, die sich kopfüber in den Tod gestürzt haben, und der junge Familienvater Lorenzo Ruiz, der kopfüber hängend in den Tod gequält worden ist, sie haben etwas Besseres gefunden als nur den Tod. Sie sind, so hoffe und glaube ich, kopfüber in die Arme des lebendigen und Leben spendenden Gottes gelangt. Und das ist kein Märchen für Kinder, sondern die Verheißung Gottes für alle.

Engelsdienst?

Erzengel- und Schutzengelfest – 29. September und 2. Oktober

Einer meiner Doktoranden öffnete mir die Augen für eine Besonderheit bei Klaus Mann, die sein ganzes Werk durchzieht: Engel. Klar kannte ich Klaus Mann, geboren 1906 in München, Sohn des Schriftstellers Thomas Mann und selbst Schriftsteller, ein unruhiger, schwieriger Geist. Er schreibt zeitkritisch, dokumentarisch, satirisch und stark autobiografisch gefärbt. Ab 1936 ist er, der deutsche Emigrant und Antifaschist, Journalist in den USA, er nimmt die US-Staatsbürgerschaft an, ist 1938 Berichterstatter im Spanischen Bürgerkrieg, 1944/45 amerikanischer Soldat und Kriegsberichterstatter in Italien. Seine im Exil geschriebenen Werke versuchte er nach 1945 in Deutschland zu veröffentlichen, was zu seinen Lebzeiten nicht mehr gelingt.

Der übergroße Vater, seine damals als strafwürdig eingestufte Homosexualität und seine Drogensucht, der er durch mehrere Therapien vergeblich zu entkommen versucht, sind eine zu schwere Bürde. 1949 nimmt er sich in Cannes selbst das Leben. Aber was sollen die nahezu allgegenwärtigen Engel im Werk eines so aufgeklärten und durchaus religionskritischen Geistes? Im Hintergrund steht ein unendlich überragendes, ein ganz und gar erhabenes Gottesbild. Klaus Mann schreibt:

„*Gott lässt sich nicht durch Staatsdekret ins Diesseits verlegen, kein noch so heroischer Fünfjahres-Plan könnte uns die Sehnsucht ersetzen, mit der wir sein Rätsel umkreisen. Unsere Sehnsucht (…) wird sich niemals in der sozialen Problematik und in dem Versuch ihrer Lösung befriedigen.*“ Gott ist für ihn das Objekt einer Sehnsucht, die unendlich und im Diesseits unerfüllbar ist.

Im Rückblick auf eine Lebenszeit, in der er glaubte, mit Gott fertig zu sein, ja ihn endgültig erledigt zu haben, schreibt er später:

„Was mir damals entging, war die paradoxe Tatsache, dass solch kindische Großsprecherei doch irgendwie die Existenz Gottes voraussetzt und anerkennt. (...) Ihn verfluchen heißt schon, sich zu ihm bekennen. (...) Und doch, wie oberflächlich und trivial sind selbst die leidenschaftlichsten, aufrichtigsten Zweifel, verglichen mit der ungeheuren Tatsache von Gottes offenbarer, unerklärlicher Realität! Wie kläglich ist das Aufbegehren eines winzigen Sünders angesichts seiner schweigenden Größe. Er ist geduldig. Er wartet und lauscht, unbeweglich, unerschütterlich. Schweigend duldet er die heuchlerischen Gebete und infantilen Lästerungen, die von unserem Planeten zu ihm aufsteigen. (...) Er fordert die Wahrheit, die Essenz, das Herz und Mark unseres Seins. Mit nichts Geringerem wird er sich zufriedengeben."

Wo Gott so über alles groß und unendlich erhaben ist, da braucht es einen Boten, der Gottes unbegreiflichen Willen ins menschlich Verstehbare transferiert und der umgekehrt die menschlichen Erdennöte wie Petitionen zum Himmel trägt. Und so taucht in sieben Romanen, in vierzig Erzählungen und Novellen, in sechs Dramen immer wieder der Engel auf, mal verfremdet, mal in Menschengestalt, mal ironisiert.

Dabei ist der Engel ein Zwischenwesen, ein Grenzgänger, die literarisch personifizierte Sehnsucht nach Transzendenz, das Medium der Begegnung des Menschen mit Gott und Gottes mit dem Menschen, Gottes Schutzgeist für den Menschen, Gottes Wegweiser für den durchs Leben irrenden Menschen, der Begleiter sogar noch durch den Tod.

Ich zweifle nicht, dass es in diesem Kosmos auch andere geistvolle Wesen geben kann, die wir Engel nennen und die nicht von menschlicher Natur sind. Aber es könnten auch Menschen selbst Engel, also Boten Gottes, sein, wenn Menschen für andere Menschen die Sehnsucht nach Transzendenz wecken, Gottesbegegnung ermöglichen, anderen Menschen Schutz bieten, anderen Menschen ein Wegweiser oder auch ein Weggeleit sind.

Eines kommt mir bei der so emphatisch gepriesenen Größe Gottes aber zu kurz, dass nämlich unser christlicher Gott ganz unvermittelt selbst Mensch geworden ist, um dem Menschen auf jede menschenmögliche Weise nahe zu sein. Gott schottet sich nicht mit einem Engelshofstaat vom Menschen ab. Er geht auf Tuchfühlung, schlüpft in unsere menschliche Haut, spricht uns ins Gewissen, wird Mensch unter Menschen und Unmenschen. Das geht unter die Haut, das zielt auf Herz und Hirn.

Weil Gott Mensch wird, gibt es die Gottunmittelbarkeit eines jeden Menschen. Dann bedarf es eigentlich keines zusätzlichen Vermittlers, keines Übersetzers vom Göttlichen ins Menschliche und umgekehrt mehr. Weil Gott Kind wird, ist er kinderleicht zu finden. Weil Gott am Kreuz stirbt, ist er uns todsicher auch im Sterben nahe. Unser Gott ist von der Wiege bis zur Bahre als Mensch der Gott mit uns.

Ein Wort von Klaus Mann gibt mir besonders zu denken:

„Da wir das Unendliche nur im Gleichnis des Endlichen erfassen können, wird das Endliche von unendlicher Bedeutung; denn nur über die erfüllte Endlichkeit führt uns der Weg zum Unendlichen.“

Dass wir *„das Unendliche nur im Gleichnis des Endlichen erfassen können“*, sagt mir, dass uns endlichen Wesen der Unendliche nur im Endlichen, dass uns also Gott nur im Menschen auf- und einleuchten kann. Aber damit wird das Endliche an seiner Grenze zum Hinweis auf das Unendliche. Damit wird der Tod als Grenze des Endlichen zum Hinweis auf das Unendliche, das uns verheißen ist.

„Über die erfüllte Endlichkeit führt uns der Weg zum Unendlichen.“ Das sagt mir, dass die erfüllte Endlichkeit das Endliche zum Unendlichen hin entgrenzt. Der Philosoph Hegel hatte Ähnliches gesagt, als er die Menschwerdung Gottes die Verendlichung des Unendlichen nannte. Und den hoffnungsvollen Ausgriff unseres Glaubens auf Gott nannte er die Verunendlichung des Endlichen.

Mir scheint: Auch eine so zweifelnde und verzweifelte, eine so suchende und versuchte Gestalt wie Klaus Mann kann den Hinweis auf eine Hoffnung jenseits aller Zweifel geben, kann den vermittelnden Engelsdienst von Gott zu uns und von uns zu Gott leisten.

Dich schickt der Himmel

Erzengel- und Schutzengelfest – 29. September und 2. Oktober

Bevor sich im Zugehen auf den Advent die Engeldichte mehr und mehr erhöht, derart, dass man vor Weihnachten an die Einrichtung von Flugverbotszonen denken mag, feiert die Kirche gleich zwei Engelfeste: Am 29. September das Fest der Erzengel und am 2. Oktober das Fest der Schutzengel. Sollte man nicht als aufgeklärter Mensch diesen Quatsch hinter sich lassen? Kann man nicht auf diese merkantil verzweckten, vorweihnachtlichen Rührseligkeitsverstärker verzichten? Das dürfte ein schwer zu bewerkstelligendes Großreinemachen werden; denn Engel finden sich in fast allen Religionen. Inzwischen haben wir auch jenseits der Religionen Engel ohne Zahl: „Gelbe Engel“ vom ADAC und „Blaue Engel“ als Umweltverträglichkeitszertifikat – beides schon mehrfach gefallene Engel. Wir haben Rauschgoldengel am Weihnachtsbaum, Erzgebirgsengel auf der Weihnachtspyramide, Friedensengel oder Racheengel in Ehe- und Staatskrisen, Engel in der Versicherungs- und Autowerbung und die „Engelmacher“ in einer gut verdienenden Abtreibungsindustrie. Selbst die sich aufgeklärt dünkende, dem Atheismus nahestehende DDR-Diktatur ist die Engel nicht losgeworden. Sie überlebten desakralisiert als „Jahresendflügelpüppchen“ sogar die DDR selbst.

Aber, wie soll man sie sich vorstellen, die Engel? Manchmal werden sie als menschenähnliche, manchmal als tierähnliche, gelegentlich auch als mischgestaltige Geistwesen vorgestellt. Manche Religionswissenschaftler halten sie für Relikte eines nicht wirklich überwundenen Polytheismus, für eine Art himmlischen Hofstaat.

In den monotheistischen Religionen, also bei Juden, Christen und Moslems, sind die Engel Boten Gottes. Das Wort Engel kommt übrigens vom lateinischen Angelus oder griechischen Angelos und heißt übersetzt Bote. Dieser Bote oder Engel öffnet die Sphäre der Verborgenheit Gottes auf den Menschen hin und lässt Gott erfahrbar und wirksam werden in der Sphäre der Welt des Menschen. Er ermöglicht Kommunikation zwischen Gott und Mensch. Aber zum Kernbestand christlicher Lehre gehören die Engel nicht.

Wenn Engel als Geistwesen verstanden werden, dann sollte man ihre Existenz nicht vorschnell ausschließen. Ich glaube durchaus, dass es nicht-menschliche Geistwesen geben kann; denn ich kann mir nicht vorstellen, dass das, was wir Menschen uns so (a)politisch, (a)sozial, (a)religiös und (un)wissenschaftlich leisten, die unüberbietbare Spitzenleistung des Geistes sein soll. Es wird wohl jenseits unseres engen Geisteshorizontes noch unerforschte, unerfasste, unerahnte Dimensionen des Geistigen geben. In unseren religiös-kulturellen Breiten hat man Engel zumeist als beflügelte Menschenwesen dargestellt hat. Das hing wohl damit zusammen, dass man sich einerseits ein kommunikationsfähiges geistiges Wesen dachte, also einen Menschen, damit Gottes Wort menschlich beim Menschen ankommt. Aber andererseits benötigte diese Vorstellung auch ein Wesen, das die Höhen des Himmels mit den Tiefen der Erde verbinden konnte, das also flugfähig sein musste. Und daraus resultierte als bildhafte Vorstellung ein beflügeltes Menschenwesen, das Gott beim Menschen zur Sprache bringt und den Menschen zu Gott hinbringt.

Theologen, die „zu viel wussten", haben, gestützt auch auf die keineswegs systematischen Aussagen über Engel in der Bibel, dreimal-drei Engelordnungen und eine arbeitsteilige Weltzuständigkeit konstruiert. Romantisch-fromme Geister haben des Nachts „Vierzehn Englein um mich steh'n“ lassen und musikalische wie Engelbert Humperdinck haben das auf wunderbare Weise vertont. Theologisch ergiebig ist das allerdings nicht. Wohltuend sparsam mit ihren theologischen Aussagen sind die wenigen Lieder, die das katholische Gesangbuch „Gotteslob“ den Engeln widmet: *„Du sendest sie als Boten aus:/ Dein Wort geht in die Welt hinaus./ Groß ist in ihnen deine Kraft;/ dein Arm sind sie, der Wunder schafft.// „Lass deine Engel um uns sein;/ durch sie geleite Groß und Klein,/ bis wir mit ihnen dort im Licht/ einst stehn vor deinem Angesicht.“*

Der Engel, so könnte man vielleicht sagen, ist die bildhaft personifizierte Präsenz des Willens und Handelns Gottes in der Welt und das muss nicht zwingend ein „Himmelsgeflügel“ sein. Erzengel, Schutzengel oder Engel ohne nähere Funktionsbezeichnung, also Boten Gottes, das können Menschen wie Sie und ich sein, ja das sollten sogar auch Menschen wie Sie und ich sein. Auch durch uns kann Gottes menschliche Botschaft, kann Gottes menschliches Geleit beim Menschen, der ihn braucht, ankommen.

Wozu aber braucht man dann verschiedene „Engelrassen“? Sie repräsentieren bildhaft die je unterschiedliche Präsenz Gottes in der Welt und in meinem Leben. Das Bild vom Erzengel kann uns daran erinnern, dass nicht mein, sondern Gottes Wille, nicht meine, sondern Gottes Macht, dass eben Gottes Heilswille und Heilsmacht, maßgeblich sind für das Gelingen von Welt-, Menschheits- und Individualgeschichte. Das Bild vom persönlichen Schutzengel kann uns daran erinnern, dass eine geistvolle, ganz spezifische Heilsgemeinschaft zwischen dem Menschen und seinem Schutzengel denkbar ist, dass jeder von uns ganz individuell von Gott geliebt, geschützt und geleitet wird.

Wir brauchen heute Engel auch ohne Federn, aber mit einer menschlich fühlenden Haut, Engel ohne Flügel, aber mit hilfsbereiten Händen, Engel ohne Flammenschwert, aber mit einer glühenden Friedensliebe. Wir brauchen in unserer Zeit mehr denn je Boten Gottes, geistvolle Friedens- und Schutzengel im Dienste Gottes auf Erden. Seien Sie einer davon; denn: „Dich schickt der Himmel …“

Wer den Papst zum Onkel hat …

Karl Borromäus – 4. November

Am Beginn dieses oft trüben, dem Totengedenken geweihten Monats gedenkt die Kirche einer bemerkenswerten, keineswegs trüben Gestalt der Kirchengeschichte. Als Kind, das Sonntag für Sonntag zur Borromäus-Bücherei ging, und noch als Theologiestudent, der im Collegium Borromaeum wohnte, habe ich nicht groß über den Namensgeber dieser und vieler anderer Bildungsinstitutionen nachgedacht: Karl Borromäus oder Carlo Borromeo. Er wird 1538 am Lago Maggiore in ein unglaublich reiches und einflussreiches Elternhaus hineingeboren. Mit sieben Jahren schneidet man ihm die Tonsur und macht ihn damit pro forma zum Mönch, um ihm die Einkünfte der Abtei St. Gratiniano bei Arona zukommen zu lassen. Mit zwölf Jahren wird er zum Kommendatar-Abt dieses Klosters, dem die Einkünfte zustehen, ohne dass er nennenswerte geistliche Verpflichtungen erfüllen muss. Aber da schon verfügt das Milchgesicht: *„Die Güter der Kirche sind Güter Gottes. Sie gehören deshalb den Armen.“* Karl Borromäus studiert mit 16 Jahren Jura an der Uni Pavia und promoviert, obschon er nach dem Tod des Vaters die elterlichen Güter verwalten muss, mit 21 Jahren summa cum laude zum Doktor beider Rechte. Als wenig später der Bruder seiner aus dem Hause Medici stammenden Mutter als Pius IV. Papst wird, feiert wieder einmal der Nepotismus fröhliche Urständ, alles nach dem Motto des schönen deutschen Sprichworts: *„Wer den*

Papst zum Onkel hat, kann leicht Kardinal werden." Aber dieser Pius IV. ist es auch, der angesichts der gewaltigen Turbulenz in der Kirche, die die Reformation ausgelöst hatte, 1545 das Konzil von Trient einberuft. Durch seinen Onkel wird Karl Borromäus Erzbischof und Kardinal von Mailand, Großpönitentiar, apostolischer Pronotar etc. zugleich und vor allem aber auch Chef der Verwaltung des Kirchenstaats und Kanzler der Kirche. Damit ist er der erste Kardinalstaatssekretär der Kirchengeschichte, und er ist nicht einmal zum Priester geweiht! Man hält sich in diesen Kreisen gern ein Türchen zum üblichen Adelstreiben offen. Er, der ursprünglich auch standesgemäße Hobbys wie Schachspiel und Großwildjagd betreibt, erlesene Kunstsammlungen und Gobelins sein Eigen nennt, ist aber ein phänomenaler besessener Arbeiter, nicht gerade zur Freude derer, die einen süßen Schlendrian bevorzugen. Aber Karl ist nur Jurist und kein Theologe oder Philosoph, wie es das Amt eigentlich erforderte. Dieses Manko arbeitet er am Lesepult in strenger Selbstdisziplin autodidaktisch ab. Als sein Bruder Federico, der zum Befehlshaber der spanischen Flotte aufgestiegen war, plötzlich stirbt, ist Karl fassungslos: „*Dieser Schlag ist so schrecklich, dass keine menschliche Erwägung mich trösten kann … Dieser Verlust, ich gestehe es, hat mich um einen großen Schritt in der Gnade Gottes, des Herrn, weitergebracht. Dieses Ereignis hat mich mehr als sonst etwas unser Elend und die wahre Seligkeit der ewigen Heimat lebendig fühlen lassen.*" Er gewinnt eine neue existenzielle Ernsthaftigkeit, lässt sich nun zum Priester und zum Bischof weihen. Als das Konzil von Trient unter Pius IV. in seine Schlussphase geht, wird Karl zum eifrigsten Vollstrecker der Trienter Beschlüsse. Er nimmt die Residenzpflicht als Bischof von Mailand ernst und gibt seine römischen Machtbefugnisse seinem Onkel zurück. Er führt konsequent eine Volksbildung und endlich eine gründliche Priesterausbildung ein. Er sieht den ganzen Menschen und verbindet in idealer Weise die Leib- mit der Geist- und der Seelsorge. Er, der von

Hause aus keinerlei Armut kannte, beginnt mit dem Bau von Kinderheimen für die zahllosen Findelkinder, errichtet Armenspitäler und Altersheime, gründet gegen den Zinswucher Leihhäuser und führt eine unentgeltliche Rechtshilfe für Mittellose ein. Im Hungerjahr 1570 speist er monatelang mehr als 3000 Hungerleider unter Einbeziehung seines privaten Vermögens. Seine Begründung: *„Es ist besser für einen Bischof, Schulden zu haben als Geld."* Im Pestjahr 1576, als die sich besser dünkende Gesellschaft mitsamt den meisten Ärzten fluchtartig Mailand verlässt, bleibt er da und organisiert die Krankenpflege und die Bestattung der Berge von Leichen. Karl Borromaeus bekämpft die Pfründenwirtschaft, nach der ein Bischof mehrere Diözesen und ein Pfarrer mehrere Gemeinden samt ihren Einkünften haben konnte. Er visitiert seine zwölf Suffraganbistümer und seine eigenen Gemeinden von Basel bis in die Lombardei. Er führt mit dreijährigem Turnus Bistumssynoden ein, setzt reihenweise unwürdige Priester ab, baut Volksschulen, bekämpft die unmenschliche Inquisition (!) und setzt die papiernen Dokumente des Trienter Konzils in eine im besten Sinne menschliche und christliche Realität um. Spätere Kirchenhistoriker schreiben von einer „stählernen Folgerichtigkeit seines Wesens" und nennen ihn den „Lehrmeister der Bischöfe". Die Stringenz und Konsequenz seiner Amtsführung hat vielen seiner Amtsbrüder nicht behagt, hat aber langfristig und für mehr als ein Jahrhundert Schule gemacht. Angesichts der episkopalen und ekklesialen Peinlichkeiten unserer Tage darf man wohl sagen: Bischöfe dieses Formats täten unsere Kirche auch heute Not. Am 4. November 1584, erst 46–jährig, stirbt er. *„Um anderen ein Licht zu sein, verzehrt die Kerze sich selbst"*, das hatte er früher einmal gesagt, und dann selbst vorgelebt. Klar, wer den Papst zum Onkel hat, kann leicht Kardinal werden. Aber wer Christus zum Vorbild hat, der kann weit mehr und besseres als ein Kardinal, der kann ein Heiliger, eine Heilige werden. Das ist das entscheidende und das erreichbare Ziel nicht nur für den hohen Adel, sondern auch für das niedere Volk. Und Heiligkeit ist der wirkliche und der entscheidende Adel in den Augen Gottes.

Novemberlicht

Bernhard Lichtenberg – 5. November

Im Novembergrau des Jahres und der Kirche könnten einen manchmal fast Depressionen befallen, wären da nicht mittendrin echte Lichtgestalten. An eine von ihnen erinnert der 5. November, das Fest des seligen Bernhard Lichtenberg. Er wird 1875 im schlesischen Ohlau als zweiter Sohn in eine Kaufmannsfamilie geboren. Von 1895 bis 98 studiert er Theologie in Innsbruck und Breslau und wird dort im Jahr 1899 zum Priester geweiht. Als Kaplan ist er erst im beschaulich-katholischen Neisse tätig, bevor er dann im weltstädtisch tobenden Berlin seinen Einsatz- und Bestimmungsort findet. Nach den Kaplansjahren ist er von 1913 bis 1930 Pfarrer der Herz-Jesu-Gemeinde und während der Kriegsjahre auch Pfarrer beim Gardegrenadierregiment 3 in Berlin-Charlottenburg. Hier gibt es damals über 30000 Katholiken, aber nur eine Kirche. Gegen erheblichen politischen Widerstand und mit Spendengeldern auch aus dem Ausland lässt Lichtenberg fünf weitere bauen. Er ist ein politisch aufmerksamer und aktiver Pfarrer und sitzt von 1913 bis 1920 als Delegierter des Zentrums im Charlottenburger Stadtparlament, und von 1920 bis 1930 ist er Bezirksabgeordneter im Wedding. 1930 wird das Erzbistum Berlin gegründet und Lichtenberg ist an wichtiger Stelle beteiligt. So wird er 1930 Domkapitular, 1932 Dompfarrer und 1938 Dompropst an der Hedwigskathedrale.

Als er 1931 öffentlich zum Anti-Kriegsfilm „Im Westen nichts Neues" einlädt, wird er übel attackiert von Joseph Goebbels, dem damaligen NSDAP-Gauleiter von Groß-Berlin. 1933 durchsucht die Geheime Staatspolizei erstmals die Wohnung Lichtenbergs. Als im Juni 1934 Erich Klausener, der führende Vertreter des deutschen Katholizismus und Vorsitzende der „Katholischen Aktion" in seinem Dienstzimmer – er ist Ministerialdirektor erst im Innen- und dann im Verkehrsministerium – wegen seiner Kritik am Nationalsozialismus erschossen wird, ist jedem, auch Bernhard Lichtenberg, klar, was Abweichler von diesem Regime zu erwarten haben. Dennoch legt er 1935 eine Beschwerde wegen der Zustände in KZ Esterwegen ein und setzt sich damit ein für die dorthin verschleppten Ernst Heilmann, den SPD-Fraktionsvorsitzenden im Preußischen Landtag, und Heinrich Hiertsiefer, den ehemaligen preußischen Minister für Wohlfahrtspflege und stellvertretenden Ministerpräsidenten. Nun ist er endgültig ins Fadenkreuz der NSDAP geraten. Er wird der „Verbreitung von Gräuelpropaganda" bezichtigt und im Gebäude der Gestapo verhört und misshandelt. Seit den Novemberpogromen 1938 („Reichskristallnacht") betet er jeden Sonntag öffentlich für die Gefangenen in den Konzentrationslagern, für die wegen ihres Glaubens verfolgten Juden wie Christen aller Konfessionen, und gründet beim Erzbistum einen Verein für die nicht-arischen Christen. – Ermutigt durch die Predigten des Münsterschen Bischofs Klemens August Graf von Galen legt er im August 1941 Beschwerde beim Reichgesundheitsführer Leonardo Conti gegen die systematische Ermordung unheilbar Kranker und geistig wie körperlich Behinderter ein: *„Auch auf meiner priesterlichen Seele liegt die Last der Mitwisserschaft an den Verbrechen gegen das Sittengesetz und das Staatsgesetz. Aber wenn ich auch nur einer bin, so fordere ich doch von Ihnen, Herr Reichsärzteführer, als Mensch, Christ, Priester und Deutscher Rechenschaft für die Verbrechen, die auf Ihr Geheiß oder mit Ihrer Billigung geschehen."* – Als er am 23. Oktober 1941 denunziert und von der Gestapo verhaftet wird, findet diese eine Kanzelverlautbarung gegen ein antijüdisches NSDAP-Hetzblatt bei ihm. Er wird daraufhin wegen Kanzelmissbrauchs und Vergehen gegen das Heimtückegesetz zu zwei Jahren Haft verurteilt. Beim Verhör durch die Gestapo gibt er zu Protokoll: *„Die Taten eines Menschen sind die Konsequenzen seiner Grundsätze. Sind die Grundsätze falsch, werden die Taten nicht richtig sein. Das trifft selbst für Adolf Hitler zu. Ich bekämpfe falsche Grundsätze, aus welchen falsche Taten entstehen müssen, man denke an die absichtliche Tötung angeblich lebensunwerten Lebens und an die Judenverfolgung."*

Die Haftzeit wird für ihn eine schwere Tortur. Man versucht ihn zu brechen. Er wird vom Gefängnispersonal als „Pfaffenschwein" tituliert, leidet an Mangelernährung, erfährt Misshandlungen durch Knüppelschläge, Fußtritte oder das Untertauchen des Kopfes in den Fäkalienkübel der Zelle. Gebrochen wird er nicht, aber er kommt doch an seine Grenzen. Nach einem schweren Herzanfall gesteht er einer Besucherin: *„Da kann man ein langes Leben hindurch sagen, man sei bereit zu sterben, wenn Gott einen ruft. Aber wenn dann die letzte Stunde droht, dann packt einen die Todesangst und sie ist um so furchtbarer in dieser Verlassenheit der Gefängniszelle. Ja, steht der Tod unmittelbar vor einem, will man doch noch nicht sterben, dann will man weiterleben."* – Seine zweijährige Haft sitzt er in Tegel und in Berlin-Wuhlheide ab. Ohne weiteren Prozess wird er dann aber von der Gefängnistür weg in „Schutzhaft", wie das damals heißt, genommen und ins KZ Dachau eingewiesen. Auf dem Weg dorthin wird der mit dem Tode ringende, schwer herz- und nierenkranke Lichtenberg am 4. November 1943 in Hof aus dem Zug genommen und in das dortige Krankenhaus überführt, wo er am 5. November stirbt. Bevor die Gestapo, die ihn bereits in Dachau wähnt, noch davon Wind bekommt, wird der Leichnam nach Berlin überführt und am 16. November in einer großen Prozession und Demonstration gegen die Nazis durch 5000 Menschen von St. Sebastian aus auf den Domherrenfriedhof der Hedwigs-Kathedrale überführt. Johannes Paul II. hat Bernhard Lichtenberg 1996 in Berlin seliggesprochen. – Hier ist einer im Novembergrau von Kirche und Gesellschaft als Mensch, als Christ, als Priester zur Lichtgestalt von Menschlichkeit und Christlichkeit geworden. Eine Lichtgestalt ermöglicht es, diese Welt in einem anderen Licht und in diesem Licht eine andere Welt zu sehen.

Gewissensfragen

Martin von Tours – 11. November

„Alle Jahre wieder kommt" nicht nur das Christuskind, sondern am 11. 11. eben auch die fünfte Jahreszeit für die Karnevalisten am Rhein, Main und andernorts. Letztere haben wir gerade eingeläutet. Wer meint, die beiden Ereignisse hätte nichts miteinander zu tun, der irrt. Bis ins 19. Jahrhundert hinein war nämlich dem Weihnachtsfest, genau wie dem Osterfest, eine vierzigtägige Vorbereitungs- und Fastenzeit vorgeschaltet, die am 11. November, dem heutigen Fest des heiligen Martin begann. Sonntage, die ja an die Auferstehung Jesu erinnern, galten prinzipiell nicht als Fasttage, nur Werktage. Zur besseren Bewältigung dieser harten vorweihnachtlichen Zeit wurde zuvor noch die Martinsgans geschlachtet und verzehrt. Die Adventszeit war eben keine Mast-, sondern eine Fast-Zeit, heute ist es umgekehrt. Nun hat man also das Fest des hl. Martin (317–397) zum Karnevalsauftakt degradiert, oder, wie die Karnevalisten wohl sagen würden, mit dem Karnevalsauftakt dekoriert. Aber vielleicht kann man dieses Fest auch wieder als Startpunkt eines neuen qualifizierten Zugehens auf Weihnachten nutzen. Und vielleicht geht das gerade dadurch, wenn man das Leben des hl. Martin und die Botschaften daraus etwas genauer anschaut.

Martin stammt aus Sabaria im heutigen Ungarn, wird mit 15 Jahren Soldat in der römischen Armee und dient in Gallien, dem heutigen Frankreich. Und da lässt er sich als junger römischer Soldat vor den Toren von Amiens anrühren von der Not eines fremden Menschen und teilt in der legendär gewordenen Weise seinen Mantel mit ihm. „*Was ihr für einen meiner geringsten Brüder (und Schwestern) getan habt, das habt ihr mir getan*", so sagt es das Evangelium vom großen Endgericht. Er erfährt in einem visionären Erlebnis, dass er, wo er dem Nächsten dient, immer auch Gott dient, und wird mit 18 Jahren Christ. Zuerst fällt am hl. Martin wohl diese soziale Dimension auf. Aus seinem Leben ergibt sich für mich als erste Gewissensfrage: Wo und wann lasse ich mich anrühren von der Not anderer Menschen? Und welche Konsequenzen hat das in meinem und im Leben des Hilfsbedürftigen? Wer keine Nächstenliebe kennt, kennt auch keine Gottesliebe. Wirkliche Gottesliebe zeigt sich als wirksame Nächstenliebe.

Nachdem Martin die militärische Laufbahn beendet hat, verbringt er einige Zeit auf der Insel Gallinaria nahe Genua als Einsiedler, um Gott zu suchen und ihm nahe zu sein. Aber er lernt, dass die Gemeinschaft wichtig ist und nicht nur das eigene individuelle Vollkommenheitsstreben. So wird er im Jahr 361 zum Klostergründer in Ligugé, zum Gründer des vielleicht ersten Klosters nicht nur in Gallien, sondern wahrscheinlich sogar im Abendland. Und als er im Jahr 371 – übrigens vom Volk und gegen den Willen anderer Bischöfe – zum Bischof von Tours gewählt wird, gründet er ein neues strenges Kloster in Marmoutier, in dem er selbst auch lebt. Das ist der zweite Aspekt, der an ihm auffällt, die spirituelle Dimension. Sie ist und bleibt essenziell für sein Leben. Der bischöfliche Täter bleibt ein monastischer Beter. Aus diesem Leben ergibt sich für mich sodann die zweite Gewissensfrage: Welchen Stellenwert hat für mich die Stille vor Gott, die Kontemplation, und welchen das private wie das gemeinsame Gebet? Prägt und inspiriert das Gebet mein alltägliches Leben? Wenn ja, wie? Politische, berufliche, wirtschaftliche, künstlerische oder wissenschaftliche Kategorien können, so wichtig sie auch sind, nicht die letztentscheidenden Bezugspunkte des menschlichen Lebens sein. Erst betend erreicht ein Mensch jenseits des Bootes seiner eigenen Existenz den Peilpunkt am Horizont, der seinem Leben Richtung und Perspektive, Hoffnung und Sinn gibt.

Martin ist auch politisch wagemutig mit einer Entschiedenheit bis hin zur Selbstgefährdung. Er tritt nämlich in Trier öffentlich ein für den der Häresie verdächtigten und im Jahre 385 schließlich hingerichteten Priszillian, und das tut er gegen den in Trier residierenden römischen Kaiser Maximus. Ist nicht auch der ein Häretiker, der sich für den Häretiker einsetzt? Das hätte auch für Martin in der Katastrophe enden können. Aber sein Gerechtigkeitssinn und seine theologische Einsichtsfähigkeit veranlassen ihn, ohne Rücksicht auf eigene Nachteile, auch gegen das kaiserliche Votum einzuschreiten. Wäre es nicht klüger, sich in solch heiklen Fällen, die ohnehin verloren sind, diplomatisch zurückzuhalten? Genau diesem Opportunismus folgt Martin nicht. Das ist der dritte Aspekt aus dem Leben des hl. Martin, er ist ein politisch aufrechter Mensch. Er betet nicht das nach, was gerade opportun oder politisch korrekt erscheint. Daraus ergibt sich für mich als dritte Gewissensfrage: Wo und wann ist mir ein Mensch oder auch ein Sachverhalt so wichtig, dass ich um seinetwillen die politische oder auch die kirchenpolitische Konfrontation wage?

Vielleicht kann man zwischen dem 11. 11., dem Fest des heiligen Martin und dem 25. 12., dem Geburtstag Jesu, also zwischen Karneval und Weihnachten, die soziale, die spirituelle und die politische Elle des Hl. Martin an das eigene Leben anlegen, es sozial, spirituell und politisch auf den Prüfstand stellen. Wer das tut, der macht, ob es ihm klar ist oder nicht, wirklich auf existenziell-menschliche Weise Exerzitien. Dann wird die mit St. Martin beginnende Adventszeit wieder mehr als ein Karnevalsauftakt oder eine Vorweihnachtsmast. Es ist angesichts des Lebens des heiligen Martin kinderleicht zu verstehen, was Christsein heißt. Aber es ist ungeheuer schwer, das auch selbst zu tun. Wer es dennoch wagt, der gönnt sich selbst eine existenzielle Neuorientierung und trägt zugleich das warme Licht der Christlichkeit in die gegenwärtige sozial, spirituell und politisch frostige Herbstdämmerung der Menschlichkeit.

Weisheit (er)leben

Charles de Foucauld – 1. Dezember

„Strahlend und unvergänglich ist die Weisheit; wer sie liebt, erblickt sie schnell, und wer sie sucht, findet sie. (…) Ihr Anfang ist aufrichtiges Verlangen nach Bildung; das eifrige Bemühen aber um Bildung ist Liebe.“ (Weish 6,12.17)

Am 1. Dezember 1916 starb in Tamanrasset im Süden Algeriens ein Einsiedler durch die Kugel eines aufständischen Tuareg, sein Name Charles de Foucauld. Er wird 1858 in Straßburg als ältester Sohn des Grafen de Foucauld in eine der reichsten Familien Frankreichs hineingeboren. Vom Jesuiten-Gymnasium in Paris wird er 1875 wegen Faulheit und asozialem Benehmen entfernt. 1876 schafft er dennoch das Abitur an einer staatlichen Schule und begibt sich dann auf die Militärschule in eine zweijährige Offiziersausbildung. Hier erhält er allein 45 Strafen wegen Ungehorsams, Faulheit und Nachlässigkeit. Er wird 1880 nach Algerien versetzt und bereits 1881 unehrenhaft wegen anstößigen Benehmens aus der französischen Armee entlassen. Von Fress- und Sauforgien ist die Rede, bei denen er in wenigen Jahren 840.000 Goldfranken, die er von seinem Großvater geerbt hatte, durchbringt. 1882 lässt ihn seine Familie wegen seines unerträglich anstößigen Verhaltens entmündigen. Von Weisheit – keine Spur! Dieser Typ ist nur ein schwer erträglicher Sohn aus stinkreichem Hause, der sich benimmt wie ein Kotzbrocken.

Nach der Entlassung macht er erst mit einer Geliebten eine dreimonatige Algerienrundreise. Nach der Trennung von ihr unternimmt er dann eine weitere, diesmal elfmonatige Reise nach Marokko zusammen mit einem jüdischen Rabbi. Er selbst gibt sich auch als Rabbi aus; denn Christen ist bei Todesstrafe die Einreise nach Marokko verwehrt. Allein mit Sextant und Kompass ausgestattet erstellen die beiden detaillierte Karten vom Atlasgebirge, das bis dahin noch ein weißer Fleck auf der Landkarte ist. Er zeichnet Karten und kenntnisreiche Bilder der sozialen Verhältnisse in den verschiedenen Städten Marokkos auf und publiziert 1884 in Paris seine „Forschungsreise durch Marokko", ein Werk, das ihn berühmt macht und ihm Auszeichnungen der Französischen Geografischen Gesellschaft einträgt.

Gott ist seit seinem 15. Lebensjahr kein Thema mehr für ihn, aber er wird ihm wieder zum Thema durch den überzeugend praktizierten Glauben von Muslimen. „Mein Gott, wenn es dich gibt, dann lass mich dich erkennen." Das ist fortan und jahrelang sein Gebet. „Die Gottesfurcht ist der Anfang der Weisheit." (Spr 9,10 // Ps 111,10 etc.) Mit 28 Jahren beginnt er neu mit seinem Glauben. 1890 tritt er in den Trappistenorden ein und lässt sich von Frankreich aus in ein syrisches und dann in ein algerisches Trappisten-Kloster versetzen. Aber auch das ist noch nicht das Ziel seiner Reise. 1897 verlässt er den strengen Orden wieder, um noch radikaler und als Eremit in Israel die Nachfolge Jesu zu leben. Er lebt – inzwischen bettelarm – als Klosterknecht bei den Klarissen in Nazareth und Jerusalem und versteht sich selbst als kleiner Bruder Jesu. Die Schwestern legen ihm nahe, sich um das Priesteramt zu bewerben. Und so geht er zurück in sein syrisches Trappisten-Kloster, um sich theologisch und spirituell darauf vorzubereiten. 1901 empfängt er, inzwischen 41-jährig, die Priesterweihe und geht nach Algerien zurück, wo er die dort stationierten französischen Soldaten seelsorglich betreut und freundliche Kontakte zur einheimischen Bevölkerung aufbaut. 1914 siedelt er nach Tamanrasset um, um als Vermittler zwischen den Tuareg und den Franzosen tätig zu werden. 70 Kilometer von Tamanrasset entfernt errichtet er auf dem Assekrem-Plateau in 2700 Metern Höhe seine Einsiedelei. Er lernt die bis dahin schriftlose Sprache der Tuareg und erstellt ein 2000 Seiten umfassendes, bis heute wichtiges Wörterbuch. Er sammelt auf 800 Seiten die Gedichte und Geschichten der Tuareg. Er legt durch seine Forschungen zur Sprache der Bewohner des Hoggar-Gebirges wichtige Grundlagen für eine wissenschaftliche Afrikanistik. Er ist eng befreundet mit dem Amenokal, dem König der Tuareg, und kann daher in vielen Streitigkeiten der Franzosen und der Tuareg vermitteln.

In den Wirren des 1. Weltkriegs, der seine Spuren auch in Algerien hinterlässt, wird Charles de Foucauld von aufständischen Tuareg und Senussi in seiner Hütte in Tamanrasset gefangen gesetzt. Als die Besetzer glauben, arabische Söldner in französischen Diensten seien im Anmarsch, erschießt ein junger Tuareg aus Panik Charles de Foucauld. Er wird neben seiner Hütte in einem Graben verscharrt und erst 1929 exhumiert und in ein Grabmal in der Oase El Golea überführt.

Zeitlebens hat er sich gewünscht, aus seiner Eremitage einen kleinen Konvent erwachsen zu lassen und hat dafür auch eine Regel erstellt. Aus Rom bekam er nur die Erlaubnis, in seiner Einsiedelei auch ohne Gemeinde die Hl. Messe feiern zu dürfen. Einen Mitbruder hat er zeitlebens nicht gefunden. Erst 1939 entsteht aus seinen Inspirationen der Orden der kleinen Schwestern Jesu und 1968 wird der Orden der kleinen Brüder Jesu kirchenrechtlich anerkannt. Heute sind in der Ordensfamilie der kleinen Brüder und Schwestern Jesu weltweit ca. 13.000 Ordensleute in allen Gegenden der Welt. Das, was er sich irrend und suchend mühsam an Weisheit erworben hat, das hat Bestand und eine Wirkungsgeschichte über sein Leben hinaus. Ich weiß nicht, wie weit Ihre Bemühungen um Weisheit gediehen sind. Ich weiß es nicht einmal so recht für mich selbst, nur dass sie weder nach dem Magister, noch nach dem Doktor, noch nach dem Professor beendet ist. Aber darauf setze ich:

„Strahlend und unvergänglich ist die Weisheit; wer sie liebt, erblickt sie schnell, und wer sie sucht, findet sie. (…) Ihr Anfang ist aufrichtiges Verlangen nach Bildung; das eifrige Bemühen aber um Bildung ist Liebe."

Zeitfragen – Streitfragen

Kirche

Sch(l)äferstündchen?

Seelsorge

Passend zur Urlaubszeit berichtet uns Markus (Mk 6,30–34) von der Erholungsbedürftigkeit der Apostel. Sie haben erstmals als Missionare in Jesu Auftrag Menschen die Botschaft vom Reich Gottes verkündet und geheilt, wo es ihnen möglich war. Das ist für die Fischer vom See Genezareth und die Zollbeamten eine neue, überfordernde, reflexionsbedürftige Tätigkeit. Und das Evangelium unterstreicht das mit den Worten: „*Sie fanden nicht einmal Zeit zum Essen, so zahlreich waren die Leute, die kamen und gingen.*" Die Jünger brauchen zuerst und vor allem Ruhe und Entspannung, sie brauchen den Austausch mit und den Zuspruch durch Jesus. Wir alle haben Grenzen der physischen, der psychischen und der intellektuellen Belastbarkeit. Die alten Römer wussten schon: „Ultra posse, nemo tenetur." Jenseits seines Könnens, seiner Möglichkeiten, ist niemand zum Dienst verpflichtet. Und darum sagt Jesus seinen Jüngern: „*Kommt mit an einen einsamen Ort, wo wir allein sind, und ruht ein wenig aus.*" Aber dann kommt es anders als sie es sich gedacht haben. Die Leute sind eher an dem einsamen Ort als Jesus und seine Jünger und warten schon. Die gewünschte Ruhe ist dahin, der Stress geht weiter. Aber dann verteidigt Jesus nicht wie ein Gewerkschaftler die 35-Stunden-Woche seiner Jünger gegen die Ansprüche der Menschen. Stattdessen lesen wir da: „*Als er ausstieg und die vielen Menschen sah, hatte er Mitleid mit ihnen; denn sie waren wie Schafe, die keinen Hirten haben. Und er lehrte sie lange.*" Jesus disponiert um.

Er lässt nicht seine Jünger machen und hält sich wie ein Supervisor fein im Hintergrund. Er schont seine Jünger und übernimmt die Aufgabe in vorbildlicher Weise selbst. Das Mitleid mit den bedürftigen Menschen bewegt ihn, bis an seine Grenze zu gehen und darüber hinaus. Wer sind in unseren heutigen Kontexten die „Schafe, die keinen Hirten haben“? Das sind vielleicht die postmodernen Sinnsucher, die Menschen in Lebens- und Orientierungskrisen, wenn die Ehe zerbrochen ist, wenn ein lieber, wichtiger Mensch gestorben ist, wenn die berufliche Perspektive fehlt oder zerronnen ist, wenn Menschen durch Flucht und Vertreibung entwurzelt sind, wenn ein Drogen- oder ein Schuldenproblem Menschen zu Boden zwingt. Und diese Schafe, die keinen Hirten haben, die gibt es auch heute zuhauf. Aber wenn dann der Hirte, und das ist zunächst der Pastor, denn Pastor heißt Hirte, sagt: Ich habe jetzt keine Sprechstunde. Oder: Ich habe meinen freien Tag. Oder: Für ihre psychosozialen Probleme bin ich nicht zuständig. Oder: Belasten Sie mich bitte nicht mit Ihren Kinkerlitzchen; ich habe Wichtigeres zu tun. Oder: Ich bin für Sie nicht zuständig; das ist der Pastor der XY-Gemeinde. Oder, wohl wissend, dass der Bedürftige da sicher erst in drei Monaten einen Termin bekommen wird: Ich gebe Ihnen mal die Nummer der Ehe-, Familien- und Lebensberatung, da wird Ihnen sicher geholfen. Wenn der Pastor, der Hirte, sich seinen Schafen gegenüber so benimmt, dann trifft ihn eigentlich zu Recht das Verdikt, das der Prophet Jeremia (Jer 23,1–6) im Namen Gottes über die Hirten ausspricht: *„Darum, so spricht der Herr, der Gott Israels über die Hirten, die mein Volk weiden: Ihr habt meine Schafe zerstreut und versprengt und habt euch nicht um sie gekümmert. Jetzt ziehe ich euch zur Rechenschaft wegen eurer bösen Taten …“* Was mögen das für böse Taten gewesen sein, von denen da die Rede ist? Es ist auch mit den Hirten manchmal wie in dem altbekannten Beamtenwitz: *„Haben sie doch bitte keine Angst vor Beamten, die tun doch nichts!“* Das Nichts- oder Zu-wenig-Tun, das kann das Böse sein. *„Das Gu-*

te, dieser Satz steht fest, ist stets das Böse, das man lässt." So hatte Wilhelm Busch gemeint. Aber Jesus hat noch eine andere Perspektive. Die könnte man so formulieren: „*Das Böse, dieser Satz steht fest, ist stets das Gute, das man lässt.*" Nicht nur das Tun des Bösen ist ein Problem, sondern auch das Unterlassen des Guten, das jetzt ansteht. Aber gibt es nicht – verglichen mit früher – immer weniger Priester für immer mehr Gemeinden? Das ist schon richtig. Aber es gibt, glaube ich, nicht weniger Seelsorger als früher. Auch die katholische Kirche hat den Hirten Hirtinnen an die Seite gestellt, und zwar nicht für kommode Schäferstündchen, sondern für den Hirtendienst. Die bundesweite Umfrage unter katholischen Priestern hat durchaus eine hohe Berufszufriedenheit festgestellt, aber auch, dass es bei manchen dieser Hirten weit weniger Stress gibt als allgemein vermutet. Wir können es uns, ganz gleich ob Priester oder Gemeinde- bzw. Pastoralreferent, wir können es uns als die von Gott gewählten und vom Bischof geschickten Hirten und Hirtinnen nicht leisten, Dienst nach Vorschrift zu fahren. Die gemütliche beamtete Behäbigkeit ist ein Erzübel in unserer Kirche. Diese Palliativ-Pastoral, die da sagt: „*Wir sterben sowieso, lasst es uns also schmerzfrei gestalten*", die entspricht nicht dem Wort und Anspruch Jesu. Wir brauchen keine Palliativ-, sondern eine Offensiv-Pastoral, die an die Herde und ihre Entwicklung glaubt. Wenn ich als Hirte nicht bis an meine Grenze gegangen bin, obwohl ich das bedauernswürdige Heer der „Schafe ohne Hirten" gesehen habe, ist das meine Schuld vor Gott und den Menschen. Und Gott sagt nach Jeremia: „*Ich selbst aber sammle den Rest meiner Schafe aus allen Ländern … Ich bringe sie zurück auf ihre Weide; sie sollen fruchtbar sein und sich vermehren … Ich werde für sie Hirten bestellen, die sie weiden …*" Bei Jeremia, also Jahrhunderte vor Christus, wird auf den beispielhaften Hirten verwiesen, den wir in Christus gefunden zu haben glauben. Er ist der maßgebende Seelsorger, an dem wir hauptamtlichen Seelsorger und Seelsorgerinnen Maß nehmen müssen und dürfen. Er ist der,

der auch Sie, die Sie weder haupt- noch nebenamtlich Seelsorger sind, einlädt, Seelsorger zu sein und zu werden für Menschen, die Sie dringend brauchen.

Der Papst – Ein bunter Hund?

Der Papst erhält in diesem Jahr den hoch angesehenen Karlspreis der Stadt Aachen, so steht es in der Presse. Und er nimmt ihn sogar, wenn auch nicht in Aachen, sondern in Rom, entgegen.

Normalerweise tragen die Päpste weiß. Seit Papst Franziskus gesagt hat, diese Weltwirtschaft töte, seit er bei den multinationalen Konzernen den Schutz von Georessourcen anmahnt, schimpfen viele Wirtschaftsvertreter. Seit er die Ausbeutung der Armen anprangert und das Flüchtlingselend mit unserer Wohllebigkeit in Verbindung bringt, jubeln die Linken und sagen die Bosse, er habe keine Ahnung von der Weltwirtschaft, habe zu viel lateinamerikanischen Sozialismus inhaliert und sei einer von den unbelehrbaren Roten.

Seit Franziskus gesagt hat, wir hätten mit unserer hemmungslosen Kohlendioxyd- und Stickoxyd-Emission die Atmosphäre zu einer Müllkippe degradiert, wir müssten die Artenvielfalt mit ihren Genressourcen besser schützen, jubeln die Grünen und ziehen ihm die Öko-Latzhose an. Und beim Thema Schutz des Lebens überhören und überlesen sie geflissentlich, was er zum Thema Abtreibung gesagt hat. Denn da wird die Haltung vieler Grüner, die das Selbstbestimmungsrecht der Frau nahezu diskussionslos vor das Lebensrecht des Kindes stellen, scharf kritisiert.

Das Familienbild des Papstes ist nicht pluriform und multivalent durchgenderisiert. Er spricht von Müttern, Vätern und Kindern, von den Generationen, die zusammengehören, auch wenn familiäre Strukturen vielerorts in die Krise gekommen sind. Aber seit Franziskus Europa als „Großmutter“ bezeichnet hat, die „ausgezehrt“ und „nicht mehr fruchtbar und dynamisch“ ist, hat die Bundeskanzlerin gleich verärgert bei ihm angerufen. Ist er dennoch ein Konservativer, der, wenn er denn einer Partei angehörte, ein C im Namen seiner Partei bevorzugen würde? Ist er doch eher ein heimlicher, ein anonymer Christ-Demokrat, gar ein Christ-Sozialer, also ein Schwarzer?

Der Papst mit sozi-roter Ballonmütze oder mit grüner Latz-Hose oder im bayrischen Trachten-Janker? Wenn man all das glaubt, ist der Papst offenbar ein „bunter Hund“. Aber auch im Vatikan verbellt dieser „bunte Hund“ den behäbig selbstgefälligen Gang der Dinge. Seit Franziskus das Bulletin über die chronischen Erkrankungen der Kurie veröffentlichte, seit er die Schizophrenie des Doppellebens mancher Prälaten, die Krankheit der Rivalität, Eitelkeit und Geschwätzigkeit, die mentale und spirituelle Demenz zur Sprache brachte, seit er einen achtköpfigen internationalen Kardinalsrat als neues Leitungsgremium eingesetzt hat, seit er die Finanzaufsicht über die Vatikanbank neu regelte, ist er auch für behäbig selbstgefällige Kardinäle, Bischöfe und Prälaten in der Kurie offenbar ein höchst bissiger „bunter Hund“, ein rasender Revoluzzer.

Und dennoch sieht man sie, die Großen und Möchte-gern-Großen, was immer sie politisch, religiös, wirtschaftlich und sozial glauben mögen, alle nach Rom pilgern, die Staatsoberhäupter von Russland und den USA, von Europa und Afrika, von China und Südostasien, von Südamerika und Australien. Vielleicht tun sie es, weil alle ihre Farbe irgendwo bei dem „bunten Hund“ wiederentdeckt haben und glauben, er sei aus ihrem Stall. Das verbindet sie mit ihm.

Dieser Papst redet auch im Jahr der Barmherzigkeit Klartext, und das sorgt in Kirche und Politik für Wirbel. Ob er auf der Flüchtlingsinsel Lampedusa für die Ertrunkenen betet und der Politik ins Gewissen redet, ob er die Mafia exkommuniziert und bei den kirchlichen Hirten den Stallgeruch ihrer Schafe vermisst, ob er in der Technik eine Form von Allmachtswahn und in der Weltwirtschaft eine Form von Lebensfeindlichkeit diagnostiziert, ob er die USA und Kuba nach einem halben Jahrhundert der Feindseligkeiten diplomatisch wieder auf Annäherungskurs bringt und ohne alle protokollarische Empfindlichkeit die seit Jahrhunderten verstummten Gespräche zwischen der Russisch-Orthodoxen und der Katholischen Kirche anbahnt, der Mann ist ein Pontifex, ein Brückenbauer. Es sind kühne Brücken, die da entstehen sollen, kühner als die Golden-Gate-Bridge am Eingang der Bucht vor San Francisco, kühner als die Yavuz-Sultan-Selim-Brücke, die Interkontinentalbrücke über den Bosporus, kühner als die Brücke über den Großen Belt. Es sind die Brücken zwischen den Rassen, Klassen, Systemen, Generationen, Nationen etc. Ob und wie sehr die Brücken belastbar und begehbar sind, darüber wird man debattieren, das wird man erproben und das wird sich erweisen müssen. Aber dieser Mann sucht ein neues menschlicheres Verständnis von Politik, Technik, Wirtschaft, Natur und Kultur. Er sucht als Pontifex über alle Gruppenegoismen hinweg nach dem Fortschritt der Menschlichkeit, nach einem alle Menschen umfassenden Weltgemeinwohl. Vielleicht kann man einen solchen Glauben an das Gelingen dieses Brückenbaus, eine solche Hoffnung auf die Mitwirkung aller Menschen guten Willens, eine solche Liebe zum Detail und zum Gesamtentwurf dieses Brückenbaus nur aufbringen, wenn man sich vom wirklichen Pontifex Maximus, und das ist nicht der Papst, wenn man sich vom größten Brückenbauer schlechthin unterstützt weiß. Der einzige und wahre Pontifex Maximus ist der, der die Brücke vom Himmel zur Erde, die Brücke von Gott zum Menschen und zur Menschheit gebaut, für alle eröffnet und selbst ganz durchschritten hat. Vielleicht kann man diese Wahnsinnsaufgabe des Pontifex nur bewältigen, wenn man mit Christus, dem wahren Pontifex Maximus, mit Herz, Hirn und Hand und auf Leben und Tod verbunden ist und bleibt.

Liebe glauben, Glaube lieben

Die Düsseldorfer haben sich unendlich schwer mit ihm getan, dem großen Sohn ihrer Stadt, mit Heinrich Heine. Erst nach langen Geburtswehen haben sie ihre Universität nach ihm benannt, obschon andere Universitäten auf weit weniger geistvolle Namensgeber getauft wurden. Auf wunderbar leichte Weise karikiert Heine in seinen Gedichten immer wieder die Spannung von offenen Worten, verdeckten Inhalten und entlarvenden Gesten. Immer wieder stellt er das anscheinend Richtige infrage und bringt das Gesagte durch das Nichtgesagte ironisch in die Schwebe. Zum Beispiel so:

Am Teetisch

Sie saßen und tranken am Teetisch,
Und sprachen von Liebe viel.
Die Herren waren ästhetisch,
Die Damen von zartem Gefühl.

Die Liebe muß sein platonisch,
Der dürre Hofrat sprach.
Die Hofrätin lächelt ironisch,
Und dennoch seufzet sie: Ach!

Der Domherr öffnet den Mund weit:
Die Liebe sei nicht zu roh,
Sie schadet sonst der Gesundheit.
Das Fräulein lispelt: Wieso?

Die Gräfin spricht wehmütig:
Die Liebe ist eine Passion!
Und präsentieret gütig
Die Tasse dem Herrn Baron.

Am Tische war noch ein Plätzchen;
Mein Liebchen, da hast du gefehlt.
Du hättest so hübsch, mein Schätzchen,
Von deiner Liebe erzählt.

Als ich das las, fielen mir ein halbes Dutzend ähnlich spannungsvoll und quer zueinanderstehender Gesprächssituationen ein: Situationen, in denen sich der, der etwas sagt, diskreditiert durch das, was er ist, wie die hochrangigen Weltfußballfunktionäre, die sich zu Aufklärern im selbst geschaffenen Korruptionssumpf ernennen. Situationen, in denen der, der etwas sagt, das diskreditiert, was er sagt, wie der Bischof, der sein Palais für Millionen umbaut und Misereor oder Brot für die Welt bepredigt, oder wie der Bischof, der Entwicklungshilfeprojekte seines Bistums in Indien besuchen will und dazu in der sündhaft teuren Luxusklasse der Airline hinfliegt. Immer wieder gibt es Situationen, wo allenfalls zart angedeutet, aber nicht wirklich ausgesprochen ist, was der Wahrheit entspräche, Situationen, wo ein Mangel mit Händen zu greifen, dennoch nicht besprochen, sondern beschwiegen, Situationen, wo das wirklich Wichtige nicht an- und das Wahre nicht ausgesprochen wird. Alle haben großspurig etwas zu reden, aber eigentlich nichts zu sagen, weil sie sich nicht auf die Finger, nicht ins Herz und schon gar nicht in die Seele schauen lassen wollen.

Und dann habe ich mich von Heine verleitet und angeleitet darangemacht, eine solche Situation, wie ich sie manchmal erlebe, zu „verdichten“. Als eine große deutsche Wochenzeitung das Ganze abdruckenswert fand und dann gar noch das Heine-Archiv Interesse für die Abteilung Heine-Persiflagen äußerte, dachte ich, dass meine Beobachtungen vielleicht nicht so ganz unzutreffend seien. Nun denn:

Am Tresen

Sie saßen und tranken am Tresen
und sprachen von Kirche viel.
Die einen sahn sie verwesen,
die andern meinten: „Debil!“

„Die Kirche sei gendersensibel!“,
die dürre Emanze sprach
und äugte dabei peni(si)bel
auf den Macho, der lächelte: „Ach?“

Der Zahnarzt öffnet den Mund weit:
Die Kirche sei viel zu reich.
Zum Schutz ihrer Glaubwürdigkeit
sei er ausgetreten sogleich.

Der Altphilologe wehmütig:
„Die Kirche, sie spreche Latein,
die Weltsprache!“, sagt er fast gütig;
dann träte er auch wieder ein.

Der Banker mit seinen Millionen,
der meinte so nebenbei,
der Glaube, der könne sich lohnen,
bei mehr Apokalyptikerei.

Am Tresen war noch ein Plätzchen,
mein Christ, da hast Du gefehlt.
Vielleicht hättest du ohne Mätzchen
von deinem Glauben erzählt.

Und darum frage ich am heutigen Weltmissionssonntag im Missionsland Deutschland: Könnte es sein, dass wir zu feige oder zu ängstlich oder zu prüde sind, um das Wesentliche in Sachen Liebe wie in Sachen Glaube zur Sprache zu bringen? Könnte es sein, dass wir das sensible Feld von Liebe und Glaube zu sehr den selbst ernannten Fachleuten und Welterklärern überlassen, die alles besser wissen, aber nichts besser machen? Könnte es sein, dass wir das Persönliche und Intime von Liebe und Glaube dadurch aufs Spiel setzen, dass wir es von anderen medial beschwatzen und mit dem Talkshow-Tiefgang eines Rieselfeldes berieseln lassen, anstatt es selbst aller Verletzlichkeit zum Trotz authentisch zur Sprache zu bringen? Könnte es sein, dass unser Glaube glaubwürdiger wäre, wenn wir uns offener bekennten zu dem, was wir aus Liebe und Glaube tun und offener täten, wozu wir uns in Glaube und Liebe bekennen? Könnte es sein, dass erst dann wirklich Lebenshoffnung besteht, wenn wir den Glauben an Gott lieben, weil wir der Liebe durch Gott glauben?

Zeit der Götterdämmerung

Im Alten Testament (Jos 24,15ff) wird uns berichtet, wie Israel unter dem Nachfolger des Mose ins Gelobte Land einzieht. Und da sind plötzlich andere Götter angesagt, sie heißen Genuss, Fruchtbarkeit, Wohlleben etc. In dieser Situation konfrontiert Josua sein Volk mit der Alternative: „*Wenn es euch nicht gefällt, dem Herrn zu dienen, dann entscheidet euch heute, wem ihr dienen wollt: den Göttern …?*“ Josua verlangt von seinen Leuten ein hartes Entweder-Oder. Aber er hält, wie auch immer das Volk entscheiden mag, nicht mit seiner eigenen Option hinter dem Berg: „*Ich aber und mein Haus, wir wollen dem Herrn dienen.*“

Im Jahre 2014, so entnehme ich den kirchlichen Statistiken, haben 218.000 Katholiken ihrer Kirche den Rücken gekehrt. Bei den Protestanten sollen es sogar noch mehr sein. Man munkelt von mehr als 300.000. Genaue Zahlen hat die EKD noch nicht vorgelegt. Die Gründe, die den Austritt befördern, sind vielfältig. Vor allem aber wird öffentlich mit dem Finger auf die gezeigt, die wegen finanzieller Vorkommnisse unglaubwürdig geworden sind. Leider wird dabei nicht gesagt, dass die eigenen Gründe auch vielfach finanzieller Art und damit nicht wesentlich glaubwürdiger sind. Ist das Goldene Kalb, um das allenthalben in dieser Gesellschaft geradezu ein Veitstanz aufgeführt wird, wichtiger als ein Gott, der zur Solidarität mit den Notleidenden nötigt? Sind der Moloch, der Mammon wichtiger als der Gott, der mit uns über den Tod hinaus solidarisch ist?

Ein schönes Sprichwort sagt: „Mach das Geld zu deinem Gott, und es quält dich wie der Teufel." Ja, es gibt ohne Zweifel unter den Verkündigern der Botschaft Jesu himmelschreiende Unglaubwürdigkeit, Ärgernis erregende Ungerechtigkeit, groteske Peinlichkeit. Aber will ich denn mein Kirchen- und Gottesverhältnis abhängig machen von barocken Protzbischöfen und spirituellen Tieffliegern, von mediokren Mitraträgern und theologischen Tranfunzeln?

Würde ich aus Berlin-Brandenburg wegziehen, weil die hier residierenden Kurfürsten aus dem Bau des Berliner Flughafens ein Milliardengrab gemacht haben? Würde ich aus Hamburg wegziehen, weil hier die politischen Wichtigtuer aus der Elbphilharmonie ein Fass ohne Boden gemacht haben und dazu mit der Olympiabewerbung gleich das nächste aufmachen wollten? Würde ich aus Deutschland auswandern, weil die Politiker mindestens einmal pro Monat einen Ärgernis erregenden Skandal verursachen? Wenn ich nicht stets und ständig fliehen will, dann muss ich mich dem Ärgernis konfrontativ kritisierend und konstruktiv korrigierend entgegenstellen. Nun mögen Sie sagen, Politiker können wir wählen, Bischöfe nicht. Da kann ich nur erwidern, dass in den letzten Jahren mehrere Bischöfe auch wegen des Protestes im Kirchenvolk gehen mussten: Mixa in Augsburg, Tebartz van Elst in Limburg, Groer in Wien, Krenn in St. Pölten, Wagner in Linz etc. Einige mussten ihre Mitra sogar endgültig an den Nagel hängen.

Wenn ich meine Kirche den Museumswärtern oder den beamteten Sesselpupsern oder den charismatischen Chaoten oder den amtlichen Wichtigtuern überlassen will, dann brauche ich nur auszutreten. Aber ist das Fürsorge für die Kirche, die für Glaube, Hoffnung und Liebe einstehen soll, sich vom Acker zu stehlen? Zu Bernhard von Clairvaux, dem Gründer des Zisterzienserordens (Fest am 20. August), kam einmal eine Ordensfrau. Sie wollte ihren mediokren Orden verlassen, um als Eremitin näher bei Gott zu sein. Bernhard sagt ihr: *„Entweder bist du eine der törichten Jungfrauen (vorausgesetzt du bist eine Jungfrau) oder eine der klugen. Gehörst du zu den törichten, so brauchst du die Gemeinschaft; bist du eine kluge, so braucht die Gemeinschaft dich.“* Das übertragen Sie mal auf die heute gestellte Frage nach dem Kirchenaustritt. *„Entweder bist du ein lauer Christ (vorausgesetzt du bist ein Christ) oder du bist ein engagierter. Gehörst du zu den lauen Christen, so brauchst du die Gemeinschaft; gehörst du zu den engagierten Christen, dann braucht die Gemeinschaft dich.“*

Im Neuen Testament (Joh 6, 60 ff) wird uns berichtet, dass sich viele Jünger von Jesus abwenden. Aber Jesus macht keine Sonder- oder Billigangebote. Er konfrontiert sogar noch seine zwölf Apostel mit der Gretchenfrage: *„Wollt auch ihr weggehen?“* Und da antwortet Petrus für die Zwölf: *„Herr, zu wem sollen wir gehen? Du hast Worte des ewigen Lebens. Wir sind zum Glauben gekommen und haben erkannt: Du bist der Heilige Gottes.“*

Welchem der Götter, die derzeit hoch im Kurs stehen, sollten wir uns anschließen? Sollten wir vor dem Gott Mammon, dem kein Geld der Welt stinkt, den Kotau machen, Mitmenschen wirtschaftlich über den Tisch ziehen oder selber um Renditen winseln? Sollten wir vor dem Gott Moloch, der kleine Kinder und erwachsene Menschen frisst, weiter Tribut an Ungeborenen, an Sterbenskranken, an Flüchtlingen, an Soldaten zollen? Sollten wir huldigend das Goldene Kalb, das Sex- und Fruchtbarkeits-, das Wellness- und Eventsymbol umtanzen? Ich halte es lieber mit Petrus: „*Herr, zu wem sollen wir gehen? … Du bist der Heilige Gottes.*" Ja, diese Kirche ist kritikbedürftig und kritikwürdig, aber inzwischen auch in höherem Maß als andere Institutionen in Politik, Wirtschaft, Sport kritikfähig. Ja, diese Kirche ist besserungsbedürftig, aber sie ist auch besserungsfähig und besserungswürdig. Wir können sie durch uns und uns durch sie bessern. Sie ist immer dann und immer da glaubwürdig, wo sie nicht sich, sondern Jesus Christus in den Mittelpunkt stellt und den Gott und Vater Jesu Christi und darum in seinem Geist handelt.

Abbruch oder Aufbruch?

So lautet das Thema einer Podiumsdiskussion, in der es um den Abriss oder die Umwidmung von Kirchen geht. Ich warne nachdrücklich vor dem Abriss von Kirchen; denn Kirchen haben eine weit unterschätzte nicht nur symbolische Bedeutung. Sie stehen oft seit Jahrhunderten an prominenter Stelle im Dorf und in der Stadt. Sie stehen auch im Inventarverzeichnis dessen, was Heimat in einem geografischen und politischen Kontext und was Beheimatung in einem soziokulturellen und weltanschaulichen Kontext ausmacht. Und das gilt auch für die sogenannten Kirchenfernen. Das Widerstandspotenzial gegen den Kirchenabriss ist oft erheblich. Und wenn der Abriss dennoch von der Kirchenleitung exekutiert wird, führt das oft zu einem gefährlich wachsenden Frustrationspotenzial gegenüber der Kirche, zu Resignation und Emigration, insbesondere dann, wenn die Erbauer und Spender der abzureißenden Kirche noch leben.

Manche Kirchenumnutzungen sind erträglich und dem Ursprungszweck nahe verbunden, so etwa die Nutzung der modernen Bonifatius-Kirche in Münster als Behältnis für Redaktion und Verlag der Kirchenzeitung „Kirche und Leben" oder die Nutzung der Dreifaltigkeitskirche in Münster und der Kirche

Maria Königin in Dülmen durch ein fantasievoll hineingebautes Seniorenzentrum. Gelungene Kirchenumnutzungen sind in Marl, Aachen und andernorts mit der Erstellung von Columbarien, also einem Ort zur Beisetzung von Urnen, realisiert worden. Vielleicht wird auch die Nutzung von St. Paul in Aachen als Bistumsarchiv eine gelungene Nachnutzung. Andere Kirchenumnutzungen sind schwer erträglich, so in Maastricht, wo im gotischen Chorraum eine mannshoch mit rotem Plüsch ausgeschlagene Sitzecke, anstelle der Sakramentenstele im Scheitelpunkt der Apsis eine mehr als mannshohe Glasvitrine mit dem erlesensten Weinsortiment und in den Seitenkapellen fast wie im Separee Polsterecken zum Hinfläzen oder Bars entstanden sind. Mancherorts sind Kirchen zu Freizeit- oder Kletterhallen und kleinen Einkaufszentren degeneriert. Aus ihnen schaut mich manchmal die Häme derer an, die nichts Gutes mit Gott und der Kirche im Schilde führen.

Der Erhalt der eigenen von Abriss oder Umnutzung bedrohten Kirche kann überdies zu einer außerordentlichen Reanimationsgelegenheit und einer effizienten Mobilisierungsmaßnahme der konkreten Pfarrgemeinde werden. Das konnte man an St. Barbara im Duisburger Norden sehen, wo sich die Gemeinde im Widerstand neu formierte. Wenn es denn finanziell geboten wäre, innerkirchlich auf die Sparbremse zu treten – und ich behaupte, derzeit ist es das definitiv nicht –, dann sollte man eher eine gerechte und nachvollziehbare finanzielle Lastenumverteilung von der Bistumsfinanzierung zur Eigenfinanzierung der Pfarrei in Betracht ziehen. Das setzt die gegebenenfalls vorhandenen Kräfte frei im Sinne von „Diese Kirche, architektonisch wie ideell, ist unser Ding, und dafür stehen wir ein! Die lassen wir uns nicht dichtmachen." Da wird dann die Kirche nicht sang-, klang- und ersatzlos abgeräumt, da wird mit der eigenen Glaubens- und Gemeindebehäbigkeit aufgeräumt. Da ist nicht Abbruch, sondern Aufbruch angesagt. Oder es macht im umgekehrten Fall die Unmöglichkeit des Erhalts der

Kirche im Sinne von „besser friedlich sterben lassen“ allen Beteiligten einsichtig.

Wer den gegenwärtigen Kahlschlag im Bereich von Kirchen und Gottesdienstangeboten mit der angeblich prekären Finanzsituation begründet, ist entweder nicht gut unterrichtet oder er sagt die Unwahrheit. Die Kirchen in Deutschland schwimmen gegenwärtig im Geld, und auch dem vor Jahren noch von Insolvenz bedrohten Bistum Aachen geht es derzeit erfreulicherweise gut. Ich weiß, dass das nicht so bleiben muss und nicht so bleiben wird und dass man auch antizyklisch handeln muss, um später in schwierigen Phasen klarzukommen. „Spare in der Zeit, so hast du in der Not.“

Wenn kirchliche Immobilien dann doch nicht mehr im gegenwärtigen Umfang zu halten sind, dann sollten an erster Stelle die Pfarrhäuser und Pfarrheime veräußert werden. Für Kirchen sollte da, wo es architektonisch geht, eine vielerorts schon kreativ realisierte Teilnutzung als Pfarrheim und Pfarrbüro mit in Erwägung gezogen und baulich realisiert werden.

Klar weiß ich wie jeder, der die Hl. Schrift liest, diese Kirche besteht aus lebendigen Steinen, und die sind unbestreitbar am wichtigsten. Aber jede Kirche ist mehr als nur eine Ansammlung toter Steine oder seelenlosen Betons. Sie ist ein Ort der körperlichen, geistigen, seelischen Beheimatung. Sie ist der Ort, an dem die lebendigen Steine, die Menschen, durch die Taufe in die Hoffnungsgemeinschaft der Glaubenden aufgenommen werden. Sie ist der Ort, wo Menschen in der Eucharistie die Nähe Gottes spüren und lernen, mit dem eucharistischen auch das tägliche Brot zu teilen. Sie ist der Ort, wo Menschen ihr hoffentlich lebenslängliches Ja zueinander sagen oder – leider viel zu selten – die erste Eucharistie, die Primiz, feiern. Sie ist der Ort, an dem wir unsere verstorbenen Angehörigen aus unseren hilflosen Händen und diesem befristeten Leben in die hilfsbereiten und ins fristlose Leben geleitenden Hände Gottes übergeben können. Sie ist der Ort, wo im Wort und Klang, im Gebet und Gesang die Gemeinschaft miteinander und die Gemeinschaft mit Gott gefeiert wird, wo die Freude aneinander und die Freude an Gott ihren lebendigen Ausdruck finden. Und darum plädiere ich gegen den Abbruch und für einen Aufbruch, der auf den Abbruch verzichten, ja der den äußeren Abbruch durch den inneren Aufbruch überwinden kann.

Kirche (er)schließen?

„Unsere Kirche machen die nicht zu!", so lautete die Überschrift in der Aachener Kirchenzeitung (15.5.2016, Nr. 20, S. 14). Und dahinter verbarg sich folgender Bericht: Im Oktober 2011 erfährt die Kirchengemeinde St. Barbara im Norden Duisburgs, dass ihre Kirche nach Pastoralplan im Jahr 2013 geschlossen werden soll, eine Entscheidung des Bistums Essen über die Köpfe der Gemeindemitglieder hinweg. Mit der Kirche zusammen soll ein direkt daran angebauter Kindergarten auch noch geschlossen worden, obwohl der sogar überfüllt ist. „Das lassen wir uns nicht gefallen!" und „Unsere Kirche machen die nicht zu!", das sind die Trotzreaktionen, denen dann auch Taten folgen: Mahnwachen vor der Kirche, Lichterprozessionen, öffentliche Briefe, Fahrt mit zwei Bussen zum Essener Bischof Overbeck. Als der nicht mit der Gemeindedelegation reden will, beschließt man die Kirche zu besetzen. Und damit ist plötzlich alle nur denkbare mediale Aufmerksamkeit da. Vor allem eine Frau aus der Gemeinde bildet den Glutherd des Widerstands. Im Januar 2012 kommt dann der Bischof doch, bleibt aber letztendlich bei seiner Position, diese Kirche sei zu schließen. Von da an soll kein Euro Kirchensteuer mehr nach Duisburg St. Barbara fließen. Angesichts dieser Pression beschließt man, alles selbst in die Hand zu nehmen. Dreißigtausend Euro, so ermittelt man, sind jährlich mindestens nötig, um die Gemeinde finanziell über Wasser zu halten. Und man beschließt, das Geld durch Feste, Raumvermietungen und Spenden selbst aufzubringen. Man orientiert sich mit zunächst nur sechzig entschlossenen Ehrenamtlichen am Fünf-Säulen-Modell der französischen Diözese Poitiers, und wie die Kirche in Poitiers soll auch die lebendige Kirche St. Barbara in Duisburg auf fünf Säulen ruhen: Die Säule eins – Liturgia – ist die Gruppe, die sich um Wortgottesdienste in der Woche und um die sonntägliche Eucharistiefeier zu kümmern hat. Für den Sonntag werden aufgeschlossene Ruhestandsgeistliche und Ordensgeistliche angeworben. Die Säule zwei – Diakonia – kümmert sich um die caritative Arbeit und startet sogar neue Projekte. Die Säule drei – Koinonia – ist für die Organisation von Festen, Feiern und andere Gemeinschaftsveranstaltungen verantwortlich. Die Säule vier – Martyria – kümmert sich um Erstkommunion- und Firmkatechese, gestaltet Kindergarten-Gottesdienste, kümmert sich um die Senioren und betreibt Jugendarbeit. Die Säule fünf – Oikonomia – ist für die Beschaffung des Geldes zuständig. Pfarrbüro und Küsterdienste werden komplett ehrenamtlich organisiert. Und so startet man neu durch als eine Art Basisgemeinde, Revitalisierung statt Dekapitierung. Und dann kommt 2013 die Überraschung: Das Bistum Essen akzeptiert dieses Projekt der Aufmüpfigen und macht es zu einem Vorzeigeprojekt. Das Bistum schießt zwar kein Geld zu, stellt aber seine Ausbildungs- und Beratungsangebote zur Verfügung. Drei Jahre läuft dieses Projekt nun schon und in diesem Jahr 2016 wird alles in vertragliche Vereinbarungen gegossen. Mich hat dies Projekt fasziniert.

Das ist Widerstand gegen den Defätismus der Kirchenleitung von oben. Das ist Widerstand gegen die Resignation nach innen und gegen die Resignation an der Basis. Das ist Widerstand gegen die beamtete Behäbigkeit mancher Hauptamtlichen auf der mittleren Ebene. Das ist Widerstand gegen das betriebswirtschaftliche Totschlagargument, das sei alles nicht zu finanzieren. Das ist Widerstand als Lebenszeichen, als Vitalitätsnachweis.

Der Apostel Paulus hat die Kirche als Leib Christi bezeichnet, und er hat die eucharistischen Gaben von Brot und Wein auch als Leib Christi bezeichnet. Ein lebendiger Leib ist aber in der Lage, eine Immunkompetenz aufzubauen, sich mit eigenen Antikörpern gegen fremde Antigene, gegen schädliche Keime zu schützen. Der Leib Christi, das ist nicht nur die Kirche weltweit, sondern auch die Kirche hier vor Ort. Und dieser Leib Christi kann gegen die Viruserkrankung der Resignation, kann gegen die Schwindsucht, also den Bakterienbefall des Mitgliederschwundes, kann gegen die Pilzerkrankung der Überalterung und des Nachwuchsmangels seine Widerstandskräfte in Stellung bringen. Und wenn dieser Leib das einmal getan hat, dann hat er eine manchmal kurz- und mittelfristig oder eine manchmal sogar lebenslänglich währende Immunität gegen bestimmte Krankheitserreger. Auch für die Kirche gilt: Totgesagte leben länger! Und der totgesagte Christus hat sogar den Tod durchlebt, überlebt und zum Durchgang ins vollkommene Leben umgestaltet. Die Kirche als Leib Christi braucht aber unbedingt die eucharistischen Gaben von Brot und Wein, braucht die Wegzehrung des Abendmahls, braucht die eiserne Ration der Eucharistie als Leib Christi. Wer diese Ernährung einstellt, der kann nicht lange überleben, der stirbt an Auszehrung. Der Leib Christi, die Kirche, braucht den Leib Christi, die Eucharistie, als das Lebensmittel, als das Überlebensmittel schlechthin. Wo Jesus Christus mit Leib und Blut, mit Herzblut bei uns gegenwärtig ist, da schafft das eine widerstandsfähige lebendige Kirche. Und wer selbst mit Leib und Seele, mit Herzblut bei ihm, Jesus Christus, ist, der erschafft und erhält, der gewinnt und gestaltet, der belebt und erlebt eine hoffnungsvolle, eine menschliche Kirche.

In jeder Eucharistie und besonders ausdrücklich am Gründonnerstag, dem Tag der Einsetzung des Altarssakramentes, und an Fronleichnam, dem Hochfest der Eucharistie, steht dieser Leib Christi im Mittelpunkt unserer Aufmerksamkeit, ist er der Mittelpunkt unserer Gemeinschaft. Eine Kirche, die als der Leib Christi von dieser Mitte her lebt, die hat sich nicht überlebt, die überlebt, die wird nicht ein für allemal ableben, sondern trotz aller Widerstände immer neu aufleben und diese Welt mit Gottes Güte und Menschlichkeit beleben.

Krumme (Heils)Geschichten?

Unsere Kirche ist, oder besser unsere Kirchen sind in einem gewaltigen Umbruchsprozess. Da gibt es die Kirche von unten oder die Aktion „Wir sind Kirche", und die wissen, wie Kirche sein muss, wenn sie Zukunft haben soll. Und dann gibt es die Kirche von oben, die bischöflichen Hüter der einzig richtigen Lehre, und die wissen auch, wie Kirche sein muss, wenn sie Zukunft haben soll. Und dazwischen gibt es dann jede Menge Gemeindeentwickler und Coaches aller Art, die aus dem großen Fundus ihrer eigenen Ratlosigkeit Rat erteilen. Aber Gott selbst, so könnte man meinen, spottet mit den Worten des Jesaja über Konservative, Progressive und Mediokre: *„Meine Gedanken sind nicht eure Gedanken, und eure Wege sind nicht meine Wege. … So hoch der Himmel über der Erde ist, so hoch erhaben sind meine Wege über eure Wege und meine Gedanken über eure Gedanken."* (Jes 55,8f.)

Von der Eroberung Jerusalems durch Nebukadnezar II., den König von Babylon, im Jahr 597 vor Christus bis zur Eroberung Babylons durch den Perserkönig Kyros II. im Jahr 539 war Israel im Exil. Sie haben gezweifelt an ihrem Gott und waren verzweifelt über ihren Gott. Ihre Vorstellungen von der Vorzugsstellung als Volk Gottes waren durchkreuzt. So geht es uns auch manchmal mit unserer Kirche, so geht es uns manchmal mit unserem Lebensentwurf. Es kommt ganz anders, als wir denken und planen. Und manch einer zweifelt und verzweifelt an Gott, weil der nicht unseren Plan von Kirche, nicht unseren Plan vom eigenen Leben bestätigt und fördert. Das Gute ist, Gott frustriert nicht nur die Progressiven oder Linken, er frustriert auch die Konservativen oder Rechten. Es könnte geradezu die Erkennungsmelodie Gottes sein: „I do it my way!" Lassen wir uns von Jesaja sagen, was man schon im 6. vorchristlichen Jahrhundert als Botschaft Gottes wusste. Gott ist der je andere und größere: *„Meine Gedanken sind nicht eure Gedanken, und eure Wege sind nicht meine Wege. … So hoch der Himmel über der Erde ist, so hoch erhaben sind meine Wege über eure Wege und meine Gedanken über eure Gedanken."*

Und dennoch hat Paulus um das Jahr 55 aus dem Gefängnis an die Gemeinde in Philippi geschrieben, wie eine Gemeinde sein soll: *„Vor allem: Lebt als Gemeinde so, wie es dem Evangelium Christi entspricht."* (Phil 1,27) Aber was sind die Kennzeichen einer Gemeinde, die lebt, wie es dem Evangelium Jesu Christi entspricht?

1. Christus war solidarisch mit den Notleidenden aller Art, den Kranken, den Armen, den Außenseitern. Er heilte, er richtete auf, er stiftete Gemeinschaft.

Ich entnehme daraus, zur Gemeinde Jesu Christi gehört die Solidarität. Die Gemeinde Jesu Christi sollte im christlichen Miteinander und ohne Ansehen der Person auch im Miteinander mit den anderen solidarisch sein. Appelle, Denkschriften, Forderungen, die nur an andere und nicht an mich selbst gerichtet sind und überdies kostenlos am eigenen Portemonnaie vorbeigehen, erfüllen nicht einmal die notwendige, geschweige denn die hinreichende Bedingung für Solidarität. Der barmherzige Samariter schaute nicht auf Religion oder Nation oder Reputation dessen, der von Räubern malträtiert am Wege liegt. Er schaut auf die konkrete Notlage und leistet nicht nur Soforthilfe am Unglücksort, sondern auch noch Nachsorge in der Herberge. Er muss aus Solidarität seine Geschäftsreise unterbrechen, Hand anlegen beim Erste-Hilfe-Leisten, es sich was kosten lassen und sogar Folgekosten in Kauf nehmen.

2. Christus lebte in einer tiefen und andauernden Verbundenheit mit Gott; er betete oft nächtelang, er zog sich zurück in die Einsamkeit, um zu beten. Er betete sogar noch am Kreuz.

Ich entnehme daraus, zur Gemeinde Jesu Christi gehört die Spiritualität, die mystisch-kontemplative Verbindung mit Gott. Ich glaube nicht, dass das bisschen von außen zugeführte Sonntagsspiritualität den mystisch-kontemplativen Bedarf decken kann, der das Leben gelingen lässt. Zur Liebesbeziehung mit Gott muss die ganz individuelle Eigeninitiative eines jeden dazukommen, das persönliche tägliche Gebet, die nachdenkliche Stille. Liebesbriefe lässt man gemeinhin auch nicht von anderen schreiben, die schreibt man selbst. Die Gemeinde Jesu Christi sollte in einer auch den Alltag umfassend prägenden Spiritualität, einer mystisch-kontemplativen Verbundenheit mit Gott leben, arbeiten, ruhen. Auf Dauer bleibt nur der zur Aktion fähig, der die Kontemplation nicht zu kurz kommen lässt.

3. Christus war geistesgegenwärtig in den Debatten mit den Schriftgelehrten, Pharisäern, Sadduzäern, Herodianern und Römern.

Ich entnehme daraus, zur Gemeinde Jesu Christi gehört eine gottgewirkte Inspiration oder Geistgegenwart. Der Geist Gottes soll zu dieser Zeit gegenwärtig sein, an diesem Ort gegenwärtig sein. Das meint die u.U. auch den Streit in Kauf nehmende und zugleich um Frieden bemühte Geistesgegenwart. Wir sind bei aller Wertschätzung von Tradition und Geschichte kein Verein von Traditionalisten, Folkloristen oder Museumswärtern. Wir sollen gegen die Geistlosigkeit, gegen den Ungeist und Kleingeist unserer Gegenwart die Inspiration, die Geistesgegenwart Gottes ins Spiel bringen. Wir sollen und können gottesgeistvoll in den Zeit- und Streitfragen unserer Zeit intervenieren. Dazu sind wir getauft und gefirmt.

Und wenn wir unsere Solidarität, Spiritualität und Inspiration eingebracht haben und die Dinge doch so anders laufen, als wir es uns ausgemalt haben, dann sollen wir uns erinnern: „*So hoch der Himmel über der Erde ist, so hoch erhaben sind meine Wege über eure Wege und meine Gedanken über eure Gedanken.*" Ich bin gewiss, in der Rückschau werden wir erfahren, wie sehr der Gott, der unserer Hilfe nicht bedarf, es dennoch vorzieht, sich ihrer zu bedienen. Gott schreibt auf unseren krummen Lebenslinien schnurgerade seine Heilsgeschichte für uns.

Palliativ oder offensiv?

Als ich vor über 40 Jahren frisch zum Diakon geweiht in den Kirchendienst trat, gab es noch eine Aufbruchsstimmung. Die deutschen Bischöfe und Rom hatten die Beschlüsse der Würzburger Synode noch nicht endgültig zu Tode ignoriert und die vom Zweiten Vatikanum angeregten gedanklichen Folgerungen des „Allgemeinen Priestertums aller Gläubigen" noch nicht mit dem Schwergewicht ihrer Ignoranz platt gesessen. Wir wollten eine missionarische Kirche, Kirche mit einer Mission für den Menschen sein. Wir suchten – vielleicht zu optimistisch – nach einer Anthropologie, die theologisch himmelweit offen ist, und nach einer Theologie, die anthropologisch gut geerdet ist. Wir wollten als Diakone und Priester mit dem Elan des Anfangs den vor sich hin dümpelnden Gemeinden neues Leben einhauchen, getreu dem Prophetenwort (Jes 42,3): *„Das geknickte Rohr zerbricht er nicht, den glimmenden Docht löscht er nicht aus."*

Seitdem war ich 20 Jahre als Gymnasiallehrer und als Seelsorger in verschiedenen Pfarreien und 20 Jahre als Hochschullehrer in vier Diözesen tätig. Die Zahl der Priesteramtskandidaten, nicht die der Theologiestudenten, ist seither auf unter ein Zehntel geschrumpft. Das Interesse an der Theologie ist aber nach wie vor lebendig. Heute werden auf bischöfliche Weisung hin ehedem selbstständige Gemeinden geschlossen und zusammengelegt. Dieses allenfalls gut gemeinte Unternehmen war wohl von dem irrigen Gedanken beseelt, die Gemeindemitglieder aus St. X und St. Y gingen, wenn man ihnen die Kirchen schließt, selbstverständlich in die fünf ehedem selbstständige Pfarreien umfassende neue Großpfarrei St. XXL. Man reduziert die Zahl der Pfarreien derart, dass die Zahl der Priester wieder reicht. Inzwischen gibt es selbst in kernkatholischen Regionen Gemeinden, in denen nur noch einmal im Monat Eucharistie gefeiert wird. Die katholische Kirche wird zur eucharistiefreien Zone und setzt sich mancherorts noch der Lächerlichkeit aus, von der Hauptpfarrei frisch konsekrierte Hostien mit dem „liturgischen Frischedienst“ einzufliegen.

Wo lebendige Gemeinden diesen bischöflich verordneten Schrumpfungs- und Schließungsprozess nicht mitmachen und ihre Kirche offenhalten wollen, wird ihr Einsatz als Kirchturmdenken diskreditiert, anstatt dankbar zu sein, dass weiterhin die Kirche im Dorf und damit der Gedanke an Gott präsent bleibt.

Wenige Tage, bevor der Münsteraner Weihbischof Friedel Ostermann in dem Krankenhaus starb, in dem ich derzeit Dienst tue, fragte er mich, was ich von den Gemeindefusionen hielte. Als ich ihm wahrheitsgemäß sagte: „Gar nichts!“, bestätigte er aufs Lebhafteste meine Ansicht und meinte, diese Fusionitis sei der vielleicht größte kirchenpolitische Irrtum der letzten 20 Jahre. Als ich ihn dann fragte, ob er seine abweichende Haltung auch gegenüber dem Ortsbischof und in der Bischofskonferenz vertreten habe, bestätigte er das nachdrücklich. Die Reaktion sei allerdings indigniertes Schweigen und Übergehen seiner Einwände gewesen. Man habe dann zügig den nächsten Tagesordnungspunkt aufgerufen, als er in der Bischofskonferenz gefragt habe: „Was wollen wir retten, den Zölibat oder die Eucharistie?“ Und nun werde die Eucharistie auf dem Altar des Zölibats geopfert. Er meinte außerdem, dass nicht nur verheiratete Männer zu Priestern, sondern auch Frauen zumindest zu Diakoninnen zu weihen seien.

Inzwischen werden die wenigen verbliebenen Priester gegen den oft erbitterten Widerstand ihrer Gemeinden zu Gemeindeabwicklungsangestellten oder Gemeindeschließungs- und Eingemeindungsgehilfen der Bischöfe umgeschult. In den zwanzig Jahren als Professor habe ich mit einigen tausend Theologiestudenten zu tun und dutzende Male zu hören bekommen. „Ich würde wohl

Pfarrer werden, aber nicht mit lebenslanger Zölibatsverpflichtung." Und dann sind diese Aspiranten Religionslehrer geworden. An denen ist derzeit kein Mangel.

Inzwischen entstehen einerseits in kleinen Kreisen priesterlose Abendmahlsfeiern, eine Art katholisches Freikirchentum mit Selbstermächtigung zur Eucharistie. Und andererseits entstehen in einer sakramental verfassten Kirche eucharistieentwöhnte Wort-Gottes-Feier-Gemeinden. Und wenn dem ohnehin stark überalterten Presbyterium für die Feier der Eucharistie durch kirchliche Behörden noch liturgiesprachliche Daumenschrauben angelegt werden, dann muss sich niemand mehr wundern, wenn manche Eucharistiefeiern eher zum Weglaufen als zum Hinkommen anregen. Kürzlich schrieben mir höchst engagierte Katholiken aus früheren Gemeinden mit noch gerade einer Eucharistiefeier pro Monat: „Wir vermissen Dich, aber nicht mehr die Eucharistie." Da muss ich sagen, mir wäre es umgekehrt lieber; denn die Wertschätzung der Eucharistie ist ungleich wichtiger als die Reputation des jeweiligen Priesters.

Angesichts dieser durch Missbrauch, Tatenlosigkeit und Ignoranz von Verantwortlichen zu erheblichen Teilen selbst verschuldeten Depression in der Kirche hilft die Palliativpastoral nicht weiter; denn die nimmt das Sterben der Kirche als gegeben hin und versucht nur noch, es möglichst kommod und schmerzfrei zu gestalten. Diese Kirche kann vielleicht noch gerade ihr Testament machen. Wir brauchen statt der Palliativpastoral eine Offensivpastoral mit einer zeitgemäßen Anthropologie, die theologisch himmelweit offen ist und mit einer Theologie, die auf dem neuesten Kenntnisstand anthropologisch gut geerdet ist. Dann wird die Kirche nicht mehr unten zusammengestrichen, damit sie oben so herrschaftlich bleiben kann, wie sie war und ist. Dann gibt es eine sich aus spirituellen Quellen speisende grundlegende Strukturreform, wie sie im Buche steht. Und das Buch heißt Neues Testament.

Lebens-weise? Einsam – gemeinsam?

Ein Pilger

Gerade habe ich mit meinem Fahrrad nach Anzahl der Kilometer mit der Schnapszahl von 44.444 Kilometern die erste Erdumrundung (40075 Km) deutlich überschritten. Etliche neue Schläuche und Mäntel, zwei neue Felgen und eine neue Lampe waren die Materialkosten für diese Strecke und – nicht zu vergessen – viel Schweiß. Am Rahmen dieses bieder-schwergewichtigen und behäbig-unzeitgemäßen Hollandrades steht der kühne Name „Flying Dutchman“, Fliegender Holländer. Der Name ermutigt mich; denn vor mir liegt mit zweimal 110 Kilometern die Radwallfahrt nach Kevelaer.

Aber die Sage vom Fliegenden Holländer ist nicht so ermutigend. Sie wird erstmals aufgezeichnet im 18. Jahrhundert, handelt von einem verruchten Kapitän, der schwere Schuld auf sich geladen hatte. Durch einen Fluch ist er dazu verdammt worden, bis zum Jüngsten Tag mit seinem Geisterschiff auf dem Meer herumzuirren, ohne dass er in einen Hafen einlaufen oder im Tod Erlösung finden kann. Manche haben in ihm den Holländischen Ostindienfahrer Bernhard Fokke aus dem 17. Jahrhundert gesehen, der die riesige Strecke von den Niederlanden nach Java in für damalige Verhältnisse so unglaublicher Geschwindigkeit zurücklegte, dass man ihm einen Pakt mit dem Teufel nachsagte. Als er von seiner letzten Tour nicht mehr zurückkam, hatte der rastlos über die Meere jagende Fliegende Holländer einen seiner etlichen historischen Namen bekommen. Hinter dieser Sage, die immer neu legendarisch und literarisch ausgeschmückt und von Richard Wagner sogar als Oper ausgestaltet worden ist, stehen vielfach Erfahrungen von Geisterschiffen auf See ohne Mannschaft oder mit toter Mannschaft an Bord. Manchmal hatten Pest oder Skorbut oder andere Seuchen ganze Mannschaften dahingerafft, denn Seuchenschiffe ließ man in keinen Hafen. So kam es, dass manchmal ein Schiff noch eine Weile führerlos auf dem Meer trieb, bevor es havarierte und sank. Allein in der Tafelbucht, südlich vom Kap der guten Hoffnung, liegen mehr als 300 Schiffsrümpfe von Segelschiffen und erzählen brutal wahre Gruselgeschichten. Die kollektive Fantasie vom Fliegenden Holländer bebildert aber auch einen Menschentyp, dessen Wesenszug der Aufbruch in die Ziellosigkeit ist, der ein unbehauster heimatloser Irrfahrer geworden ist, weil ihm gültige Maßstäbe und ein orientierendes Lebensziel abhandengekommen sind. Manche surfen auch nur lebenslänglich im World Wide Web und finden weder Ziel noch Ausweg mehr. Odysseus aus der griechischen Sage hat zwar auch Irrfahrten mit einem Lebensschiff durchkreuzt, aber er wusste in allen Irrungen und Wirrungen immer noch, wo sein Ziel ist. Das, so sagen viele Psychologen, Pädagogen und Theologen, sei vielen Menschen abhandengekommen; sie seien zu Fliegenden Holländern geworden.

Von diesem Menschentyp „Fliegender Holländer" ist dann noch der Entdeckungs- oder Forschungsreisende zu unterscheiden, der auch ins Unbekannte, zu ungeahnten Zielen, zu neuen Ufern aufbricht, um Neues zu entdecken, sein Wissen und seine Perspektiven zu erweitern, um dann – mit neuen Entdeckungen, Erfahrungen und Wissensbeständen bereichert – wieder ins alte Leben zurückzukehren und an dieses anzuknüpfen.

Ich glaube, christliche Existenz ist noch ein dritter Typ. Wir sind nicht zur Ziellosigkeit verflucht wie der Fliegende Holländer, auch wenn wir das Ziel des Lebens nicht mit beruhigend sicheren Koordinaten einengen können. Manche Menschen halten die Lebenshoffnung der Christen daher für eine Utopie – vom Griechischen „ou topos", das heißt übersetzt: Kein Ort bzw. Ortlosigkeit oder frei und, böse interpretiert, sogar Wolkenkuckucksheim.

Wenn die Menschen im Mittelalter in monatelanger, oft entbehrungsreicher Wanderung und über Tausende von Kilometern bis nach Santiago de Compostella, an das „finis terrae“, an den Rand der damals bekannten Welt wanderten, so verbanden sie damit auch nicht die Vorstellung, das ultimative unüberbietbare Ziel des Lebens sei erreicht. Sie verbanden damit die Vorstellung vom Ende der Endlichkeit, die Vorstellung vom alles entgrenzenden Ausblick auf Unendlichkeit, die Hoffnung auf das durch nichts mehr limitierte Leben in Fülle.

Und wenn ich mich dann auf meinen „Flying Dutchman“, meinen Fliegenden Holländer, schwinge und dem Gegenwind, der sengenden Sonne, dem peitschenden Regen, den möglichen Plattfüßen trotze, dann bin ich gewiss kein ins Ziellose Fliegender Holländer. Dann bin ich vielleicht hier und da ein Entdeckungsreisender, weil ich neue Eindrücke und Empfindungen aufnehme und bereichernd ins alltägliche Leben eintrage. Vor allem aber bin ich ein Homo viator, ein Pilger, ein Mensch, der sich seiner Existenz im Durchgang und Übergang zur verheißenen Lebensfülle bewusst wird. – Schon mein Tachometer mit seinem schnapszahligen, die Erdumrundung toppenden Kilometerstand von 44444 Kilometern lässt mich ahnen, dass diese Erde, selbst an ihrer fülligsten Stelle, vielleicht doch nicht alles ist. Wenn ich mich dann auf meinen „Flying Dutchman“ schwinge, dann bin ich vielleicht ein Utopist, einer, der auf etwas aus ist, das von Google Maps nicht gefunden werden kann, das auf dieser Welt keinen endlichen kleinkarierten Ort hat, ein Utopist, der auf etwas aus ist, das über diese Welt hinausweist. Und dann fühle ich mich einem Wort des großen Philosophen und Bischofs, einem Wort aus den *Confessiones* des heiligen Augustinus verbunden, der übrigens kein Radfahrer war: *„Was soll es mir, wenn einer das nicht fassen kann? (…) Er freue sich auch so und möge es mehr lieben, dich Gott, im Nichtfinden zu finden, als im Finden nicht zu finden. (…) Denn unruhig ist unser Herz, bis es ruht in dir, mein Gott.“*

Sorgenvoll sorglos

Haben Sie Sorgen, vielleicht sogar schwere Sorgen? Und wenn ja, wie gehen Sie damit um? Der Entertainer Jürgen von der Lippe hat in einem schrägen Lied herrlich skurrile Sorgen aufgelistet und machte sich dann im Refrain über dieselben lustig: „Guten Morgen, liebe Sorgen, *seid ihr auch schon alle da? – Habt ihr auch so gut geschlafen? Na dann ist ja alles klar!*" So werden Sie vermutlich Ihre Sorgen nicht los, ja nicht einmal annähernd Herr über Ihre Sorgen.

Das Matthäusevangelium nimmt die Sorgen ernst, aber es veralbert sie nicht und übersteigert sie nicht, sondern relativiert sie grundlegend: *„Sorgt euch nicht um euer Leben und darum, dass ihr etwas zu essen habt, noch um euren Leib und darum, dass ihr etwas anzuziehen habt. Ist nicht das Leben wichtiger als die Nahrung und der Leib wichtiger als die Kleidung."* (Mt 6,25) – Aber: Sich nicht zu sorgen, ist das nicht weltfremd? Ist das nicht eine Vogel-Strauß-Taktik, die den Kopf in den Sand steckt, um die herbe oder gar bedrohliche Wirklichkeit nicht sehen zu müssen? Muss man sich nicht sorgen um die Weltpolitik, um die Pflege der alten Eltern, um die Gesundheit des Ehepartners, um die Ausbildung der Kinder, um die Betreuung der Enkel, um das richtige Testament, um die richtige KFZ-, die richtige Haftpflicht-, die richtige Hausrat-, die richtige Lebensversicherung, die richtige Geldanlage etc. Kurzum: Sorgen über Sorgen! Wer sich nicht sorgt, wer nur ohne kritische Zukunftsprognosen kindlich glücklich wie ein „Bruder Immerfroh" in seiner ewigen Gegenwart lebt, ist der nicht in hohem Maße lebensuntüchtig? Ist das nicht der Hans im Glück, der sich den wohlverdienten Goldklumpen in ein Pferd, das Pferd in eine Kuh, die Kuh in ein Schwein, das Schwein in eine Gans, die Gans in einen Schleifstein tauschen lässt. Und Letzteren wirft er, weil er ihm zu schwer geworden ist, in den Brunnen und kommt ohne alles wieder zu Hause an und ist glücklich. Ist nur der ein

Hans im Glück, der nicht merkt, wie sehr er hinters Licht geführt, wie sehr er beschissen, wie sehr er über den Tisch gezogen wird?

Vor einiger Zeit konnte man im Rundfunk kaum noch einem Song von Tim Bendzko entgehen, der auf fast allen Kanälen sang:

> *„Ich wär so gern dabei gewesen/ doch ich hab viel zu viel zu tun/ lass uns später weiterreden./ Da draußen brauchen sie mich jetzt/ die Situation wird unterschätzt./*
> *Ich weiß es ist dir ernst/ du kannst mich hier grad nicht entbehrn/ nur keine Angst/ ich bleib nicht allzu lange fern./*
> *Muss nur noch kurz die Welt retten/ danach flieg ich zu dir./ Noch 148 Mails checken/ wer weiß was mir dann noch passiert/ denn es passiert soviel./ Muss nur noch kurz die Welt retten/ und gleich danach bin ich wieder bei dir./ Irgendwie bin ich spät dran/ fang schon mal mit dem Essen an/ ich stoß dann später dazu./*
> *Muss nur noch kurz die Welt retten etc.“*

So sind sie, die Weltenretter. Das kleine konkrete Hier und Jetzt, in dem wir allesamt leben, geht ihnen verloren, weil sie nur angstvoll auf das große imaginäre Demnächst und Anderswo fixiert sind, in dem sie zumindest noch nicht leben.

Vor einiger Zeit stieß ich auf eine Fabel: An einem schönen sonnigen Herbsttag lag ein Vogel rücklinks auf einer Wiese. Die Sonne schien und er streckte die Beinchen in den schönen blauen Himmel. Da kam ein anderer Vogel hergeflogen und fragte den liegenden Vogel: Was machst du da? Ich halte den Himmel mit meinen Beinen, damit er nicht herunterstürzt. Aber plötzlich wehte ein Blatt von einem nahen Baum herab und landet so unverhofft neben den beiden Vögeln, dass sie beide erschraken und entsetzt davonflogen. Doch der Himmel blieb, wo er war. – Die Geschichte sagt mir: Du bist nicht der Erlöser der Welt; die ist schon erlöst. Du bist nicht der Erhalter der Welt, die hat sich jahrmilliardenlang auch ohne dich erhalten. Genauer: Sie wurde von einem anderen ins Dasein gesetzt und im Dasein erhalten, von dem, der auch mich durch meine Eltern ins Dasein gesetzt und in seiner Güte und Menschlichkeit bis jetzt im Dasein erhalten hat. Papst Johannes XXIII. hat sich bei all seinen Sorgen immer wieder gesagt: *„Guiseppe (das war sein Taufname), nimm dich nicht so wichtig!“* Das ist ein päpstlich erprobter Rat auch für uns. Sind wir nicht manchmal wie der Hahn, der ein Leben lang getreu vor Sonnenaufgang gekräht hat und der irgendwann meint, die Sonne warte nur auf seinen Schrei und ginge seinetwegen auf?

Der Evangelist Matthäus sieht in der metastasierenden Sorge blankes Heidentum: *„Um all das geht es den Heiden. Euer himmlischer Vater weiß, dass ihr das alles braucht.“* Christen haben eine andere Prioritätenliste: *„Euch aber muss es zuerst um sein Reich und seine Gerechtigkeit gehen, dann wird euch alles andere dazugegeben werden. Sorgt euch also nicht um morgen.“* Natürlich können, müssen und sollen wir die konkreten Aufgaben des Hier und Heute umsichtig und tatkräftig angehen. Aber vielleicht sollten wir es tun in der Haltung des damals schon todkranken Schauspielers Ernst Ginsberg (1904–1964): *„Ich bitte dich, Herr, um die große Kraft, diesen kleinen Tag zu bestehen und auf dem großen Weg zu dir einen kleinen Schritt weiterzugehen.“* Wem es um das Reich Gottes geht, der wird wahrscheinlich in seinem Leben nicht steinreich und nicht stinkreich, aber er wird mit dem auch durch unser Tun schon hier und heute anbrechenden Gottesreich schon hier und heute himmelreich.

Himmelhunde?

Es ist schon etliche Jahre her, da wurden „Kinderbriefe an den lieben Gott“ veröffentlicht. Die Titel einiger dieser mit kinderschweren Fragen gefüllten Büchlein waren recht interessant: „Kommen Hunde in den Himmel?“ oder „Kriegt ein Hund im Himmel Flügel?“ Was meinen Sie? Was würden Sie Ihren Kindern oder Enkeln auf solch eine Frage antworten? Manche Erwachsene lächeln nachsichtig und sagen dann: „Himmel, mein liebes Kind, ist doch nur für uns Menschen, nicht für die Tiere!“ Ist das wirklich so klar? Und wie steht es dann um unsere affenähnlichen evolutionsgeschichtlichen Vorfahren? War der Australopithecus vor ca. 4,5 bis 1,1 Million Jahren, der ein Gehirn wie das der heutigen Schimpansen oder Gorillas aufwies, noch ein nicht vollendungsfähiges Tier oder schon ein vollendungsfähiger Mensch? War der Homo habilis vor 2,5 bis 1,2 Millionen Jahren, der schon Steinwerkzeuge herstellte, noch ein des Himmels unwürdiges Tier oder schon ein des Himmels würdiger Mensch? War erst der Homo erectus vor 1,8 bis 0,3 Millionen Jahren, der schon bestimmte, im weitesten Sinne religiöse Riten praktizierte, ein Mensch? Spätestens dem Homo sapiens neanderthalensis vor ca. 350tsd. bis 30tsd. Jahren mit seinen Bärenkulten und Totenbestattungen muss das Menschsein zugesprochen werden, auch wenn er uns noch arg äffisch zu sein dünkt. Wenn es Himmel als Verheißung für diese unsere „unedlen“ Vorfahren gibt, die so weit von uns Heutigen weg zu sein scheinen, warum dann nicht für die Tiere, die ihnen noch so nahe waren? Wenn man die Naturwissenschaften ernst nimmt, kommt man gar nicht umhin zuzugeben, wie sehr die Tiere auch uns noch verwandt sind. Eiweißtests mit Antikörpern lassen Rückschlüsse auf den Grad der Verwandtschaft zu; Fossilfunde belegen unsere tierische Herkunft; höhere Primaten werden als Organspender für Menschen ausgeschlachtet, und die Pharma-Industrie dreht jährlich auf nicht selten qualvolle Weise ein Millionenheer von Labormäusen, -ratten, -katzen, -hunden und sogar Laboraffen durch die Versuchsmühlen, um Aufschluss darüber zu bekommen, wie man Menschen von bestimmten Krankheiten befreien kann. Die Pharma-Industrie kann das und tut das nur, weil wir auf eine uns manchmal peinlich anrührende Weise tierisch geblieben sind. Warum erzähle ich Ihnen das? Der Römerbrief des Apostels Paulus (Röm 8,18–23) hat mich darauf gebracht: *„Auch die Schöpfung* *soll von der Sklaverei und Verlorenheit befreit werden zur Freiheit und Herrlichkeit der Kinder Gottes.*" Ganz ohne Zweifel glaubt Paulus, dass die ganze Schöpfung teilhat an der Erlösung, an der Neuschöpfung, an der Vollendung durch Gott. Er glaubt, dass die ganze Schöpfung die Sehnsucht nach Vollendung durch Gott in sich trägt und dass wir Menschen Verantwortung tragen für die Schöpfung Gottes. Das bedeutet wohl, dass wir Menschen in den nicht menschlichen Geschöpfen endlich unsere Mitgeschöpfe wahrnehmen und die übrigen Geschöpfe achtsam und mit Ehrfurcht vor dem Leben behandeln. Verantwortung tragen für unsere Mitgeschöpfe, was heißt das konkret? Die überdrehte alte Dame, die Bettjäckchen für ihre mit Delikatessen fett gefütterten Möpse und ihren als Schoßhündchen neurotisierten Dackel näht, ist wohl kein Beispiel dafür. Den Pudel trimmen zu lassen für Summen, die ein kinderreicher Familienvater in Lateinamerika nicht einmal als Monatslohn in der Tüte hat, und die Tierbeerdigung, die sich weit im vierstelligen Dollar- oder Eurobereich bewegt, während gleichzeitig zigtausend Kinder in Lumpen und Fetzen an den Straßenrändern und auf Müllhalden gnadenloser Großstädte krepieren, all das ist kein Beitrag zur Schöpfungsverantwortung. Die Kinder würden gern die Dosen mit Breckis, Schappi und Wiskas leeren, wenn sie sie nur bekämen. So eine Affenliebe für den Hund oder die Katze nimmt ja nicht einmal das Tier als Tier wahr, sondern tobt nur den eigenen Bemutterungstrieb an ihm aus, indem es das Tier vermenschlicht.

Aber auch das Folgende spricht der Schöpfungsverantwortung Hohn: Ich habe in den letzten zwanzig Jahren, in denen ich auf dem Weg zur Uni fast täglich zwanzig Kilometer durch Feld, Wald und Wiesen geradelt bin, keinen einzigen Fasan, kein Feldhuhn, keinen Kiebitz, keine Feldlerche mehr zu sehen bekommen. Die mindestens viermalige gnadenlose Abfolge von Gülle und Mahd, Gülle und Mahd, ist der Tod aller Bodenbrüter. Ja, die Schöpfung seufzt wirklich auch über uns. – Klar, der Mensch muss schon die Nummer eins bleiben, aber die übrige Schöpfung muss liebevolle Mitberücksichtigung finden, denn sie ist nicht das Verpackungsmaterial für unsere menschliche Glückseligkeit, das man nach Gebrauch wegwirft. Es ist eine uralte christliche und eine neuere ökologische Erkenntnis: Der Mensch ist nicht anders zu retten, als indem er die Mitgeschöpfe mitrettet. Verbunden sind Mensch und nicht menschliche Schöpfung aber auch im Leiden; denn uns allen ist die Not der Vergänglichkeit zugemutet. Paulus schreibt: *„Die ganze Schöpfung seufzt … Aber auch wir, obwohl wir die Erstlingsgabe des Geistes haben, seufzen in unseren Herzen"* und warten auf Erlösung. Aber Paulus bejammert nicht das Leid und den Tod, er deutet sie und zwar als Geburtswehen einer neuen Schöpfung. Und er sagt das großartige Wort: „Ich bin überzeugt, dass die Leiden der gegenwärtigen Zeit nichts bedeuten im Vergleich zu der Herrlichkeit, die an uns offenbar werden soll." – Nun zurück: „Kriegt ein Hund im Himmel Flügel?" Ich glaube das nicht; denn dort, so hoffe ich, sind solche aerodynamischen Hilfskonstruktionen nicht mehr notwendig. Aber: „Kommen Hunde in den Himmel?" Ich hätte mit Paulus nichts dagegen; denn sie sind Teilhaber an der der ganzen Schöpfung verheißenen Vollendung. Und wenn Sie nun Angst vor dem Himmel haben, kann ich Sie vielleicht damit trösten: Ich glaube, solche Himmelhunde beißen nicht.

Liebes Leben

Ein Brautpaar steht erwartungsvoll vor dem Traualtar. *„Wohin du gehst, dahin gehe auch ich, und wo du bleibst, da bleibe auch ich."* (Ruth 1,16) Das ist ihr gemeinsamer Trauspruch. Eigentlich ist das ein dem alttestamentlichen Kontext entwendetes Wort, das eine Frau der anderen, das die Schwiegertochter Ruth ihrer Schwiegermutter Noemi sagt. Gehen wir das einmal durch: *„Wo-*

hin du gehst, dahin geh auch ich, und wo du bleibst, da bleibe auch ich?" Und wenn sie, die Braut, die Traum-Professur in Berlin erhält, und er, der Bräutigam, die mit A 16 dotierte Schulleiterstelle an einem Gymnasium in Aachen, wer geht dann wohin, und wer geht mit wem und wohin mit? Das sei ein Luxusproblem, meinen manche. Just zur Vorbereitung auf diese Eheschließung und meine diesbezügliche Predigtvorbereitung hat das Zeit-Magazin eine Reihe gestartet zum Thema „Die Zukunft der Liebe" (Zeit-Magazin Nr. 29 und 30/2016). Den dritten Teil erspare ich den grünen Hochzeitern, den nehmen wir zur Silberhochzeit; denn er ist überschrieben mit „Die Liebe im Alter".

In einem der Artikel behauptet eine Journalistin: „*Grundsätzlich ist das ‚Daten' aber doch der beste Teil der Liebe. Ich werde mich meinem Freund nie wieder so gut präsentieren wie am Anfang.*" Wenn das so ist, dann sollten wir doch beim ‚Daten' bleiben, am besten lebenslänglich. Liebe in Endlos-Schleife als lebenslänglicher Dauer-Kick des Anfangs. Später klagt aber dieselbe Journalistin: „*Früher hat sich der Mann dem Job gefügt und die Frau sich dem Mann. Und heute muss sich die Liebe der Arbeit fügen. Die Fernbeziehung ist der Kompromiss zwischen Karriere und Liebe.*" Und der mit ihr debattierende Journalist sekundiert: „*Ich finde es traurig, dass sich die moderne Liebe an Arbeitsverträgen entlang entscheidet. So viele Beziehungen in meinem Bekanntenkreis leiden und zerbrechen, weil ein Partner wegen des Jobs wegzieht. Die Befristung tötet die Liebe.*" Sie: „*Fernbeziehung ist Planwirtschaft.*" Er: „*Glaubst du, es kann funktionierende Beziehungen geben, die mehr aus digitaler Kommunikation bestehen als aus Körperlichkeit und Nähe?*" Sie: „*Für mich nicht. Aber es ist nicht wahnsinnig fern von meiner Realität.*" Und am Ende kommt sie zu der bemerkenswerten Einsicht: „*Das Problem ist doch, dass wir nie gelernt haben, uns festzulegen. Dass wir uns immer alle Türen offenlassen. Und dass diese Taktik für eine Beziehung, die funktionieren soll, einfach nicht brauchbar ist. (…) Ich glaube, dass man sich irgend-*

wann entscheiden muss: Ich liebe einen Menschen, der ein bisschen ein Idiot ist – genauso wie ich selbst. Dass aber dieser Idiot ein verdammt liebenswerter Idiot ist." In diesem seitenlangen Dialog zweier, sich geradezu anstrengend modern gebender Typen kommen Kinder nur mit einer und kommt Gott mit keiner Silbe vor. Aber am Ende ihrer teils schrägen Debatte kommen sie bei etwas heraus, was so ähnlich auch schon in der Bibel steht, mit Gott zu tun hat und eine Jahrtausende alte Menschheitsweisheit ist:

1. Die Verbindlichkeit der Liebe: Ich liebe die und keine andere, den und keinen anderen. Festhalten und weitersuchen geht nicht oder nur, wenn die Liebe nicht ernst gemeint ist. Und darum sagen die Brautleute: „*Ich verspreche dir die Treue in guten und in bösen Tagen, in Gesundheit und Krankheit.*"

2. Die Fristlosigkeit der Liebe: Nicht, solange es mit dir reizvoll ist, solange es mir mit dir gut geht oder wenigstens erträglich bleibt. Deshalb sagen die Brautleute: „*Ich will dich lieben, achten und ehren, solange ich lebe*" oder „*bis der Tod uns scheidet.*"

3. Die Partnerschaftlichkeit der Liebe: Nicht einer diktiert sein Ego-Lebenskonzept und der andere schluckt das und fügt sich. Nicht einer macht Karriere auf Kosten des anderen, sondern allenfalls mit Billigung des anderen. Und das gilt vice versa für Männlein wie für Weiblein.

4. Die grundsätzliche Offenheit für Elternschaft: Ehe ist nicht einfach vergnügliche Zweisamkeit gegen den Rest der Welt. Das Miteinander in der Liebe befähigt uns zur Überschreitung des je eigenen Horizonts. Sie „erkennen einander" – das ist das biblische Wort für den Zeugungsakt. Und im gemeinsamen Kind erkennen sie etwas ganz Neues vom anderen. Deshalb erklären sie sich „*bereit, die Kinder, die Gott ihnen (vielleicht) schenken will, anzunehmen und sie im Geist Christi zu erziehen.*"

„*Wohin du gehst, dahin gehe auch ich, und wo du bleibst, da bleibe auch ich.*" (Ruth 1, 16) Das ist ein Versprechen an den Partner, die Partnerin: Ich lasse dich, den geliebten Menschen, nicht allein und nicht im Stich, auch nicht und erst recht nicht, wenn es dir schlecht geht. Der Trauspruch kann auch ein Versprechen der Eltern an die Kinder sein: Ich, dein Vater, deine Mutter lasse dich nicht im Stich. „*Wohin du gehst, dahin gehe auch ich*“, solange du meiner bedarfst. Und dieser Trauspruch kann auch ein Versprechen Gottes an uns Menschen sein: Ich, dein Gott, lasse dich nicht allein, lasse dich, Menschenkind, nicht im Stich, wohin du auch gehen magst, wohin es dich auch verschlagen mag. Ich lasse euch, die ihr einander, die ihr euch vor mir und im Vertrauen auf meine Hilfe das Ja-Wort gebt, nicht allein und nicht im Stich. Der, der das sagt, diskutiert nicht über Liebe, wie die beiden Journalisten, er praktiziert die Liebe live, er schwatzt nicht über Liebe, er ist die Liebe. Und dann versteht man auch dies: Wir wollen, dürfen und können lieben, „weil er uns zuerst geliebt hat.“ Denn: „*Gott ist die Liebe, und wer in der Liebe bleibt, bleibt in Gott, und Gott bleibt in ihm.*“ (1 Joh 4,16b.19) Die Erfahrung dieser Liebe wünsche ich uns alltäglich und sonntäglich, werktäglich und festtäglich, kurzum tagtäglich und lebenslänglich: „*Gott ist die Liebe, und wer in der Liebe bleibt, bleibt in Gott, und Gott bleibt in ihm.*“

(Über-)Lebensfreude

Vor dem Altar neben dem Sarg steht eine Schüssel mit Erde vom elterlichen Hof, die mit ihm ins Grab geschüttet wird. Und es steht da eine Schale mit Saatgut. Wenn ein Priester stirbt, stirbt ein Mensch und kein Übermensch. Er stammt von einer Ackerscholle, aus einer Familie, aus einer Heimat, die ihn lebenslänglich prägen. Und diesen lieben Mitbruder soll ich beerdigen. In seinem Herzen war er immer ein wenig Landwirt geblieben und hat Hühner und Fasanen gezüchtet. Und er blieb, das vielleicht sogar noch mehr, auch immer ein passionierter Jäger, kein durchgeknallter Nimrod. Dieses Hobby war nicht einfach nur sein Privatvergnügen. Er hat –

mit gutem Auge und ruhiger Hand – die Ergebnisse dieses Hobbys nicht nur in Wald und Flur, sondern auch auf dem reich gedeckten Tisch zur Strecke gebracht, an den er alle, die ihn kannten, in herzlicher Gastfreundschaft immer wieder geladen hat. Zur Veredlung des erlegten Wildes hat er auf die Koch-Kunstfertigkeit seiner jahrzehntelangen Pastoralreferentin gesetzt. Und selbstverständlich durfte es auch an einem guten Wein nicht fehlen. Ein Vorgeschmack auf das „Himmlische Hochzeitsmahl" war das allemal.

Und passend dazu hat er sich selbst die Lesung für seine Beerdigung ausgesucht: *„Heute ist ein Tag zu Ehren des Herrn, eures Gottes. Seid nicht traurig und weint nicht. (...) Nun geht, haltet ein festliches Mahl und trinkt süßen Wein! Schickt auch denen etwas, die selbst nichts haben; denn heute ist ein heiliger Tag zur Ehre des Herrn. Macht euch keine Sorgen; denn die Freude am Herrn ist eure Stärke."* (Neh 8, 10)

Der Todes- und der Beerdigungstag als ein Tag zu Ehren unseres Gottes, ein Tag des Festes und der Freude, so hat er es gewollt, und zeitlebens hat er auch die Notleidenden teilhaben und sogar jahrelang Penner mit in seinem Haus wohnen lassen. Was sagt uns dieser Text von Nehemia? Als er zur Zeit des Perserkönigs Artaxerxes um 450 vor Christus entstand, war das ehemals ins Babylonische Exil verschleppte Volk Israel schon mehr als ein halbes Jahrhundert wieder im sogenannten Gelobten Land und in Jerusalem. Aber es stand schlecht um den Glauben, um das Sozialwesen und um die Solidarität der Rückkehrer. Der alte Salomonische Tempel lag noch immer in Trümmern, die Stadtmauern und die Tore Jerusalems waren noch immer nicht wieder aufgebaut. Es fehlte also am spirituellen Mittelpunkt und am Schutz des Jerusalemer Gemeinwesens. Und da sprach Nehemia von einer Kraft, die aus der Freude erwächst. Das ist nicht das Programm „Kraft durch Freude", das wir aus unseliger Zeit kennen. Sein Programm heißt nicht spirituelle Magersucht. Sein Programm heißt: *„Die Freude am Herrn ist eure Stärke."*

Da passiert Unglaubliches mit dem seit einem halben Jahrhundert in Depression versunkenen Israel: Sie bauen den Tempel wieder auf. Das heißt, sie finden neu zur spirituellen Mitte und Kraftquelle ihres Glaubens. Sie bauen die Stadtmauern wieder auf und sichern so das Gemeinwesen gegen Feinde von außen. Und Nehemia verordnet jedem Bürger Jerusalems einen Wachdienst auf dem Mauerstück, das vor seinem Haus liegt. Damit wird klar: Es geht um mich als Einzelnen und um unsere Gemeinschaft. Die Freude an Gott ist es, die die Rückkehrer ergreift, die sie wieder an die eigene Kraft glauben lässt. Es ist die Freude an Gott, die den Geist beflügelt, die das Herz weitet, die Hand anlegen lässt, die Lebens- und Glaubenszuversicht schenkt. Diese Einladung zum Festmahl, auch zum eucharistischen Festmahl gegen die spirituelle Magersucht, diese Freude an Gott, die haben wir in unserer selbst verschuldeten Christentums-Depression hier und heute auch nötig.

Und dann hat der liebe Freund und Mitbruder auch noch das Gleichnis vom Sämann (Mk 4,3–9) ausgewählt. In diesem Gleichnis geht manches buchstäblich daneben, Saatgut, das auf dem Weg landet und zertreten, von Vögel weggepickt, von der Sonne verbrannt oder von Dornen überwuchert wird. Trotz großer Arbeit, keinen Ertrag zu haben, das kannte er auch. Ein bitteres Wort von ihm war dies: „Beim ersten Mal habe ich noch zwölf Jahre gebraucht, um die Gottesdienstgemeinde zu halbieren, jetzt geht es schneller." Aber eines hat er nicht getan, er hat nicht an der Qualität des Saatgutes, er hat nicht an der Frohen Botschaft gezweifelt, sondern an den Fähigkeiten des Sämanns und seiner Aussaat. Er konnte sich von Herzen mitfreuen, wenn einem anderen hier und da die Aussaat besser gelang als ihm. Nur die Qualität des Saatgutes, die Hoffnungsbotschaft des Glaubens garantiert, dass das Gleichnis vom Sämann keine Verlierer-, sondern eine Sieger-Geschichte ist. Da wo wir das Saatgut in aller Unbeholfenheit recht platzieren, da bringt es aus sich „dreißigfach, ja sechzigfach und hundertfach" Frucht. Nur der, der das Risiko der Aussaat scheut und, um auf Nummer sicher zu gehen, das Saatgut gleich verfrühstückt, der macht aus der Sieger- eine Verlierer-Geschichte. Und manchmal kann man den Eindruck haben, dass wir in einem Anfall von Verzagtheit das Wort Mission längst gegen Remission der Kirche, den Aufbau längst gegen den Rückbau der Kirche eingetauscht haben. Das war bei allem, manchmal drastischen Realismus nicht die Sache des Verstorbenen. An seinem Sarg steht die Erde, von der er kommt und in die er geht. Aber es steht da auch die Schale mit Saatgut, mit dem Qualitätssaatgut der Frohen Botschaft. Es muss nur endlich irgendjemand – ein Sämann oder eine Säfrau, Priester oder Laie – die Aufgabe übernehmen und mit der Kraft, die aus der Freude an Gott erwächst, die Saat des Gotteswortes ausbringen.

Denn der Gott, an den wir glauben, ist der „Gott in uns“, uns innerlicher als wir uns selbst. Er ist der „Gott mit uns“, der Beistand im Leben, Leiden und Sterben. Er ist, wenn wir nicht den Blick im Grab versinken, sondern über das Grab hinaus schweifen lassen, der „Gott vor uns“, der liebende Gott des Lebens, der lebende Gott der Liebe, unser aller Ziel.

In die Tonne kloppen?

In jeder politischen Partei, in jeder Behörde, in jeder Firma und auch in jeder Universität fallen tonnenweise Akten an. Viele haben nichtöffentlichen Charakter, weil sie Personalvorgänge, heikle Finanzvorgänge, kontroverse Debatten, Schriftvorgänge mit übergeordneten Dienststellen, Klageschriften, Akten, die man dem Nachfolger nicht „in die Hände fallen lassen“ will, und Ähnliches betreffen. Die werden dann in einer speziellen fest verschließbaren Tonne deponiert und dann zum Schreddern abtransportiert. Auch wenn man wie ich aus Altersgründen seinen Lehrstuhl an der Uni und sein Dienstzimmer räumt, bekommt man eine solche Tonne, um Platz zu schaffen für den Nachfolger. Und das ist nun seit einigen Tagen mein Job.

Nach der Schule und dem Studium waren das bei mir zwölf Jahre Schuldienst, acht Jahre Pfarrseelsorge, zwanzig Jahre Hochschule. Und um die Akten dieser letzten zwanzig Jahre geht es. Von vielen Akten wusste ich schon, als ich sie vor Jahren erhielt, dass man sie am besten gleich in die Tonne gekloppt hätte. Aber man hat ja in bestimmten Fällen Aufbewahrungspflichten. Verbunden mit der blauen Tonne ist die Verheißung: nie mehr im Großen Senatssitzungssaal Berichte der Satzungskommission diskutieren, nie mehr ein Professorium im kleinen Sitzungssaal über sich ergehen lassen, nie mehr Rechenschaftsberichte der Gleichstellungsbeauftragten anhören, nie mehr die Genehmigung der Niederschrift der 7934. Sitzung seit der Sintflut abnicken, nie mehr die schwere Geburt der Erstellung einer übergreifenden Prüfungsordnung für Bachelor- und Master-Studiengänge bewerkstelligen, nie mehr Statements zu Änderungsanträgen für das Qualitätsmanagement debattieren, nie mehr die Fassung der Vierten Ordnung zur Änderung der Grundordnung beschließen, nie mehr kultus- oder wissenschaftsministerielle Erlasse debattieren, die heute genau das Ei in die Pfanne hauen, was sie erst gestern laut und öffentlichkeitswirksam gackernd gelegt haben etc. Wie schön! Wie befreiend! Wie verheißungsvoll!

Bei manchen Vorgängen überläuft es mich allerdings wieder siedend heiß. Da gibt es Akten, die zum Ziel hatten, nach der Evangelischen auch die Katholische Theologie abzuschaffen. Das nannte sich damals „Qualitätspakt des Landes NRW und der RWTH Aachen“. Zwei von vier Professuren waren schon in einer Nacht- und Nebelaktion dem drittmittelträchtigen und damit weit profitableren Maschinenbau zugeschlagen worden. Wir hatten damals eine Unterauslastung, eine gefährliche Situation. Die Beteiligung an einem Masterstudiengang wurde uns sogar gestrichen zur beschleunigenden Sterbehilfe. Aber dann bin ich quer durch die Republik gezogen und habe von Wilhelmshaven im Norden, über Aachen und Dortmund im Westen bis zu Frankfurt im Süden in Dutzenden von Gymnasien ganzen Jahrgangsstufen zu erläutern versucht, wozu Theologie gut, ja sogar notwendig ist, und was Theologen so Kulturträchtiges und Menschheitsdienliches bedenken und bewirken. Irgendwann hatten wir eine Auslastung von fast 150 Prozent und die enteigneten Professuren auch mithilfe des emeritierten Bischofs Mussinghoff zurückgewonnen. Da meinte das Rektorat der Uni, das uns wenige Jahre zuvor noch abschaffen wollte, wir sollten nun endlich den Numerus Clausus – als einzige Theologie im ganzen deutschsprachigen Raum – einführen. Das sind Akten, die von heißen Kämpfen zeugen, deren positiver Ausgang damals in den Sternen stand und keineswegs so gewiss war, wie er heute rückschauend zu sein scheint. Manche dieser Akten mag ich nicht in die Tonne kloppen; sie sind wie Trophäen. Sie enthalten Durchkämpftes und Durchlittenes, Gelungenes und Misslungenes, also prall gefülltes Leben. Aber man muss sich trennen, wenn man nicht sein eigener Museumswärter werden will. Man kloppt mit den Akten ja nicht die gelebten Jahre in die Tonne, auch wenn die unwiederbringlich weg sind, man entsorgt nur ein paar Reminiszenzrequisiten.

Da steht sie nun die blaue verschließbare Tonne, groß wie ein Sarg, nur rund und hochkant, und man entsorgt darin nicht das Leben, aber die Requisiten des Theaterstücks Leben. Die verschließbare blaue Tonne ist auch wie ein Behördenbeichtstuhl, verschwiegen, weil alles im Reißwolf landet. Sie ist wie eine Generalbeichte mit anschließender Lossprechung durch Schreddern. Sie ist wie das Entsorgen der papiergewordenen Seite der Dienstzeit in ein Behörden-Nirwana. Ist also doch alles weg? Ich glaube nicht! Ich erinnere mich, dass man sogar mal säckeweise geschredderte Stasi-Akten rekonstruiert hat, eine Wahnsinnsarbeit, die nicht ohne Computer möglich war. Und anschließend hat man die Personen, die die Zeugnisse ihrer Vergangenheit am liebsten geschreddert wissen wollten, zur Rechenschaft gezogen. Nicht einmal die Reminiszenzrequisiten sind also so ganz und gar weg.

Wenn unser Leben nach menschlichen Maßstäben archivierungswürdig wäre, und selbst wenn dieses Archiv – wie in Köln erlebt – in eine U-Bahn-Baugrube stürzte und verloren ging, unser gelebtes Leben geht nicht verloren, selbst das nicht, was wir gern geschreddert hätten. Es bleibt unabhängig von einer guten oder schlechten Aktenlage, von einer guten oder schlechten Archivierung. Was wir gelebt, erlebt und durchlebt haben, was wir gemacht, mitgemacht und vermacht haben, es bleibt. Es bleibt bei Gott und vor Gott und für Gott. Was wir gelebt und durchlebt haben, wird und bleibt im dreifachen Hegelschen Sinne bei Gott aufgehoben. Es wird aufgehoben im Sinne von beendet. Es wird aufgehoben im Sinne von bewahrt. Es wird aufgehoben im Sinne von hinaufgehoben in ein neues ungeahntes Dasein. So kann man loslassen und ist für das Neue frei, das Gott mit uns schon in diesem Leben vorhat, und für das ungeahnte neue Leben, das er uns jenseits dieses Welttheaters schenkt.

Verweigern, verachten, verehren?

Sie alle kennen die drei berühmten Affen: Der eine hält sich die Ohren zu, um nichts hören zu müssen, der andere hält sich die Augen zu, um nichts sehen zu müssen, und der dritte hält sich den Mund zu, um nichts sagen zu müssen. Das ist Weltverweigerung pur. Da brauchte man eigentlich noch einen vierten Affen, der sich die Nase zuhält, weil diese Weltverweigerung zum Himmel stinkt.

Von Nikolaus Lenau (1802–1850), einem östrreichischen Spätromantiker, stammt ein Gedicht, das wir in Schultagen lernen und als Lied singen mussten oder durften.

Drei Zigeuner fand ich einmal/ Liegen an einer Weide,/ Als mein Fuhrwerk mit müder Qual/ Schlich durch sandige Heide.// Hielt der eine für sich allein/ In den Händen die Fiedel,/ Spielt', umglüht vom Abendschein,/ Sich ein feuriges Liedel.// Hielt der zweite die Pfeif' im Mund,/ Blickte nach seinem Rauche,/ Froh, als ob er vom Erdenrund/ Nichts zum Glücke mehr brauche.// Und der dritte behaglich schlief,/ Und sein Zymbal am Baum hing;/ Über die Saiten der Windhauch lief,/ Über sein Herz ein Traum ging.// An den Kleidern trugen die drei/ Löcher und bunte Flicken;/ Aber sie boten trotzig frei/ Spott den Erdengeschicken.// Dreifach haben sie mir gezeigt,/ Wenn das Leben uns nachtet,/ Wie man's verraucht, verschläft, vergeigt,/ Und es dreifach verachtet.// Nach den Zigeunern lang' noch schaun/ Mußt ich im Weiterfahren,/ Nach den Gesichtern dunkelbraun,/ Den schwarzlockigen Haaren.

Der eine Zigeuner schläft, der andere raucht und der dritte geigt. Und sie zeigen, indem sie gerade das tun und nicht irgendeiner stressigen Erwerbsarbeit nachgehen, was sie von dem ganzen Affenzirkus des Weltgeschehens halten. Ein Lehrstück für das Leben, so empfand es Nikolaus Lenau. Warum die Hippie-Generation damals den Lenau und seine drei Zigeuner nicht als ihresgleichen begriffen hat, verstehe ich heute nicht mehr.

Bei mir im Arbeitszimmer an der Uni gibt es zwei Fenster. Vor dem einen steht in unglaublicher Pracht eine sicher mehr als hundert Jahre alte Blutbuche in herrlichem Rost- und Graurot. Vor dem anderen eine etwas jüngere, nicht ganz so imposante Linde, aber mit einem unvergesslichen Duft. Und an dem Mauerstück zwischen den Fenstern habe ich nicht drei Zigeuner, sondern vier Mönche, in Bronze gegossen vom Aachener Bildhauer Bonifatius

Stirnberg (*1933). Ein kluger, ja weiser alter Schulpfarrer, vor ein paar Jahren verstorben, und seine inzwischen 97–jährige Zwillingsschwester haben mir diese Bronzegruppe geschenkt. In ganz reduzierter Formensprache sitzen die vier Mönche im Habit nebeneinander auf einer Bank und scheinen auch, der Welt entrückt, fast nichts zu tun.

Der Mönch ganz links, etwas abseits, sitzt vorgebeugt und hat sein Kinn auf die darunter gefalteten Hände gestützt. Er betet oder meditiert und ist ganz bei sich. Die beiden in der Mitte sitzen dicht beieinander. Der Linke hat ein Buch auf den Knien und scheint zu lesen oder sogar vorzulesen, denn der Mönch neben ihm ist etwas vorgerutscht auf der Bank und neigt leicht seinen Kopf zum Vorleser, wohl um alles mitzubekommen. Irgendwie scheinen die beiden auf der Basis des Gelesenen in einem Dialog zu sein. Und ganz rechts sitzt ein Mönch entspannt zurückgelehnt und scheint nachzudenken. Wie die Zigeuner dem Romantiker Nikolaus Lenau, so zeigen diese Mönche auch mir etwas über das Leben und wie man es führen kann oder soll.

Der Schöpfergott, der diese unglaubliche unfassliche Natur und mich darin geschaffen hat, der schaut mir gewissermaßen tagtäglich zu den Fenstern herein. Ich muss nur die Augen öffnen und ihn in seinem Werk sehen wollen, dann zeigt er sich mir.

Über den vier Mönchen hängt ein Holz-Kreuz, das ich mir von einem Schnitzer auf dem Makonde-Plateau in Tanzania mitgebracht habe. In seinem Holzkorpus sind zwei Äste erkennbar, der eine da, wo das Herz sitzt, und der andere da, wo man denkt, an der Stirn. Zu glauben, dass der Schöpfergott uns auch als Erlösergott menschlich nahe ist, das ist eine intellektuelle Zumutung. Dieser Gott, so sagen mir die Äste im Korpus, geht zu Herzen und gibt zu denken.

Mit dem Ausblick auf die Natur und den darin erkennbaren schöpferischen Gott und sein Schöpfungswerk und mit dem Blick auf unsere abendländische Kultur und den darin erkennbaren gekreuzigten Gott und sein Heilswerk, da macht sich eine tiefe Nachdenklichkeit, manchmal sogar Ratlosigkeit breit. Da braucht es den inspirierenden Gottesgeist, um das zusammendenken zu können.

Wenn ich mich nicht selbst zum Affen machen will, dann kann und darf ich das Leben nicht dreifach verweigern wie die drei berühmten Affen. Wenn ich mich nicht selbst zum stolzen Außenseiter machen oder machen lassen will, dann kann und darf ich das Leben nicht dreifach verachten wie die Zigeuner bei Lenau.

Wie der betende Mönch links, der ganz bei sich und bei seinem Gott ist, wie die beiden Mönche in der Mitte, die ganz in der Lektüre und im Diskurs miteinander sind, und wie der vierte Mönch, der ganz entspannt nachdenkt, so muss auch ich das Leben nicht dreifach verweigern und auch nicht dreifach verachten. Ich kann das Leben vielleicht sogar dreifach verehren, wie den dreifaltigen Gott, der mich schuf, der mir zu Herzen geht und zu denken gibt und der mir in allem begegnet.

Aller Anfang …

Vor meinem Arbeitszimmer stehen die Bäume im herbstlichen Laub, prachtvolles Ocker, Rot, Gelb, Gold und Braun. Und ich im Arbeitszimmer bin auch eindeutig im Lebensherbst angekommen, allerdings weniger farbenfroh, eher grau wenn nicht hautfarben am „gelichteten Gipfel“. Und dennoch geht es mir fast wie dem Erstklässler am Schulanfang; denn ich beginne meine „Lebensrestgestaltung“ als Krankenhauspfarrer. Natürlich konnte ich mir nicht vorstellen, mit Beginn des Ruhestands nur die Beine hochzulegen und auf den neunzigsten Geburtstag zu warten. Mir scheint, nur die Zeit, die wir uns für andere nehmen, ist die Zeit, die uns selbst etwas gibt. Die Radwallfahrer, mit denen ich seit einem Jahrzehnt alljährlich zum Marienwallfahrtsort Kevelaer radle, sangen mir vor meinem Umzug als Ermutigung und passend umgetextet anlässlich meines entsprechenden Geburtstags den Udo-Jürgens-Song *„Mit sechsundsechzig Jahren, da fängt das Leben an …“* Früher dachte ich, das Bild von dem angeblichen Lebensanfang mit sechsundsechzig ist nur eine freundliche Augenwischerei. Aber nun: neue Räume, neue Aufgaben, neue Kollegen, neue Fragen, neuer Gottesdienstraum, neue Gemeinde – im definitiv längst angebrochenen letzten Lebensdrittel alles noch einmal auf Anfang. Wie schön.

Die „Schultüte“ zu diesem beruflichen Neuanfang enthält viel Spannendes: Die Vorstellung der neuen Kolleginnen und Kollegen, die Übergabe der Krankenhausschlüssel, die Aushändigung des Dienstausweises, die Zuweisung des Arbeits- und Gesprächsraumes, die Einrichtung von PC und Telefon. Einer der liebenswürdigen neuen Kollegen führt mich durch das Labyrinth der Einrichtungen und Stationen, um mir eine Grundorientierung zu vermitteln. Ich bin überrascht und beeindruckt; denn es ist für mein Mittun an alles gedacht. Und ich habe den Eindruck: Hier freut man sich auf mein Kommen. Und ich freue mich über all das Entgegenkommen angesichts meiner in die Jahre gekommenen Zukunft.

Unser aller Zeit ist ein limitiertes, ein knappes Gut. Und sie kennt – darin gnadenlos gerecht für alle – nur eine Richtung, und die ist unumkehrbar. Sie alle kennen Sanduhren. In ihnen läuft der Gravitation folgend aus der oberen Gefäßhälfte wie durch ein Nadelöhr feinkörniger Sand in die untere Gefäßhälfte. Das Ganze ist kalibriert und ein Maß für einen definierten Zeitraum. Unaufhaltsam rinnt der Sand aus der Zukunft durch den winzigen Durchgang Gegenwart in die ständig wachsende Vergangenheit. Und dann ist die Zeit abgelaufen. Die Uhr kann man umdrehen; dann läuft das gleiche Spiel mit dem Sand in umgekehrter Richtung. Nur die Zeit selbst tut uns den Gefallen nicht. Sie bleibt stur bei ihrer Richtung. Vor Jahren aber schenkte mir ein Freund eine „Sanduhr“ ganz anderer Art. Hier waren winzige sandkorngroße Kunststoffkörner in eine schwerere Flüssigkeit eingehüllt. Und wann immer man diese „Sanduhr“ drehte, stiegen die Körner empor, wie wenn sie sich der Schwerkraft zum Trotz gegen die übliche Zeitrichtung aus der unteren Vergangenheitshälfte hinaufbegäben, das Nadelöhr Gegenwart passierten und die Zukunftshälfte auffüllten. Am Ende war aller „Sand“ oben, als ob all unsere Vergangenheit und Gegenwart aufgehoben würde in der Zukunft.

Hier, wo ich jetzt anfange, war schon einmal mein Anfang: In diesem Krankenhaus wurde ich geboren und in der damaligen Krankenhauskapelle von meinem Großonkel getauft. „Mit Gott fang an, mit Gott hör auf; das ist der beste Lebenslauf“, so sagt es ein deutsches Sprichwort. Aber eigentlich ist doch jeder Tag ein Neuanfang des Lebens, ein Geschenk Gottes, voll neuer Geschehnisse, Widerfahrnisse und Erlebnisse. So sah das auch Dag Hammarskjöld, der ehemalige UN-Generalsekretär (* 1905 † 1961), und schrieb in sein Tagebuch, das er eine „Art Weißbuch meiner Verhandlungen mit mir selbst und mit Gott“ nannte: *„Bald naht die Nacht – jeder Tag der erste –, jeder Tag ein Leben. Jeden Morgen soll die Schale unseres Lebens hingehalten werden um aufzunehmen, zu tragen und zurückzugeben. (…) nicht ich, aber Gott in mir!“* Dies „Bald naht die Nacht“ findet sich immer wieder in seinen Aufzeichnungen. Er nimmt jeden Tag seines Lebens als ein Ganzes, als den tagtäglich je neu gewährten Beginn des im Heute zu bewältigenden Lebens. Und er lässt die Schale seines Lebens jeden Tag neu füllen, um den von Gott gewährten Überfluss freigiebig weiterzugeben.

Mit Gott können wir anfangen, nicht nur als hoffnungsvolles Kind oder als tatkräftiger Erwachsener, sondern sogar noch als hinfälliger Greis. Gott gibt den Anfang, den unbefristeten Anfang; denn er ist der Anfang, der Anfang allen Lebens schlechthin. Der Politiker und Philosoph Boethius (480–524) definierte im Gefängnis, selbst den sicheren Tod vor Augen und also ohne irgendeine

Hoffnung auf einen innerweltlichen Anfang, was Ewigkeit ist: *„Aeternitas est interminabilis vitae tota et perfecta possessio."* Zu Deutsch: *„Ewigkeit ist ganzer und zugleich vollständiger Besitz unbegrenzten Lebens."* Sein Glaube war es, dass nicht alle Zukunft durch die Gegenwart in unwiderrufliche Vergangenheit transformiert wird und auch nicht alle Vergangenheit durch die Gegenwart hindurch in Zukunft. Sein Glaube war es, dass alle unsere vergangene, gegenwärtige und zukünftige Zeit zur Ewigkeit transformiert wird, dass Gott unsere oft heillose Zeit in sein zeitloses Heil aufhebt. Wenn es so um unsere Zeit steht, dann ist kein Anfang zu spät, dann ist jede Zeit um Gottes Willen und auf seine Ewigkeit hin beginnenswert.

Gebet und Gottesdienst

Spirituelle Magersucht

Ziemlich genau mittendrin im Alten Testament stehen zwei biblische Bücher, die eng zusammengehören und auch anderweitig verifizierbare historische Fakten enthalten: die Bücher Esra und Nehemia. Beide sind im 4. Jahrhundert vor Christus aufgeschrieben worden. Beide enthalten aber auch noch aramäische Textpassagen, die wohl ins 5. vorchristliche Jahrhundert verweisen. Was dort berichtet wird, kann man eine grundlegende Neufundierung des jüdischen Glaubens und eine grundlegende Reaktivierung des jüdischen Volkes nennen.

Manchmal scheint mir: Eine solche Neufundierung, eine solche Reaktivierung, die haben wir Christen, die haben wir Katholiken in unserem Land auch dringend nötig. Ich glaube, wir haben in unseren Köpfen das Dogma: Es wird in Sachen Glaube und Kirche alles weniger; die Situation von Glaube und Kirche verschlechtert sich dramatisch; das Christentum stirbt aus. Wenn wir das für ein unumstößliches Dogma, für ein unabwendbares Naturgesetz halten, dann sind wir auf dem besten Wege, in die heute epidemisch um sich greifende, schon fast allgemein übliche Christentums-Depression zu verfallen. Aber ein Naturgesetz lässt sich überprüfen, und ein Dogma muss gut begründet sein. Und bei diesem Dogma „Glaube und Kirche sterben aus“ sollten wir, wie wir es bei allen anderen Dogmen auch tun, endlich zu einer profunden Dogmenkritik übergehen. Wer redet uns das ein? Sind wir das selbst? Sind das übelwollende Medien oder übelwollende Glaubensgegner? Ist das eine sich selbst bewahrheitende Prophetie? Trauen wir uns nichts mehr zu? Oder schlimmer noch: Trauen wir Gott nichts mehr zu?

Ich nenne das, was wir im Augenblick erleben, spirituelle Magersucht. Sie fängt damit an, dass man die traditionell offenen katholischen Kirchen abschließt. Man argwöhnt, dass ja irgendwer dort Unfug oder gar Randale veranstalten könnte, anstatt anzunehmen, dass dort jemand beten und Gott begegnen möchte. Dann streicht man die Werktagsgottesdienste, weil ja doch nur wenige und dazu nur alte Leute kommen. Seit wann sind unter Christen Alte weniger wert als Junge? Und wenn dann die Kirche ohnehin nur noch eine Stunde, nämlich am Sonntag zum Gottesdienst, geöffnet ist, dann überlegt man, ob die Unterhaltskosten für diese eine Stunde noch gerechtfertigt sind. Dann schließt man die Kirche und richtet einen Fahrdienst ein, mit dem die Alten eine Weile in die größere Nachbarkirche verfrachtet werden können. Das ganze Programm nennt man dann euphemistisch: „Kirche in Bewegung!" Das ist spirituelle Magersucht. Und wenn die nicht schleunigst therapiert und beendet wird, dann führt sie unweigerlich zum Tode. Diese spirituelle Magersucht tötet nicht nur den einzelnen Menschen als Glaubenden, sondern die ganze Gemeinde.

Was hat unsere Lage heute mit der zweieinhalb Jahrtausende alten Lesung zu tun? Wir wissen, dass Nehemia ein babylonischer Jude war, der im Jahr 444 oder 445 vor Christus unter dem Perserkönig Artaxerxes I (464–425) zum Statthalter von Juda ernannt wurde. Das ehemals ins Babylonische Exil verschleppte Volk Israel ist zu diesem Zeitpunkt schon mehr als ein halbes Jahrhundert wieder im sogenannten Gelobten Land und in Jerusalem. Aber es steht schlecht um den Glauben, um das Sozialwesen und um das Zusammengehörigkeitsgefühl der Rückkehrer. Der alte Salomonische Tempel liegt noch immer in Trümmern, die Stadtmauern und die Tore Jerusalems sind noch immer nicht wieder aufgebaut. Es fehlt also am spirituellen Mittelpunkt und am Schutz des Jerusalemer Gemeinwesens. Und dann kommt zunächst wohl Esra, der Priester, und macht das Volk mit den heiligen Schriften seiner Tradition wieder vertraut. Er verkündet nichts himmelstürzend Neues. Er verkündet die uralten heiligen Schriften, die das Volk von jeher hatte und kannte, aber offenbar nicht mehr wertgeschätzt hat. Esra predigt offenbar mit der faszinierenden Kraft des geübten Kanzelpredigers dazu. Die Leute weinen über ihr religiöses, soziales und wirtschaftliches Desaster, sie weinen aus Beschämung über ihre selbstverschuldete Misere. Und schließlich kommt Nehemia, der Statthalter, und spricht von der Kraft, die aus der Freude erwächst. Das ist nicht das Programm „Kraft durch Freude", das wir aus unseliger Zeit kennen. Sein Programm heißt nicht spirituelle Magersucht. Sein Programm heißt: *„Nun geht, haltet ein festliches Mahl und trinkt süßen Wein! Schickt auch denen etwas, die selbst nichts haben; denn heute ist ein heiliger Tag zur Ehre des Herrn. Macht euch keine Sorgen; denn die Freude am Herrn ist eure Stärke."* (Neh 8,10)

Und dann passiert das Unglaubliche mit dem seit einem halben Jahrhundert in Depression versunkenen Israel: Sie bauen den Tempel wieder auf. Das heißt, sie finden neu zur spirituellen Mitte und Kraftquelle ihres Glaubens. Sie bauen die Stadtmauern wieder auf und sichern so das Gemeinwesen gegen Feinde von außen. Und Nehemia verordnet jedem Bürger Jerusalems einen Wachdienst auf dem Mauerstück, das vor seinem Haus liegt. Damit wird klar: Es geht um mich als Einzelnen, um meine Familie und um unsere Gemeinschaft. Die Freude an Gott ist es, die die Rückkehrer ergreift, die sie wieder an die eigene Kraft glauben lässt. Es ist die Freude an Gott, die den Geist beflügelt, die das Herz weitet, die Hand anlegen lässt, die Lebens- und Glaubenszuversicht schenkt. Diese Einladung zum Festmahl gegen die spirituelle Magersucht, diese Freude an Gott, die haben wir in unserer selbst verschuldeten Christentums-Depression hier und heute auch nötig. Denn der Gott, an den wir glauben, ist der „Gott mit uns" (Emanuel); es ist der „Gott für uns"; es ist der „Gott vor uns" als unser aller Ziel.

Nehemia heißt übrigens „Jahwe hat getröstet", und Esra heißt „Hilfe". Dieser uns aus der Freude an Gott zuwachsende Trost, diese uns aus der Freude an Gott zuwachsende Hilfe, die ist uns auch heute angeboten. Wir müssen nur in Gottes Namen, beherzt, geistvoll und tatkräftig zugreifen.

Bronzezeit

Haben Sie in Ihrer Wohnung eine Ecke zur Besinnung und zum Gebet? So etwas brauche ich nicht, wird der eine oder die andere sagen. Wirklich nicht? Und dann lassen Sie sich und Ihr Leben tagtäglich und tags wie nachts von Ihrem Smartphon dirigieren und fernsteuern? Ich habe eine solche Ecke und brauche sie tagtäglich. Ich habe sie auch nicht selbst konzipiert, sie ist durch „Schenkungen und Erbschaften“ nach und nach auf mich gekommen. Ich habe nur die geschenkten Puzzleteile so zusammengestellt. Ein großes Holzkreuz mit einem aus Eiche geschnitzten Korpus daran überragt alles. Eine Großtante hat es mir vererbt. Sie war Lehrerin und hat es in der braunen Zeit, die in zwölf Jahren so viel zerstört hat, wie es sonst nur tausendjährige Reiche hinbekommen, in Oberammergau schnitzen lassen und offensiv im öffentlichen Dorfschulhaus präsentiert. Und unter dem Kreuz hängen Bronzereliefs. Ein kunstsinniger Kollege meinte beim zufälligen Blick auf diese Ecke ein bisschen abschätzig und ironisch: Bronzezeit!

Da hat mir vor Jahrzehnten zum Abschied von der Diakonatsstelle eine alte Frau ein Bronzerelief vom hl. Ulrich geschenkt. Es stammt aus der Werkstatt von Egino Weinert. Dass ich es künstlerisch besonders schön gefunden hätte, kann ich nicht sagen. Selbst hätte ich es mir nie gekauft. Aber inzwischen sagt es mir etwas. Der hl. Ulrich war Bischof in Augsburg, als 955 die Ungarn ins Heilige Römische Reich einfielen und seine Stadt belagerten und stürmen wollten. Er hat als Bischof und Landesherr militärisch, geistig und geistlich den Widerstand organisiert und die Einheit bewahrt. Er hat wie ein Guter Hirt sein Leben eingesetzt und seine Herde verteidigt. Mir sagt dieses Bild, oder besser: mich fragt dieses Bild: Bist du für deine dir anvertraute Herde, für deine Studenten und dein Institut in der Uni, bist du für deine Gemeinde und für deine Kirche so ein guter, tatkräftiger, menschlicher Hirt? Und dann nehme ich die Frage mit ins Gebet, oder besser: Dann nimmt mich die Frage ins Gebet.

Dann hat mir ebenfalls vor Jahrzehnten beim Abschied von der Schule ein Kollege aus der Fachrichtung Kunst ein weiteres rechteckig-längliches Bronzerelief vom hl. Franziskus geschenkt. Es stammt aus der Werkstatt von Joseph Krautwald aus Rheine und zeigt Franziskus, den bis zum letzten Hemd solidarischen Bettelmönch, den Freund alles dessen, was Gott geschaffen hat, den Dichter und Beter des Sonnengesangs. Es zeigt ihn mit zum Gebet oder Lobpreis erhobenen Armen inmitten eines Gewimmels von Sonnen und Sternen, von Tieren und Pflanzen. Es ist, wie wenn er die Schöpfung zum Himmel heben, auf den Himmel hinweisen wollte oder, wie wenn er den Himmel auf die Erde herunterholen, herunterbitten wollte. Hier werden Gott und Mensch im Lob preisenden Gebet und in tätiger Solidarität miteinander verbunden. Mir sagt auch dieses Bild etwas oder besser: Mich fragt auch dieses Bild etwas: Bist du wirklich und wirksam solidarisch mit den Notleidenden dieser Welt, wie ein Franziskus es war? Und: Bist du bereit und fähig, die dir anvertraute Schöpfung als Himmelsgeschenk des Schöpfers wahrzunehmen und dankbar zu schützen? Bis du bereit und fähig, dich armseliges Geschöpf selbst und all die dir anvertrauten Mitgeschöpfe nach Kräften dem Himmel näher zu bringen durch gute Gedanken, Worte und Taten? Und dann nehme ich auch diese Frage mit ins Gebet, oder besser: Dann nimmt mich diese Frage ins Gebet.

Und dann gibt's da noch ein drittes kreisrundes Relief, das eine Kunstlehrerin selbst gestaltet und schließlich mir geschenkt hat. Es zeigt im Brustbild Christus und einen Jünger im Zwiegespräch. Vielleicht ist es der Zweifler Thomas, vielleicht der zunächst so großspurige Petrus, vielleicht der zunächst so engstirnige Paulus, vielleicht der Verräter Judas, vielleicht der Sucher Philippus, vielleicht der streitbare Jakobus oder wer auch immer. Beratungs-, ermutigungs- und trostbedürftig waren sie alle. Und einer von ihnen bin wohl auch ich, mal eher dieser, mal eher jener. Auch dies Relief sagt mir etwas, oder fragt mich etwas: Es ist sicher wichtig, mit sich selber zu Rate zu gehen. Besser aber ist es, darüber hinaus auch noch mit Christus zu Rate zu gehen, ihn zu Rate zu ziehen. Dann haben die Ermutigung und der Trost mehr Substanz.

Wenn ich unter dem großen Kreuz und vor den drei Reliefs mit diesen Fragen bei mir selbst Maß genommen habe, dann liegt mir die Demut nicht mehr ganz so fern wie sonst. Vielleicht richten Sie sich auch eine solche auf Gott und Sie zugeschnittene Gebetsecke ein.

Und was ist mit der Bronzezeit? Sie vollzog sich bei uns in Mitteleuropa zwischen ca. 2200 und ca. 800 vor Christus. Bronze, bestehend aus 90 Prozent Kupfer und 10 Prozent Zinn, das war ein Werkstoff von bis dahin nie dagewesener Härte, Haltbarkeit und technischer wie künstlerischer Formbarkeit. Die gewaltigen Bronzetore in Hauptportal des Aachener Doms, gegossen um 790 nach Christus, tun noch heute, nach über 1200 Jahren, in alter Schönheit und Erhabenheit tagtäglich ihren Dienst. Ob die Silicium- und die Plastikzeit, in der wir uns derzeit ver- und zumüllen, eine ähnliche Lebenserwartung hat, das steht alles noch dahin.

Vielleicht bin ich spirituell tatsächlich erst in der Bronzezeit angekommen. Aber dann lässt sich von mir zumindest sicher sagen: Der hat für das spirituelle Weiterkommen zwar noch eine Menge vor sich, aber die Steinzeit wenigstens hat er schon mal hinter sich.

Nicht mehr ich …

Bei meiner Bibellektüre sprang mir ein Satz aus dem Galaterbrief in die Augen: *„… nicht mehr ich lebe, Christus lebt in mir.“* (Gal 2, 19b) Wer das liest, könnte den Verdacht haben: Wer so etwas schreibt, ist ein ichschwacher, willenloser, von einem anderen fremdbestimmter Mensch, ein ferngesteuerter Typ. In Wirklichkeit aber ist der Briefschreiber, es ist der Apostel Paulus, eher das Gegenteil eines ichschwachen Menschen. Entstanden ist der Brief im Jahre 54 oder 55 nach Christus und gerichtet an Christen in der Gegend der heutigen türkischen Hauptstadt Ankara. Paulus ist von Hause aus ein eingefleischter Gesetzesfanatiker. Er will die Einhaltung der 613 jüdischen Anweisungen, das sind 248 Gebote und 365 Verbote, für seine eigene und die Vervollkommnung der anderen Menschen mit rigoroser Gesetzesverfolgung erzwingen. Er ist ein ausgesprochen ichstarker Willensmensch. Aber er hat eine besondere Erfahrung mit Christus gemacht. Vor Damaskus ist er bei der Verfolgung der Christen, die ihm damals eher als eine abtrünnige jüdische Sekte erscheinen, vom hohen Ross seiner selbstgefälligen religiösen Leistungsschau herabgestürzt. Und diese Lebenslektion hat er kapiert: Es geht nicht darum, vor Gott die Muskeln der eigenen tadelsfreien Gesetzestreue spielen zu lassen. Es geht darum, Gott in sich wirksam werden zu lassen. Paulus gewinnt in diesem schmerzhaften Prozess diese neue Haltung: Er überantwortet sich mit all seinen Fähigkeiten und Unfähigkeiten Gott. *„Nicht mehre ich lebe, Christus lebt in mir.“* Das sagt nicht ein ichschwacher Schlappschwanz, sondern ein Mensch, der gelernt hat, sein dominantes Ego an die zweite Stelle zu rücken, ein Mensch, der die Grundentscheidung getroffen hat, Gottes Kraft in sich wirksam werden zu lassen, Gott das Steuerruder zur Findung der eigenen Lebensziele zu überlassen.

Ein Christ, der mit und wie Paulus sagen kann, *„nicht mehr ich lebe, Christus lebt in mir“*, ist wie ein Sonnenkollektor. So ein Sonnenkollektor hat einen Absorber, eine (geschwärzte) Empfängeroberfläche, die mit Glas abgedeckt ist. Das Glas lässt das Sonnenlicht durch und hält – wie beim Treibhauseffekt – die zurückstrahlende Wärme fest. Diese Energie, von der Sonne empfangen, wird weitergegeben an ein anderes Trägermedium für die Wärme, z. B. Wasser, mit dem dann etwas geheizt werden kann. Ein Christ ist wie ein Sonnenkollektor. Ohne Sonnenschein oder total abgeschottet vom Sonnenschein ist der Kollektor totes Material, energie- und wirkungslos. Ohne die Wirkung Gottes in uns ist die Kirche ein saft- und kraftloses Sammelsurium freundlicher Vereinsmeier, sind wir bestenfalls umgängliche Zeitgenossen und brave Biedermänner. Erst wenn wir uns vorbehaltlos und unverstellt auf Gott hin ausrichten, werden wir fähig, ungeahnte Energien aufzunehmen und weiterzugeben. Oder, wenn Sie es nicht gern so technisch mögen, nehmen Sie ein anderes Bild: Christen sind wie die Kirchenfenster der gotischen Kathedralen. Jedes Fenster ist ohne das Sonnenlicht für sich kaltes, dunkles und totes Glas. Aber durch ein und dieselbe Sonne wird jedes Fenster, wird jedes Scheibchen im Fenster lebendig, leuchtend, farbig und unverwechselbar. So leistet es seinen Beitrag zu einer erhebenden Bildgeschichte von Gottes Heilshandeln am Menschen.

„*Nicht mehr ich lebe, Christus lebt in mir*“, sagt Paulus und fährt dann fort: „*Soweit ich aber jetzt noch in dieser Welt lebe, lebe ich im Glauben an den Sohn Gottes, der mich geliebt und sich für mich hingegeben hat.*“ Zuerst ist Gottes zuvorkommende Hingabe an uns, dann sind wir zu Hingabe an ihn eingeladen. „*Leben im Glauben an den Sohn Gottes, der mich geliebt …*“, das ist etwas grundsätzlich anderes als Leben im Glauben an die eigene Leistung, im Glauben an den eigenen Einfluss, im Glauben an das Geld, im Glauben an den Genuss. All das schlägt uns spätestens der Tod aus der Hand. Friedrich Rückert hat einmal über den Menschen und sein Leben diese Verse gemacht: „*Du bringst nichts mit hinein, du nimmst nichts mit heraus,/ lass eine goldne Spur im alten Erdenhaus.*“ Das können wir Christen, die goldene Spur des empfangenen und weitergegebenen Wohlwollens Gottes hinterlassen. Dazu müssen wir sein wie ein Sonnenkollektor und das Licht von Gott in Energie und Wärme für ein menschliches Miteinander transformieren. Oder: Dazu müssen wir sein wie ein Kirchenfenster und das Licht von Gott durch die Farben unserer unverwechselbaren Individualität zu einem lichtvollen Bild von Gottes Heilshandeln transformieren.

Von einem Sterbenden habe ich das Paulus-Wort „Nicht mehr ich …" noch einmal in einer neuen Deutung kennengelernt. Er sagte: *„Ich spüre, wie das Leben mir nach und nach zerrinnt, wie alles von Mal zu Mal weniger wird, wie die Wege, die ich noch bewältigen kann, kürzer werden, die Kraft, die ich noch aufbringen kann, geringer, die mir mögliche Konzentrationszeit knapper wird. Das bin nicht mehr ich, der da noch lebt. Eines aber merke ich auch: Mein Leidensweg und das mir bevorstehende Sterben haben aber auch etwas wachsen lassen, eine neue intensive Beziehung zu Christus: Nicht mehr ich lebe, Christus lebt in mir. Und an diesen Christus klammere ich mich mit all meiner Lebenshoffnung."* Das ist für mich ein bewegendes Lebens- und Glaubenszeugnis.

Ich persönlich hoffe darauf, dass ich mehr und mehr Gottes Licht und Gottes Kraft aufzunehmen und in wahre Menschlichkeit zu transformieren lerne. Ich persönlich hoffe darauf, dass ich das Paulus-Wort auch im Sinne des Sterbenden für mich werde deuten können. Dann ist mein, dann ist unser Ableben zugleich ein Aufleben, ein Aufleben mit und durch Christus.

Schöpfgefäß Gottesdienst

KIM hieß die unverfängliche Abkürzung für das Wort Kirchliches Immobilien-Management. Dahinter verbarg sich in dem Bistum, in dem ich tätig bin, ein Auftrag des Generalvikariats an die Kirchenvorstände. Sie sollten die Gebäude aus dem Bestand der eigenen Pfarrgemeinde kennzeichnen, auf die man im Fall des Falles, sprich bei ernsthaften Finanzproblemen des Bistums, glaubte verzichten zu können. Dahinter stand die Drohung verringerter Schlüsselzuweisungen für die einzelne Pfarrgemeinde. Ganz gewiss war damit auch die Erwartung der zuständigen Bistumsverwaltung verbunden, dass kleine Kirchen und Pfarreien ganz geschlossen und einer größeren Nachbarpfarrei zugeschlagen werden könnten. Aber dann passierte dies: Kein Kirchenvorstand in den neun Gemeinden mit elf Gottesdienst-Orten, in denen ich mitwirke, stellte das Gotteshaus zur Disposition, sondern z. B. das Pfarrhaus oder das Pfarrheim oder sonstige Immobilien. Dahinter steckt offenbar das tiefe Bewusstsein, worum es in der Kirche im Letzten gehen soll und muss: Um die Begegnung von Gott und Mensch und nicht um Immobilien. Die Orte, an denen sich Menschen um Gott versammeln, die Orte, an denen Menschen Gott in der eigenen Lebensgeschichte bei Taufe, Beichte, Kommunion, Firmung, Hochzeit, Begräbnis, bei feierlichen Hochfesten und im stillen persönlichen Gebet erfahren, die Orte sollten erhalten bleiben. Als dann in einem Pastoralgremium nur noch über die Kostenseite von Gottesdiensten debattiert und ernsthaft erwogen wurde, Gottesdienste abzuschaffen wegen der mit ihnen verbundenen Kosten für Küster-, Orgel- und Reinigungsdienste, da platzte mir der Kragen. Ich habe vorgeschlagen, einmal die Dienstwohnungsgrößen auf den finanziellen Prüfstand zu stellen. Ich habe angeboten und stehe nach wie vor dazu, die Orgel- und Küsterstunde für die Gottesdienste, die ich halte, selbst und aus eigener Kasse zu bezahlen. Der Gottesdienst ist der Ort der Begegnung von Gott und Mensch und von Mensch zu Mensch. Gottesdienste nur noch als Kostenfaktor zu betrachten, das ist pervers! Natürlich weiß ich, nur der Himmel ist umsonst, alles andere in der Welt kostet. Natürlich muss man klug die Ausgaben im eigenen und in einem Pfarrhaushalt wägen und Überflüssiges streichen. Aber das Überflüssige ist doch wohl nicht der Gottesdienst. Das wäre ja so, wie wenn der Vater oder die Mutter den Kindern das Brot rationiert, um den Wohnzimmer-Teppich bezahlen zu können. Am Ende ist der Teppich mit dem Tod der Kinder bezahlt, und man kann sie gleich darin beisetzen. Der Gottesdienst des Menschen und der Menschendienst Gottes, die müssen im Mittelpunkt stehen. Das ist unser christlicher und menschlicher Markenkern, unser Alleinstellungsmerkmal als Christen. Von da aus ergibt sich auch das soziale Engagement. Wer den Gottesdienst des Menschen und den Menschendienst Gottes nur noch aus der merkantilen Perspektive sieht, hat einen schweren theologischen Sehfehler. Wer den Gottesdienst des Menschen und den Menschendienst Gottes nur noch in betriebswirtschaftlichen Kategorien denkt, begeht einen schweren theologischen Denkfehler, wenn nicht gar schon ein Hirnschaden zu diagnostizieren ist. Was also wäre denn stattdessen zu tun? So können Sie nun mit Recht fragen. Wir müssen endlich wieder die spirituelle Mitte stärken. Wir müssen den Gottesdiensten mehr existenzielle Tiefe, mehr spirituelle Ausdruckskraft und mehr theologischen Gehalt vermitteln und nicht weniger Gottesdienste halten. Und wenn nicht mehr überall die Eucharistie gefeiert werden kann, die das Zweite Vatikanische Konzil noch als Quelle und Gipfel der Gemeinschaft bezeichnet hat, dann sind Wort-Gottes-Feiern zu halten, die diese existenzielle Tiefe, diese spirituelle Ausdruckskraft und diesen theologischen Gehalt erschließen. Und wenn die Eucharistie – wohlgemerkt die Quelle und der Gipfel unserer kirchlichen Gemeinschaft – ganz auf der Strecke zu bleiben droht, dann sollte die oberste Kirchenleitung endlich die auf der Hand liegenden theologischen Konsequenzen ziehen und neue Zugangswege zum Priesteramt freigeben. Kirchen werden nicht erst mit der Abrissbirne flachgelegt und dann mit dem Radlader hinwegplaniert. Sie werden zuerst durch hohle und sich deswegen leerende und dann immer weiter vereinzelte Gottesdienste funktionslos gemacht, bis sich zu Recht die Frage stellt: Wofür brauchen wir das Ding noch, wenn es allenfalls einmal die Woche oder einmal im Monat für eine Stunde genutzt wird? Kirchen sterben zumeist nicht an den zu hohen Unterhaltskosten, sondern am zu niedrigen existenziellen, spirituellen und theologischen Niveau. Die existenzielle, spirituelle, theologische Tiefendimension ist das Fundament des Glaubens und der Kirche. Wo dieses Fundament aber nicht auf dem Felsengrund Gott steht, sondern nur auf dem Fließsand sich ständig ändernder betriebswirtschaftlicher Kalkulationen, da braucht man sie gar nicht erst abzureißen. Das erledigt sich dann (siehe Matthäus 7,24–27) ganz von selbst. Wir müssen endlich weg von einer Pastoral, die im Grunde nur noch terminale Sedierung ist, bei der man nur ins Ende hineinschläft. Wir müssen weg von einer Palliativpastoral, die den Tod von Glaube und Kirche schon in Kauf genommen hat und nur noch versucht, ihn betriebswirtschaftlich schmerzlindernd kommod zu gestalten. Wir brauchen eine Offensivpastoral, die an das Leben mit Gott glaubt, auf das Leben mit Gott hofft und das Leben mit Gott liebt. Wir brauchen eine Offensivpastoral, die mit dem Krug des Gottesdienstes immer neu aus der Kraftquelle des lebendigen Gottes Leben schöpft und Leben schenkt, lebendig wird und lebendig macht.

Gottesdienst – geschenkt?

Wann immer ich dienstlich oder im Urlaub fremde Städte besuche, besuche ich auch die Kirchen. Es tut mir gut, dort einen Augenblick lang zur Ruhe zu kommen. Es macht mir Freude eindrucksvolle Architektur zu bestaunen, mich von Kunstwerken gefangen nehmen zu lassen oder einem Organisten beim Üben zuzuhören. Das sind dann oft geistlich-kulturelle Glücksmomente und kleine private Werktagsgottesdienste.

Aber immer öfter erlebe ich es, dass auch die katholischen Kirchen verschlossen sind. Und die übliche Begründung der Zuständigen lautet dann: Es gibt zu viele Vandalen. Nun gut, die Vandalen haben im Jahr 455 Rom geplündert. Aber mit denen ist Rom sogar ohne Video-Überwachung fertiggeworden. Weit größer als die Zahl der Vandalen ist die der anständigen Christenmenschen, denen man den Zugang zur Kirche sperrt – ein vom Pastoralpersonal unterbundener privater Werktagsgottesdienst.

Manche Pfarrer kommen auch auf die Idee, die Zahl der Werktagsmessen radikal zu kürzen. Denn sie scheinen zu meinen, nur sie selbst könnten Gottesdienste halten. Und wenn man ihnen immer mehr Gottesdienstorte zuschanzt oder zumutet, dann kürzen sie überall etwas, bis überall fast nichts mehr vorhanden ist. Am Ende steht die flächendeckende Nulllösung. Die immer wieder gehörte Begründung lautet: Es kommen ja nur so wenige. Meines Wissens ist aber die notwendige und hinreichende Mindest-Anzahl an Gottesdienstbesuchern Zwei. *„Wo zwei oder drei in meinem Namen versammelt sind, da bin ich mitten unter ihnen."*

Die Kirche, die die ganze Woche über geschlossen und nur am Sonntag für eine Stunde geöffnet ist, ist die pro Kopf und Teilnehmer kostspieligste. Und wenn man dann noch die Gottesdienstzeiten verlegt oder nach einer nur mit Mondkalender nachvollziehbarer Logik die Termine festlegt, dann hat man bald alle Interessenten frustriert und abgeschüttelt und kann zur weiteren Streichung von Gottesdiensten übergehen. Die Kirche wird nicht erst durch die Abrissbirne zerstört, sondern schon vorher durch die nicht gehaltenen Gottesdienste. Die Streichung von Gottesdiensten ist der Beginn einer spirituellen Magersucht. Und die Magersucht endet tödlich, wenn man nicht gegensteuert. Aber wie sollte und könnte man gegensteuern? Mit der Einsicht des Patienten, dass die weitere Abmagerung genau der falsche Weg ist, und mit einer differenzierten und wohl dosierten Ernährung durch einen klugen Therapeuten.

Wir haben in den letzten zehn Jahren in Deutschland eine dreistellige Zahl von Kirchen profaniert und umgewidmet oder abgerissen. Wir haben, wenn sie stehen blieben, Kletterhallen, Konzertsäle, Verlagsgebäude, Hotels, Archive, Altenwohnungen, Museen, Buchhandlungen und Grabeskirchen daraus gemacht. Synchron zur abnehmenden Anzahl der Priester haben wir erst die Gottesdienst- und dann die Kirchenzahl reduziert. Dabei haben wir nicht weniger Seelsorger als früher, nur weniger Priester. Jeder dieser Seelsorger könnte doch selbst Gottesdienst halten, nur viele tun das offenbar nicht oder nur selten. Des Weiteren könnte diese keineswegs kleine Zahl an Seelsorgern andere dazu inspirieren, ihrerseits Gottesdienste zu gestalten. Es gibt so viele geistreiche und geistliche Gottesdienstformen und so viele inspirierte und inspirierende Christen, dass in jeder Kirche an jedem Tag ein Gottesdienst sein könnte. Da könnte morgens beim Aufschließen der Kirche eine Laudes oder abends beim Abschließen eine Komplet angeboten werden. Da könnte zum Mittag eine kleine Besinnung oder die Sext stattfinden. Da könnte am Donnerstag, dem Tag des Abendmahls, eine abendliche eucharistische Anbetung stattfinden. Da könnte am Freitagabend als Gebet vor dem Kreuz ein von Taizé inspirierter meditativer Gottesdienst mit viel Gesang stattfinden. Da könnte ein engagierter Organist am Samstagmittag eine kleine geistliche Orgelmeditation zur besten Marktzeit anbieten. Da könnte in den geprägten Zeiten des Adventes und der Fastenzeit eine Abendmeditation angeboten werden. Gestaltungsvorschläge liefern die Hilfswerke Adveniat vor Weihnachten und Misereor vor Ostern frei Haus. Der existenziell und spirituell gehaltvolle Gottesdienst könnte auch inspirierend auf die Spiritualität in der Familie rückwirken. Das wäre die je nach Ort und Situation differenziert zu verabreichende spirituelle Aufbaukost. All das geht nicht ohne Herz, Hirn und Hand, wohl aber ohne großen technischen, finanziellen und zeitlichen Aufwand. Wenn wir uns natürlich immer neu unter Event-Stress setzen, weil wir glauben, wir selbst müssten mit perfektioniertem medialen Entertainment die Welt erlösen, dann ist das Kind schon gestorben, bevor es geboren wurde. All das geht auch ohne Priester, aber wohl nur dann, wenn der erkennbar selbst engagiert ist und nicht stattdessen eine ruhige Kugel schiebt. Wenn ich als Seelsorger die Arbeit nur anderen in die Hand drücke, ohne selbst – auch mal genau wie die anderen Gemeindemitglieder in meiner Freizeit – Hand anzulegen, dann ist es mit der Glaubwürdigkeit meiner selbst und mit der Gutwilligkeit der anderen bald vorbei. Ein Seelsorger, der meint, statt mit ehrlicher persönlicher Hingabe mit etwas arbeitsverlagernder Moderation davonkommen zu können, der hinterlässt am Ende keine beseelte, sondern eine entseelte Gemeinde.

Ich plädiere also gegen diese teils selbstzufrieden-behäbige, teils kleingläubig-verhuschte Rückzugspastoral. Denn es ist ein Irrtum zu meinen, der spirituelle Rückzug aus dem Werktag werde den Sonntag retten. Nicht diese angekränkelte sedierende Defensivpastoral, sondern eine aus Selbst- und Gottvertrauen gespeiste Offensivpastoral im Alltag saniert und salviert auch den Sonn- und Festtag. Denn wir brauchen werktäglich und sonntäglich, alltäglich und festtäglich, eben tagtäglich und lebenslänglich den Segen Gottes. Und den bekommt man nicht nur im Sonntags-, sondern auch im Werktagsgottesdienst unberechenbar, unverdienbar, unermessbar und ganz und gar gratis.

... etwas läuten gehört?

Vom Münster sagt man: „Entweder es regnet, oder die Glocken läuten. Wenn's aber regnet und die Glocken läuten, dann ist Sonntag." In dem brütend heißen Sommer 2018 mit den verbrannten Wiesen, den vertrockneten Äckern mit der dramatisch eingebrochenen Getreideernte und den früh welkenden Blättern wäre man froh um den so dringend nötigen Regen gewesen. Aber dass nicht nur in Münster die Glocken täglich läuten, sogar, wo „katholische Glocken" hängen, mindestens dreimal täglich, das stimmt. Wenn man Menschen auf der Straße fragt, was es mit dem Gebimmel auf sich hat, dann fällt ihnen zumeist nur die akustische Ankündigung eines Gottesdienstes oder die Einladung dazu ein. Aber dreimal täglich läutet es von katholischen Kirchtürmen selbst dann, wenn die Kirchtüren, was ich sehr ärgerlich finde, fest verschlossen sind. Inzwischen haben auch manche evangelischen Kirchen diesen Brauch übernommen. Es ist das Tageszeitläuten, wie es in manchen Gegenden heißt, oder das Angelus-Läuten – kurz der Angelus – wie es bei uns heißt. Was hat es mit dem Angelus auf sich? Angelus ist Latein und heißt übersetzt Bote, das deutsche Wort Engel stammt von Angelus. Aber den Engel müssen sie sich nicht als humanoides Himmelsgeflügel vorstellen. In früheren Jahrhunderten, als die Menschen zumeist nicht über eine eigene Uhr verfügten, war das Angelus-Läuten vom Kirchturm der Taktgeber: Morgens um 6 oder 7 Uhr begann man mit der Arbeit, unterbrach sie um 12 Uhr zum Mittag und beendete sie um 18 Uhr. Und immer spielte das uralte, aus franziskanischer Tradition stammende, seit dem 13. Jahrhundert bezeugte Angelus-Gebet dabei eine wichtige Rolle; denn es bringt auf einprägsame Weise in einem Dreischritt (Wort Gottes, Antwort des Menschen, Heilsgeschehen) die Interaktion von Gott und Mensch ins Wort, beispielhaft dokumentiert durch Maria, die Jesus Christus zur Welt bringt.

Es beginnt mit: *„Der Engel des Herrn brachte Maria die Botschaft, und sie empfing von Heiligen Geist.“* Gott geht durch seinen Boten (Angelus) auf den Menschen zu, den er für sein Heilswerk gewinnen will. Menschen wie auch Ereignisse können dabei Boten Gottes sein. Gott macht den Menschen empfänglich für sein Heilswerk, aber er überwältigt ihn nicht. Mit einem Gebet, dem „Gegrüßet seist du, Maria“ (oder Ave Maria), wird das nach jedem der drei Schritte an der Lebensgeschichte Marias bebildert. Mancherorts werden im dreimaligen Ave Maria an die Nennung des Namens Jesus die drei göttlichen Tugenden angehängt: *„Jesus, der den Glauben in uns vermehren wolle … Jesus, der die Hoffnung in* *uns stärken wolle … Jesus, der die Liebe in uns entzünden wolle …"* Wo wir – wie Maria – diese drei göttlichen Tugenden zu realisieren versuchen, da ist Gott schon an uns und durch uns am Werke.

Aber nach dieser Initiative Gottes ist der Mensch dran mit seiner freien und selbstbestimmten Antwort an Gott. Im Angelus-Gebet heißt es darum: *„Maria sprach: Siehe ich bin eine Magd des Herrn; mir geschehe nach deinem Wort."* Maria lässt sich in beispielhafter Weise von Gott in Dienst nehmen, und zwar nicht als First Lady, sondern als Magd. Dass diese Indienstnahme auch für Männer gilt: *„Siehe ich bin ein Knecht des Herrn …"*, das sei nur angemerkt, damit es nicht vergessen wird.

Wo Gott auf einen Menschen zugeht, um ihn in Dienst zu nehmen, wo der Mensch sein Einverständnis dazu gibt und sich in Dienst nehmen lässt, da bekommt Gottes Heilswerk Hand und Fuß, Sinn und Verstand, Herz und Hände. *„Und das Wort ist Fleisch geworden und hat unter uns gewohnt."* Gott kommt uns nicht mit wohlfeilen Sonntagsreden oder Denkschriften, die oft das Papier nicht wert sind, auf dem sie stehen. Er riskiert Kopf und Kragen für uns Menschen, nimmt sein Kreuz auf sich und lässt sich buchstäblich festnageln auf seine Heils- und Hoffnungsbotschaft. Er wird Mensch unter Menschen und Unmenschen und ist solidarisch mit uns vom Holz der Krippe, dem Schrei der Geburt und den Windeln bis zum Holz des Kreuzes, dem Todesschrei und dem Totenhemd. Gott tritt real ein auch in die tiefste menschliche Unheilsgeschichte, damit der Mensch seinerseits eintreten kann in die göttliche Heilsgeschichte. Und dabei zählt er auf uns Menschen und unsere Mitwirkung in seinem Heilswerk. Maria wird uns dabei als Prototyp vor Augen gestellt und als Fürbitterin für das Gelingen unseres Dienstes bei Gott angerufen. *„Bitte für uns, heilige Gottesmutter, dass wir würdig werden der Verheißungen Christi."*

Im Schlussgebet wird deutlich, alles ist ein Akt der Gnade Gottes, seine Menschwerdung, die wir an Weihnachten feiern, sein Leiden und Sterben, das wir am Karfreitag begehen, und seine

Auferstehung, die alles in das befreiende Licht von Ostern stellt: *„Allmächtiger Gott, gieße deine Gnade in unsere Herzen ein. Durch die Botschaft des Engels haben wir die Menschwerdung Christi, deines Sohnes, erkannt. Lass uns durch sein Leiden und Kreuz zur Herrlichkeit der Auferstehung gelangen.“*

(Sie finden das Gebet übrigens im neuen Gotteslob S. 36, Nr.3/6). Und wenn Sie nun schon wissen, wo theologisch gesehen die Glocken hängen; und wenn Sie – gar dreimal täglich – etwas haben läuten hören, dann strukturieren Sie doch Ihren Tag auch mal neu mit diesem menschlichen Gott, mit diesem göttlichen Menschen. Klar, Gott kann auch ohne Sie und mich wirken; er scheint es aber, wie an Maria dokumentiert, vorzuziehen, trotz all unserer Defizite Sie und mich einzubeziehen. Er will und kann uns brauchen für sein Heilswerk und macht uns dafür brauchbar zu unserm und zum Heil anderer Menschen. Und wenn die Kirche, von der Sie es haben läuten hören, ärgerlicherweise geschlossen ist, dann öffnen Sie doch einfach – und sei es dreimal täglich – Herz und Verstand für Gott, damit er durch Sie und an Ihnen wirken kann. Dann sind Sie sein Angelus.

Die Kuh und der Sonntag

Es gibt pünktlich zum neuen Jahr ein neues Gesetz in NRW, das sogenannte „Entfesselungsgesetz“. Der Landesgeschäftsführer NRW vom Bundesverband mittelständischer Wirtschaft beklagt, das Investitionsklima in NRW sei „nachhaltig vergiftet“. Es sei über Jahre hin „ein investitionsfeindliches Klima geschürt“ worden, das unser Land dringend korrigieren müsse. Und nun geht es dem Sonntag an den (Sonntags-)Kragen. Ist der Ausverkauf des Sonntags durch die Partei mit dem „Christlich“ im Schilde der Preis, der zu entrichten war, um die Liberallalas mit ins Boot oder ins Bett für die Regierungsbildung zu bekommen?

Es ist noch nicht so lange her, da wurde den evangelischen Christen der Buß- und Bettag von der Politik abgeschwatzt und dann ersatzlos gestrichen. Wer will denn schließlich heute noch büßen und beten, wer hat das nötig? Dazu sind wir doch zu auf- und abgeklärt. Mit diesem kleinen Opfer, der Umwandlung eines freien Tages in einen Arbeitstag, so hieß es, könne man die Pflegeversicherung finanzieren. Man reibt sich heute die Augen: Der Gedenktag ist weg, aber die Pflegeversicherung, wenn sie denn finanziell gesichert ist, dann keineswegs durch den Buß- und Bettag. Sollte jemand anders da abkassiert und den Buß- und Bettag bilanztechnisch auf seine Habenseite verbucht haben? Damals sollte auch noch der Fronleichnamstag dem wirtschaftlichen Wohlergehen geopfert werden; denn erstens sei der ohnehin nur in katholischen Bundesländern ein freier Tag und müsse aus Gründen der Gerechtigkeit geopfert werden, und zweitens wisse doch ohnehin niemand mehr, was denn da gefeiert werde. Gottlob waren die katholischen Bischöfe nicht so auf Schmusekurs mit der damaligen politischen Agenda wie die evangelischen und haben an dem Tag festgehalten.

Nun aber hat die Landesregierung ein Entfesselungsgesetz vorgelegt, demzufolge nicht mehr nur vier, sondern acht Sonntage im Jahr verkaufsoffen sein sollen, um den rollenden Rubel und die geknebelt am Boden liegende Wirtschaft endlich zu entfesseln. Dann wird alles gut, zumindest aber besser als jetzt, so lautet die mitgegebene Verheißung. Aber wer hat die Wirtschaft so hinterhältig gefesselt, dass sie nun entfesselt werden muss? Wer hat das Investitionsklima vergiftet? Waren es die Gewerkschaften oder die Naturschutzverbände oder gar die Kirchen? Und könnte es sein, dass, wenn das Investitionsklima besser wird, im Gegenzug das Klima vor die Hunde geht? Ist auch die Sonntagsheiligung, ist der nicht für das alltägliche Wirtschaften geöffnete Sonntag ein Beitrag zur Vergiftung des Investitionsklimas? Nun haben die Gewerkschaftler im Allgemeinen nicht zu viel Weihrauch geschnuppert. Ihre

Klimavergiftung hat offenbar andere Ursachen. Aber wenn sie der Verkäuferin an der Fleischtheke, der Hilfskraft an der Kasse und dem Angestellten im Autohaus den freien Tag retten und deshalb den Sonntag nicht zum Alltag eingeebnet haben wollen, dann ist auch das irgendwie ein Gottesdienst am Menschen. Und das erinnert an den Menschendienst Gottes, den er uns geleistet hat, indem er den siebten Tag als freien Tag für alle heiligte.

Der NRW-Wirtschaftsminister Pinkwart kündigte an, die Landesregierung werde neue Sachgründe einführen, „die die Sonntagsöffnung verfassungsrechtlich absichern und das öffentliche Interesse dokumentieren". „Neue Sachgründe", das klingt fast wie „alternative Fakten". Vorbild für die Entwertung des Sonntags sei dabei das Land Berlin mit inzwischen höchstrichterlich bestätigten Vorgaben. Neben örtlichen Festen und Märkten sollen künftig auch die Belebung der Innenstädte, die Unterstützung eines zukunftsfähigen Einzelhandels, der Erhalt ortsnaher Versorgungsstrukturen auf dem Land und die Sichtbarkeit einer Kommune als Gründe ausreichen, um den Sonntag zu kassieren, um an ihm abzukassieren. Bei einer Kommune, die nur noch durch die Preisgabe des Sonntags sichtbar ist, kann es sich eigentlich nur um ein schnell errichtetes Wochenendzeltlager handeln.

Nun kann ich schon gleich ein Dutzend neu errichteter Einkaufszentren in NRW nennen, die entweder selber von erheblichem Leerstand ausgezehrt sind oder die alteingesessenen Läden der Innenstädte in den Ruin getrieben oder – noch grandioser – beides zugleich geschafft haben. Und wieso ist Berlin hier Vorbild für NRW? Die Stadt hängt wie keine andere finanziell am Tropf des Bundes. Oder ist Berlin deshalb Vorbild, weil es hier überhaupt nur noch – alle Konfessionen zusammengenommen – ca. 25 Prozent Christen gibt? Soll hier der Gott der Christen gefesselt und ein anderer Gott entfesselt und inthronisiert werden, einer der Mammon heißt und den Sonntag scheut wie der Teufel das Weihwasser? Der jüdische Religionsphilosoph Martin Buber hat einmal gesagt: *„Mehr als die Juden den Sabbat hat der Sabbat die Juden gehalten."* Das gilt in ähnlicher Weise auch für Christen: *„Mehr als die Christen den Sonntag hat der Sonntag die Christen gehalten."* Wir müssen den Sonntag halten und behalten, damit der Sonntag uns hält, uns den Himmel offen hält, den Aldi, Lidl, BWM, die Provinzial, die Landesregierung oder wer sonst immer den Himmel verheißt, nicht im Angebot haben. Wir brauchen nicht weniger Gott am Sonntag, sondern mehr Gott im Alltag, wenn unsere Gesellschaft menschlich bleiben soll. Für mehr Gott im Alltag brauchen wir den Sonntag, jeden Sonntag, damit nicht am Ende der Mensch im entfesselten Wirtschaften verkommt und umkommt. Wer den Sonntag nur noch als Hindernis für die Wirtschaft versteht und sukzessive zum Werktag degradiert, der kommt dem Verständnishorizont nahe, den auch die Kuh vom Sonntag hat: (Mit Verlaub!) fressen, scheißen und gemolken werden, alles wie immer und nichts sonst. Aber wir Christen sollten den Laden dicht und den Himmel offen halten am Sonntag und offen halten mit dem Sonntag zum Wohl aller Menschen, nicht nur der Gläubigen!

Wissenschaft – Wahrheit – Weisheit

Achtens

Wir leben in einer zweifelhaften Zeit. Wie eine Virusepidemie breitet sich derzeit der Zweifel an der Wahrheitsfähigkeit und Wahrheitswilligkeit der Politik, der Wissenschaft, der Medien, an der Wahrheitswilligkeit und Wahrheitsfähigkeit der Menschen aus.

Dazu passend ist gerade das Wort „postfaktisch" zum Unwort des Jahres gekürt worden. Der Wortbestandteil „Faktum" ist aus dem Lateinischen und heißt „das Werk, die Tat, die Tatsache", das Faktische eben. Der Wortbestandteil „post" heißt „nach". Postfaktisch hieße dann das, was nach dem Faktum kommt, sich aus ihm ergibt etc. Postfaktisch meint aber in Wirklichkeit tatsachenwidrig oder tatsachenuninteressiert. Man müsste diese Haltung eher kontrafaktisch nennen oder – mit dem griechischen Präfix „para" versehen – parafaktisch, an den Fakten vorbei. Was scheren mich die Tatsachen, wenn ich die Medienmacht habe, die Unwahrheit auf allen Kanälen, in allen Gazetten, in allen Programmen, in allen sozialen Netzwerken millionenfach zu platzieren? Was scheren mich die Fakten, wenn ich über die social bots genannten Lügenautomaten mit kontrafaktischen, parafaktischen, also unwahren oder halbwahren Behauptungen alle Haushalte der Republik fluten kann? Ein bot ist eine Software, die z. B. auf Twitter oder Facebook aktiv ist und Beiträge postet, um eine politische Stimmung zu erzeugen, unliebsame Menschen mit Verdächtigungen zu überziehen, bestimmte unerwünschte Positionen in ein zweifelhaftes Zwielicht zu rücken, Hassparolen zu streuen etc. Man sollte diese social bots, die eine Meinungskundgabe von Menschen vortäuschen, besser asocial bots nennen; denn sie sind asozial.

Wohin sind wir gekommen, wenn die mächtigsten Politiker dieser Welt, wenn ein Putin oder ein Trump, sich bis zur eigenen Erschöpfung kontrafaktisch, parafaktisch, unwahr, halbwahr oder tatsachenwidrig äußern können und es dagegen keinen Aufschrei der freien Presse gibt. Sie müssten diese Politiker gnadenlos brandmarken, und zwar entweder als dumm oder irrig, sofern diese es nicht besser wissen, oder als verlogen und verbrecherisch, sofern diese klar wahrheits- und tatsachenwidrige Behauptungen von sich geben. Unsere Weltgesellschaft kann sich weder durch Dummheit, noch durch Lüge korrumpierte Menschen in derart hochrangigen politischen Leitungs- und Machtpositionen leisten. Aber was ist, wenn nicht nur wichtige Politiker lügen wie gedruckt. Was ist, wenn auch die Wissenschaftler – wes Brot ich ess, des Lied ich sing – für politische, wirtschaftliche, militärische Interessen Gefälligkeitsgutachten abfassen? Das ist Drittmittelprostitution. Was ist, wenn sie keine definitiv tatsachenwidrige Behauptung aufstellen, sondern nur den ihren Auftraggebern genehmen Teil der Wahrheit, also die Halbwahrheit sagen? Eine Halbwahrheit kann sehr wohl eine ganze Lüge sein! Und die Expertenlüge hat etwas besonders Perfides.

Es gibt da ein uraltes Buch, das die ganze abendländische Geschichte begleitet und geleitet hat, das um alle Abgründe des Menschen weiß. Und darin heißt es gleich doppelt und eigentlich unüberhörbar und unübersehbar mit weltweiter und unbefristeter Gültigkeit: Achtens *„Du sollst nicht falsch gegen deinen Nächsten aussagen!“* (Ex 20,15) und *„Du sollst nicht Falsches gegen deinen Nächsten aussagen.“* (Dtn 5,20) Althebraisten sagen uns auch, man könne es übersetzen mit „Du wirst nicht … lügen … morden … stehlen … ehebrechen … Du wirst doch nicht derart bescheuert sein, deine Freiheit und Menschlichkeit aufs Spiel zu setzen. Der Gesetzgeber dieser Weisung sagt von sich selbst in der Präambel dieses Menschheitswerkes: *„Ich bin der Herr, dein Gott, der dich aus dem Sklavenhaus befreit hat.“ (Ex 20, 2)* Ich bin der,

der deine Freiheit will. Und darum gebe ich dir – noch als Dreingabe zur Stimme deines Gewissens – diese absolut einsichtigen Minimalforderungen mit auf den Lebensweg deiner selbst und deines Volkes. Und wenn du frei und menschlich bleiben willst, dann halte die Wahrheit hoch und heilig, ansonsten landest du in der Sklaverei, gerätst du in die Netze und Fallstricke deiner selbst produzierten, prononcierten und propagierten Lügen. Auch das World Wide Web kann leider Gottes ein die Welt umfassendes Lügennetz aus Fallstricken werden.

Vor vielen, vielen Jahrzehnten schon las ich in meinem Religionsbuch zur Erläuterung dieser Weisung das Folgende: *Zum weisen Sokrates (469–399) kam einer gelaufen und sagte: „Höre Sokrates, das muss ich dir erzählen!" „Halte ein!" – unterbrach ihn der Weise, „Hast du das, was du mir sagen willst, durch die drei Siebe gesiebt?" „Drei Siebe?", frage der andere voller Verwunderung. „Ja guter Freund! Lass sehen, ob das, was du mir sagen willst, durch die drei Siebe hindurchgeht: Das erste ist die Wahrheit. Hast du alles, was du mir erzählen willst, geprüft, ob es wahr ist?" – „Nein, ich hörte es erzählen und …" „So, so! Aber sicher hast du es im zweiten Sieb geprüft. Es ist das Sieb der Güte. Ist das, was du mir erzählen willst, gut?" – Zögernd sagte der andere: „Nein, im Gegenteil …" „Hm …", unterbracht ihn der Weise, „So lass uns auch das dritte Sieb noch anwenden. Ist es notwendig, dass du mir das erzählst?" – „Notwendig nun gerade nicht …" „Also", sagte lächelnd der Weise, „wenn es weder wahr, noch gut, noch notwendig ist, so lass es begraben sein und belaste dich und mich nicht damit."*

Kurzum, es sollte, was wir sagen, wahr sein, also den Tatsachen, den Fakten entsprechen. Und wenn die Wahrheit des zu Sagenden nicht oder nur schwer erweisbar ist, dann sollte das Gesagte wenigstens dem Guten und nicht dem Bösen, der Information und nicht der Deformation dienen. Und wenn das zu Sagende auch nicht gut ist, dann sollte es wenigstens zur Schadensabwehr notwendig und so indirekt dem Guten dienlich sein. Wir sollen und können um Gottes willen das Gute denken, sagen und tun, um es im Leben wahr zu machen und das Wahre denken, sagen und tun, um es im Leben gut zu machen.

Geistvoll glauben?

Am 1. Juli 1646, der Dreißigjährige Krieg liegt in den letzten Zügen, wird in Leipzig einer der ganz Großen der abendländischen Geistesgeschichte geboren, Gottfried Wilhelm Leibniz. Und am 14. November 1716 stirbt er siebzigjährig in Hannover. In diesem Jahr ist also sein 370. Geburts- und sein 300. Todestag. Leibniz war ein Genie und wohl auch ein Sonderling. Er leistete Großartiges auf so völlig disparaten Gebieten wie Jura, Mineralogie, Sprachwissenschaft, Mathematik, Theologie, Philosophie, Geologie, Mechanik, Geschichte. Mit 15 Jahren beginnt er das Studium der Mathematik in Leipzig oder Jena, erwirbt mit 17 Jahren mit einer Arbeit über das Individuationsprinzip das Bakalaureat, promoviert mit 21 Jahren zum Doktor der Jurisprudenz, tritt als Protestant in den diplomatischen Dienst des Mainzer Erzbischofs und wirkt in dessen Auftrag vier Jahre am Hofe Ludwigs XIV. in Paris. 1676 wird er Hofrat und Bibliothekar des Herzogs Johann Friedrich von Hannover und ab 1690 auch in der berühmten Bibliothek Wolfenbüttel. Friedrich der Große soll von ihm gesagt haben: „Er stellte für sich allein eine ganze Akademie dar.“ Sein Nachlass umfasst ca. 200.000 noch immer nicht edierte handbeschriebene Seiten, ca. 15.000 Briefe sind von ihm bekannt, die er mit ca. 1.300 Korrespondenzpartnern (darunter Newton, Boyle, Huygens, Königin Sophie Charlotte von Preußen, Malebranche, Leeuwenhoek, Prinz Eugen von Savoyen etc.) in ganz Europa austauscht. Leibniz baut 1673 eine mechanische Rechenmaschine, die er der Royal Society in London vorführt, entwirft windgetriebene Wasserpumpen, entwickelt neben einer ganz eigenen Philosophie (Monadenlehre) die Differenzial- und

Integralrechnung, die er 1684 noch vor Newton veröffentlicht. Im Jahr 1700 gründet er die Berliner Akademie der Wissenschaften.

Das Verhältnis von Vernunft und Glaube kann nach der Vorstellung von Leibniz im Letzten kein Widerspruch sein, weil beide, Vernunft wie Glaube, Gaben Gottes sind: *„Da die Vernunft eine Gabe Gottes ist, ebensogut wie der Glaube, so würde ihr Kampf Gott gegen Gott kämpfen lassen."*

Gleichwohl reicht der Glaube weiter als die Vernunft, insofern sich ihm die Mysterien des Glaubens erschließen, die der bloßen Vernunft unzugänglich bleiben. Denn *„da Gott unendlich ist, kann er nicht ganz erkannt werden."* Genauer lässt sich sagen: *„Die Mysterien übersteigen unsere Vernunft …, aber sie sind nicht gegensätzlich zu unserer Vernunft"*, denn *„eine Wahrheit kann niemals gegen die Vernunft sein."* Allerdings ist Leibniz auch das philosophische Selbstbewusstsein nicht fremd, das im Falle eines Widerspruchs zwischen Glauben und Vernunft, zur Kritik an Artikeln des Glaubens findet und aus sich selbst bis zu einem letzten Prinzip aller Dinge vordringt.

„Wenn die Einwürfe der Vernunft gegen irgendeinen Glaubensartikel unauflöslich sind, wird man sagen müssen, dass dieser vorgebliche Artikel falsch und nicht geoffenbart sein wird." Und: „Wir brauchen den geoffenbarten Glauben nicht, um zu wissen, dass es ein (…) einziges Prinzip aller Dinge gibt, vollkommen gut und weise. Die Vernunft lehrt es uns durch unfehlbare Beweise." Damit ergibt sich für das Verhältnis von Glauben und Wissen eine in ihrer Herkunft von Gott begründete Harmonie, deren unproblematische Irritation aus den nur partiell deckungsgleichen Aussagebereichen von Glaube und Vernunft resultiert, und deren problematische Irritation durch eine zur Kritik an vorgeblichen Glaubensaussagen berechtigte Vernunft abgestellt werden kann. Die Philosophie ist also nicht die unbedarfte Magd der Theologie.

Aber Leibniz macht sich auch daran, Gottesbeweise zu liefern. Die Idee von einem höchsten und vollkommensten Wesen schließt seines Erachtens aber alle Vollkommenheiten ein und die Existenz ist eine davon. Es muss nur nachgewiesen werden, *„dass das vollkommenste Wesen oder das notwendige Wesen möglich ist und keinen Widerspruch einschließt."* Wenn das geleistet wird, ist der Gottesbeweis schlüssig. Und Leibniz zieht diesen Schluss: *„Da nichts die Möglichkeit dessen hindern kann, was keine Schranken, keine Verneinung und infolgedessen keinen Widerspruch einschließt, genügt dies allein, um die Existenz Gottes a priori zu erkennen."*

Die Frage, warum überhaupt etwas ist und nicht vielmehr nichts, nötigt uns auch dann, wenn diese Welt als ewig gedacht würde, die Annahme eines zureichenden Grundes auf. Es müsste auch dann einen zureichenden Grund dafür geben, dass etwas Ewiges ist und nicht vielmehr nichts, nämlich weder etwas Zeitliches noch etwas Ewiges. Der Satz vom zureichenden Grund ist das entscheidende Kriterium dieses aus der Erfahrung gewonnenen (aposteriorischen) Gottesbeweises. Mit ihm steht und fällt der Gottesbeweis.

Wahrheiten sind, einem weiteren seiner Beweise zufolge, ein Teil des Inhalts eines Bewusstseins, und ewige Wahrheiten sind Teil des Inhalts eines ewigen Bewusstseins. Wenn aber den ewigen Wahrheiten (oder Wesenheiten oder Möglichkeiten) ein Sachgehalt, ein realitätshaltiger Kern zugesprochen werden muss, dann kann das diese ewigen Wahrheiten bergende oder evozierende oder generierende ewige Bewusstsein nicht ohne Sachgehalt, nicht ohne Realitätshaltigkeit sein. Eine Ursache für das, was als sachhaltig oder als realitätshaltig zu qualifizierende ewige Wahrheiten hervorbringt, muss selber auch sachhaltig, realitätshaltig sein, also gewissermaßen von mindestens derselben Seinshöhe sein wie das, was sie hervorbringt. Also muss es das ewige Bewusstsein Gottes als ein wirkliches, weil wirksames, – und also muss es Gott selber geben.

Es ist spannend zu sehen, dass der Geist eines Mannes, der seit 300 Jahren tot ist, auch noch die Hirnwindungen der heute Lebenden begeistert. Ich glaube, das zeugt von der Über-Lebenskraft des Geistes, von geistvollem Glauben.

Athen, Rom, Jerusalem

Woher hat, woher nimmt Europa seine Werte? Papst Franziskus, der Papst vom anderen Ende der Welt, wie er sich selbst am Tag seiner Wahl, genannt hat, erhält 2016 den Karlspreis der Stadt Aachen für seine Verdienste um Europa. Und während er in dem von ihm ausgerufenen Jahr der Barmherzigkeit die Flüchtlinge auf Lampedusa und Lesbos besuchte und etliche direkt in den Vatikanstaat mitnahm, ist Europa dabei, sich gegen Flüchtlinge abzuschotten und seine Grenzen dicht zu machen. Wachmannschaften mit Hunden, hohe Stacheldrahtzäune, schmerzhafte Gummigeschosse, Reizgas und Pfefferspray werden aufgeboten. Die meisten europäischen Staaten fürchten, dass sie überflutet, überfremdet und überwältigt werden von Menschen aus anderen Kulturkreisen, mit anderen Denkweisen, aus anderen Glaubensgleisen. Und plötzlich befinden sich europaweit nationalistische Parteien im Aufwind.

Woher hat, woher nimmt Europa seine Werte? Ich glaube, die europäischen Werte haben drei Quellen. Da ist zuerst Athen, das Zentrum der Philosophie der Antike. Dahin gehören die Namen Sokrates (469–399), Platon (427–347), Aristoteles (384–322) und Epikur (341–270), Männer des 5. bis 3. vorchristlichen Jahrhunderts. Aber hinter diesem Ortsnamen Athen verbirgt sich als Quelle die ganze abendländische über Kant und Hegel bis ins Heute reichende Philosophiegeschichte mit ihrer Ethik. Hier werden die Werte aus einem strikten philosophischen Nachdenken gewonnen. Was hier am Ende als Wert deklariert wird, mag auch logisch stringent sein. Aber es kann je nach dem vorausgesetzten Bezugssystem ein Hedonismus, also ein primär auf

Glück ausgerichtetes Wertesystem wie bei Epikur, eine epistemische, also eine aus Wissen abgeleitete Ethik wie bei Platon, ein blanker Utilitarismus, also eine Nützlichkeitsethik wie bei vielen Denkern unserer Zeit oder eine Pflichtenethik wie bei Kant dabei herauskommen. Natürlich muss ein Werte- und Rechtssystem logisch kohärent, konsistent und stringent ein. Aber wenn es je nach Wahl des Bezugssystems nahezu beliebig viele Werte- und Rechtssysteme gibt, die diese Anforderungen erfüllen, welches Bezugssystem ist dann zu wählen? Logik ist sicher wichtig, aber welches Bezugssystem ist richtig?

Die zweite Quelle für europäische Werte ist Rom, das antike Rom, die Hauptstadt des römischen Weltreiches. Dahinter verbirgt sich ein höchst differenziertes Rechtssystem, dessen Argumentationen und Setzungen bis in unser heutiges bürgerliches Recht, bis ins Strafrecht, ins Staatskirchenrecht und ins Verfassungsrecht hinein zu verfolgen sind. Die Gesetze dienten der römischen Staatsräson, und selbst die Religion wurde instrumentalisiert für die Politik, für die Stabilisierung des Staatssystems. Natürlich muss ein Werte- und Rechtssystem in der Praxis funktionieren, also den Staat erhalten, die Gemeinschaft der Bürger schützen können. Aber wer nur seine Grenzen, Zäune und Schlagbäume dicht macht, hat vielleicht zu viel Römisches Rechtsdenken in seiner Wertfindung und Wertzumessung. Die Römer als Weltmacht der Antike sicherten ihr Reich mit natürlichen Grenzen aus Bergen und Flüssen, legten überall Militärstützpunkte an und bauten dazu noch einen Hunderte Kilometer langen riesigen Grenzwall auf, den Limes. Das Ganze war ein jahrhundertelang perfektioniertes System, genützt hat es ihnen am Ende nichts. Die germanische Völkerwanderung spülte die politisch, rechtlich und militärisch gesicherten Grenzen und Absicherungen weg und bemächtigte sich des Weströmischen Reiches, das schließlich im Jahr 476 unterging. Moderne Historiker sagen, das Abschottungs-, Verwaltungs- und Wirtschaftssystem war nahezu perfekt, aber das

Integrationssystem war defizitär und der Zahl der Neuankömmlinge nicht gewachsen.

Und die dritte Quelle für europäische Werte ist Jerusalem. Dahinter verbirgt sich die jüdisch-christliche Religion. Hier finden sich die Zehn Gebote des Mose vom Berg Sinai aus dem Alten Testament, die seit dreitausend Jahren in Gültigkeit sind. Hier finden sich die revolutionären Antithesen zum Gesetz des Mose: *„Ich habt gehört, dass zu den Alten gesagt worden ist, ich aber sage euch …"* Das Zentrum, der Ausgangs- und Zielpunkt aller Werte ist dabei der Glaube an Gott. Jesus Christus tritt in der Bergpredigt wie der Mose vom Berg Sinai auf, aber als der neue Moses als Überbringer der Weisungen Gottes. Hier findet sich die Goldene Regel Jesu im Neuen Testament: *„Alles, was ihr also von anderen erwartet, das tut auch ihnen."* Hier findet sich das Hauptgebot der Gottes- und Nächstenliebe als die alles zusammenfassende Weisung Jesu: *„Du sollst den Herr, deinen Gott, lieben mit ganzem Herzen, mit ganzer Seele und mit all deinen Gedanken. Das ist das wichtigste und erste Gebot. Ebenso wichtig ist das zweite: Du sollst deinen Nächsten lieben wie dich selbst."* Hier im göttlichen Menschen und im menschlichen Gott Jesus Christus hat man den absoluten Bezugspunkt für das menschliche Wertesystem.

Könnte es nicht sein, dass in all den Krisen der Gegenwart, in den Umwelt- und Militärkrisen, in den Flüchtlings- und Finanzkrisen, in den Wirtschafts- und Gesellschaftskrisen die dritte Quelle, die Jerusalemer Quelle für europäische Werte ausschlaggebend ist, wenn sie sich mithilfe Athens um logische Konsistenz und mithilfe Roms um politische Praktikabilität bemüht? Vielleicht kann darum der außereuropäische argentinische Papst unter Rückgriff auf die außereuropäische, die Jerusalemer, Quelle unserer Werte diesem wertindifferenten Europa das Gottesgeschenk einer neuen menschlichen Gewissenhaftigkeit vermitteln, eine Menschenliebe, die von Gott kommt, und eine Gottesliebe, die vom Menschen kommt und allen Menschen zugutekommt.

Freiheit im Schach?

Die Frage nach der menschlichen Freiheit stand unversehens im Raum bei einer Studienwoche mit gestandenen und zugleich ratlosen Akademikern. Alle neuronalen Prozesse seien doch deterministisch ablaufende Prozesse, wo sollte da die Freiheit herkommen, auf die wir uns so viel einbilden? Wir wüssten doch mit überraschungsfreier Sicherheit, was genau an der Nervenzelle, also an einem einzelnen Neuron, geschieht, und wir wüssten, dass das, was am einzelnen Neuron, geschieht, in derselben Weise an allen anderen Neuronen auch so geschieht. Wir kennten alle Neurotransmitter, ihre Wirkweise und ihre Lokalisation. Wir wären zumindest grob in der Lage, differenzierte Geisteszustände bestimmten neuronalen Erregungsmustern zuzuordnen. Wo sollte da noch Bedeutung und Sinn entstehen, wo Freiheit? – Es könnte Bedeutung entstehen aus dem Zusammenspiel verschiedener spezifischer Neuronenpopulationen. Das einzelne Neuron bliebe dabei funktional in der vorausgesetzten Weise determiniert. Da aber nicht immer dieselben und schon gar nicht immer alle Neuronen an jedem infrage kommenden Prozess beteiligt sind, gäbe es Unterschiede bezüglich der Anzahl der beteiligten Neuronen und der Häufigkeit ihrer Beanspruchung. Dabei entsteht eine im Anfang zufällig erscheinende Vernetzung und Vergesellschaftung miteinander kooperierender Neuronen und letztlich das Analogon einer konkreten synaptisch fixierten Lebensgeschichte im Kopf.

Es könnte eine spezifische Bedeutung entstehen durch den Ort der Verarbeitung eines von außen kommenden Impulses im Gehirn. Z. B. im Tectum opticum entsteht immer eine optisch fixierte, im Lobus olfactorius immer eine geruchlich fixierte Bedeutung etc. Welche, das ergäbe sich dann aus dem konkreten Fine-Tuning der Neuronenpopulationen in diesem Bereich. Aber bliebe damit nicht alles ein deterministisches Geschehen?

Wäre bei diesen Grundannahmen eines deterministischen Geschehens die Frage nach der Freiheit endgültig negativ beschieden und ein für alle Mal vom Tisch? Mitnichten! Ich bin sicher, es gibt gerade auf der Basis deterministischer Grundannahmen ganz eindeutig erhebliche Freiheitsgrade.

Als Analogie möchte ich einmal das Schachspiel heranziehen. Jede Partei hat 16 Figuren in unterschiedlicher Anzahl auf 6 Funktionstypen verteilt: 8 Bauern, 2 Türme, 2 Läufer, 2 Springer, 1 Dame und 1 König. Das Bewegungsrepertoire jeder einzelnen Figur ist klar definiert, sie kann nur deterministisch vorwärts, seitwärts, rückwärts oder diagonal bzw. in einer spezifischen Kombination dieser Richtungsvorgaben bewegt werden. Und auch das ist noch festgelegt, dass immer die weiße Figurenfarbe beginnt.

Außerdem gibt es auf der Ebene oberhalb der Bewegungsmöglichkeiten der einzelnen Figuren vielfach durchprobierte Muster, der Beginn mit einer ganz bestimmten Eröffnung, die Nutzung einer ganz bestimmten Verteidigungsvariante etc. Das heißt, es gibt noch neben den die Einzelfiguren betreffenden Grunddeterminanten systemische Determinantenkomplexe.

Man könnte zu der Annahme geneigt sein, dass dieses Spiel in jedem Fall völlig unfrei abläuft. Das Gegenteil ist der Fall; denn gerade auf der Basis der Determinanten, gewissermaßen als deren Überraschungseffekt, ergibt sich ein unglaublicher Freiheitsraum. Wenn man nicht ein bestimmtes Spiel zu Lernzwecken nachspielt, also nur kopiert, dann verläuft kein Spiel wie das andere.

Auch die übliche Gesamtintention dieses Spiels kann ich sogar unter strikter Beibehaltung aller in sich determinierten Spielzüge noch variieren. Ich kann z. B. festlegen, dass nicht der gewinnt, der den Gegner zuerst schachmatt setzt, sondern der, der es durch die Kontraintention schafft, sich als Erster schachmatt setzen zu lassen. Man spielt also gewissermaßen Schach pervers. Ganz gleich, ob ich nun Schach oder Schach pervers spiele, es wird an keinem Zug irgendeiner Figur eine Regelverletzung erkennbar, außer dass die beiden Gesamtintentionen diametral entgegengesetzt sind, sich also total divergente Spiele ergeben. Die Freiheit, die sich aus und über den Determinanten des regulären Spiels ohnehin schon ergibt, wird nochmals verdoppelt.

Unter Beibehaltung aller die jeweils einzelnen Figuren betreffender Determinanten ist auch noch Folgendes denkbar: ein vergrößerter Freiheitsraum durch die Hinzunahme der dritten Raumdimension, also Schach nicht auf dem Quadrat über den Quadraten, sondern im Kubus über den Kuben. Eine dritte Raumdimension haben wir, und insofern wird der Analogiespielraum nicht verlassen, ja schließlich auch im Gehirn.

Was immer ein die einzelnen Spielzüge von außen betrachtender Beobachter wahrnehmen kann, ist die totale Determination eines jeden einzelnen Spielzuges. Und das ist die derzeitige Perspektive vieler Neurowissenschaftler. Was sie allerdings aus ihrer das Schachbrett aufmerksamst beäugenden Froschperspektive nicht wahrnehmen, ist die just auf der Basis all dieser Determinanten und die gerade mittels all dieser Determinanten erst ermöglichte ungeheure Freiheit des Spiels. Und gerade diese Freiheit ist es, die den Reiz des Spiels ausmacht. Und schließlich ist da noch der Zeitfaktor: Wenn sich um viele Zehnerpotenzen mehr Spielvarianten ergeben, als ich Lebensmomente habe, um sie – oder wenigstens die interessantesten Spielvarianten darunter – auch nur annähernd zu realisieren, dann verfüge ich über eine riesengroße, unter Umständen astronomisch anmutende Dimension relativer Wahlfreiheit. Ist der Mensch nicht zumindest relativ frei, der unter einer die Handlungsmomente seines Lebens in unvorstellbarer Weise überschreitenden Anzahl von im Einzelnen determinierten Lebensvarianten wählen kann? Die uns vorgegebenen Determinanten sind die Bedingung der Möglichkeit von individueller Freiheit. Ich glaube, wir haben nicht Freiheit *gegen*, sondern Freiheit *wegen* Determination. Nutzen wir sie!

Zweifel-Haft

Mein letztes Semester an der Universität ist angebrochen und da soll es in einem Seminar noch einmal um die Grundfragen gehen. Der Titel ist: Glauben – Zweifeln – Wissen.

Manche Menschen meinen, wer Wissen hat, ist fein raus, denn er muss nichts glauben. Und wer nur Glauben hat, sitzt dick drin, weil er nichts weiß. Und was ist mit dem, der zweifelt? Laviert der herum zwischen dem angeblich so sicheren Wissen und dem angeblich so unsicheren Glauben? Und wenn ja, führt dann der Zweifel vom Glauben weg zum Wissen? Oder führt der Zweifel vom Wissen weg zum Glauben? Was ist Glauben?

Im Hebräerbrief (Hebr 11,1) steht eine bemerkenswerte Definition: „*Glaube aber ist: Feststehen in dem, was man erhofft, Überzeugtsein von Dingen, die man nicht sieht.*"

Wenn man dann weiterliest, findet sich nur eine schöpfungstheologische Voraussetzung: „*Aufgrund des Glaubens erkennen wir, dass die Welt durch Gottes Wort erschaffen worden und dass so aus Unsichtbarem das Sichtbare entstanden ist.*"

Durch Gottes Wort, das heißt durch seine intelligible Präsenz und Potenz, entsteht aus dem Nichts das Etwas, aus dem Unsichtbaren alles Sichtbare, auch alles, was unsere Wissenschaft erst sichtbar macht. Und auch wir, die großartigen Seher und Sichtbar-Macher, werden selber erst sichtbar, ansehbar und ansehnlich durch Gottes schöpferisches Wort. Mehr theologischer Vorgaben für den Glauben bedarf es nicht. Stattdessen werden zur Erklärung dessen, was Glaube ist, Lebensgeschichten vor uns ausgebreitet, vor allem die der Patriarchen Abraham, Isaak, Jakob, Josef. Aber auch Frauen kommen vor: Sara, die Frau Abrahams, und sogar Rahab, eine Prostituierte, werden uns als vorbildliche Glaubende dargestellt. Und was zeichnet sie alle aus? Sie leben einen Glauben, der nicht blässliche Theorie, der nicht vages Für-wahr-Halten von papiernen Sätzen bleibt, sondern sich in eine konkrete Lebensgeschichte einschreibt, und so Geschichte als Glaubens- und Heilsgeschichte schreibt. Abraham zieht auf Gottes Ruf weg aus seiner Heimat in ein Land, das er nicht kennt. Er haust in Zelten, *„denn er erwartete die Stadt mit den festen Grundmauern, die Gott selbst geplant und gebaut hat. (…) voll Glauben sind diese alle gestorben, ohne das Verheißene erlangt zu haben; nur von fern haben sie es geschaut und gegrüßt und haben bekannt, dass sie Fremde und Gäste auf Erden sind. Mit diesen Worten geben sie zu erkennen, dass sie eine Heimat suchen. Hätten sie an die Heimat gedacht, aus der sie weggezogen waren, so wäre ihnen Zeit geblieben zurückzukehren; nun aber streben sie nach einer besseren Heimat, nämlich der himmlischen. Darum schämt sich Gott ihrer nicht, er schämt sich nicht, ihr Gott genannt zu werden; denn er hat für sie eine Stadt vorbereitet.“*

All diese Zeugen des Glaubens haben nicht mit Katechismus-Sätzen gefuchtelt, sondern die Lebens- und Praxistauglichkeit ihres Glaubens erwiesen, haben mit ihrer Lebensgeschichte Heilsgeschichte geschrieben. Und gibt's da keine Zweifel? Aber ja doch, denn nichts ist zweifellos! Bertold Brecht, eher sozialismusgläubig als christgläubig, hat in einem seiner Gedichte den Zweifel als Geburtshelfer des Glaubens prämiert.

„Der Zweifler
Immer wenn uns
Die Antwort auf eine Frage gefunden schien
Löste einer von uns an der Wand die Schnur der alten
Aufgerollten chinesischen Leinwand, so daß sie herabfiel und
Sichtbar wurde der Mann auf der Bank, der
So sehr zweifelte
Ich, sagte er uns
Bin der Zweifler, ich zweifle, ob
Die Arbeit gelungen ist, die eure Tage verschlungen hat.
(…) Aber vor allem
Immer wieder vor allem anderen:

Wie handelt man
Wenn man euch glaubt, was ihr sagt? Vor allem: Wie handelt man?
Nachdenklich betrachteten wir mit Neugier den zweifelnden
Blauen Mann auf der Leinwand, sahen uns an und
Begannen von vorne."

Immer, wenn die Antwort auf die Gottesfrage sich im Glanz einer ihrer zeitbedingten Dominanzformen sonnt oder wenn Gott gänzlich bestritten wird, ist diese Brechtsche Frage angebracht:

„*Immer wieder vor allem anderen:*
Wie handelt man
Wenn man euch glaubt, was ihr sagt? Vor allem: Wie handelt man?"

Als Christen könnten wir das in Anlehnung an Brecht so umformulieren:

„*Nachdenklich betrachteten wir mit Betroffenheit den sterbenden*
Mann am Kreuz, sahen uns an und
Begannen von vorne."

Ein absolut gewisses Wissen gibt es nicht. Wenn man dem Wissen durch hartnäckig-zweifelndes Fragen auf den Grund geht, landet man in einem Skeptizismus, der keine Wissens-Gewissheiten mehr kennt und am Ende noch den Sinn des Zweifels bezweifelt, oder man landet in einem Glauben. Auch den absolut sicheren Glauben gibt es nicht. Wenn man dem Glauben durch hartnäckig-zweifelndes Fragen auf den Grund geht, landet man in einem Skeptizismus, der keine Glaubens-Gewissheiten mehr kennt, oder in einem besser durchdachten, tiefer begründeten und weiter gereiften Glauben. Die letzten Fundamente all unserer Wissens-Gewissheiten sind gegründet in einem Glauben. Die letzten Fundamente unserer Glaubens-Gewissheiten sind gegründet in einem umfassenderen und tieferen Glauben. Es gibt kein glaubensfreies Wissen, und es gibt kein wissensfreies Glauben. Und beide, das Wissen wie das Glauben, müssen durch das Ätzbad eines reinigenden Zweifels hindurch, aber sie sollten nicht darin stecken bleiben. Der Glaube an einen Gott, der Ausgangs- und Zielpunkt unseres Lebens ist, ermutigt uns, nicht in einer lebenslänglichen Zweifel-Haft zu enden und in Verzweiflung zu verenden. Der Glaube ermutigt uns, uns mit dem Zweifel durch alles nur vordergründige Wissen hindurchzuzweifeln zu einem tiefer gegründeten Wissen, uns durch den Zweifel hindurchzuzweifeln zu einem tiefer begründeten, existenziell tragfähigeren Glauben. Der über alle Zweifel erhabene, nur glaubend erreichbare letzte gründende und alles begründende Grund unseres Wissens wie unseres Glaubens ist Gott.

Fortschritt

Was ist Fortschritt, so lautete der Titel eines interdisziplinären Symposions, zu dem Physiker, Chemiker, Biologen, Philosophen, Sozialwissenschaftler und Theologen geladen waren. Mir fiel dazu das Bonmot eines führenden Vorstandsmitglieds von einem der ganz großen DAX-Konzerne ein: „*Gestern standen wir mit unserem Konzern noch am Rande des Abgrunds. Heute sind wir einen Schritt weiter.*" Was ist Fortschritt? Erich Kästner hat diese Frage freundlich ironisch so beantwortet:

Einst haben die Kerls auf den Bäumen gehockt,
behaart und mit böser Visage.
Dann hat man sie aus dem Urwald gelockt
und die Welt asphaltiert und aufgestockt,
bis zu dreißigsten Etage.

Da saßen sie nun, den Flöhn entflohn,
in zentralgeheizten Räumen.
Da sitzen sie nun am Telefon.
Und es herrscht noch genau derselbe Ton
wie seinerzeit auf den Bäumen.

Sie hören weit. Sie sehen fern.
Sie sind mit dem Weltall in Fühlung.
Sie putzen die Zähne. Sie atmen modern.
Die Erde ist ein gebildeter Stern
mit sehr viel Wasserspülung.

Sie schießen die Briefschaften durch ein Rohr.
Sie jagen und züchten Mikroben.
Sie versehen die Natur mit allem Komfort.
Sie fliegen steil in den Himmel empor
und bleiben zwei Wochen oben.

Was ihre Verdauung übrig lässt,
das verarbeiten sie zu Watte.
Sie spalten Atome. Sie heilen Inzest.
Und sie stellen durch Stiluntersuchungen fest,
dass Caesar Plattfüße hatte.

So haben sie mit dem Kopf und dem Mund
den Fortschritt der Menschheit geschaffen.
Doch davon mal abgesehen und
bei Lichte betrachtet sind sie im Grund
noch immer die alten Affen.

Die Fraglichkeit dessen, was wir Fortschritt nennen, wurde mir am Beispiel der Substanz Dichlordiphenyltrichlorethan deutlich, eine Substanz, die viele von uns eher unter dem Kürzel DDT kennen. DDT ist ein Insektizid, ein Kontakt-und Fraßgift. Man lobte seine chemische Stabilität und seine Fettlöslichkeit. Als diese Substanz in den Vierzigerjahren erstmals zur Anwendung kam, hat sie die Zahl der Malaria-Toten sofort drastisch gesenkt, denn sie ging der Anopheles-Mücke an den Kragen, die die Überträgerin der Malaria ist. Millionen von Menschen ist durch DDT die Erkrankung an und der Tod durch Malaria erspart geblieben. Auch die Biologiebücher boten den DDT-Einsatz als positives Beispiel menschlicher Interventionen in biologische Kreisläufe zum Besten. Oscar Wild behauptete: *„Fortschritt ist die Verwirklichung von Utopien."* Bis hierhin konnte man dieser Definition von Fortschritt Vertrauen schenken.

Aber dann stellte man in den Siebzigerjahren nach und nach fest, dass sich diese Substanz im Fettgewebe der Endglieder einer Nahrungskette, also auch im Fettgewebe des Menschen, ansammelt, dort eine hormonähnliche Wirkung entfaltet und krebsverdächtig ist. Außerdem stellte man fest, dass sich auch im Fettgewebe der Greifvögel DDT akkumulierte und in dessen Folge die Eierschalen der Greife so dünn und brüchig wurden, dass sie beim Bebrüten zerbrachen. Der Bestand ganzer Arten, wie z. B. des Wanderfalken, stand auf dem Spiel. Und last but not least entwickelten sich auch Stämme der Anopheles-Mücke, die mit einer hohen Dosierung von DDT noch klarkamen, also eine Resistenz gegen das Insektizid entwickelten. Gilt nun für diese Art von Fortschritt, was Arnold Gehlen einmal so formuliert hatte: *„Fortschritt ist der Übergang von Situationen, deren Nachteil man schon kennt, zu Situationen, deren Nachteil man noch nicht kennt."* Dann bliebe nicht viel vom Fortschrittspathos, dass alles immer besser wird.

Zumindest muss man annehmen, dass der Fortschritt ein Verfallsdatum oder eine Art Halbwertszeit hat und nicht zeitunabhängig das bleibt, als was er anfangs gefeiert wird. Außerdem muss man annehmen, dass er nicht gradlinig und in einer Richtung weiterläuft, sondern sogar Phasen der Schubumkehr kennt, Rückwendungen aus den Sackgassen, in die man fortschrittsgewiss oder fortschrittstrunken eingebogen ist. Wir haben also auch danach zu fragen: Fortschritt für wen, für wie lange, in welcher Richtung?

Eine freche Nachfrage von Stanislaw Jerzey Lec lautet: „*Ist es ein Fortschritt, wenn der Kannibale Messer und Gabel benutzt?*" Das macht noch auf einen weiteren wichtigen Aspekt des Fortschritts aufmerksam. Es reicht nicht, den technisch-apparativen Fortschritt allein ins Auge zu fassen. Zum Fortschritt gehört auch ein Zuwachs an anthropologisch-moralischer Kompetenz. Denn nur der garantiert auch die Fähigkeit und Bereitschaft, fortschrittskritisch zu bleiben und die Frage nach dem „Cui bono?" zu beantworten. Wem kommt der Fortschritt zugute? Wie lange ist er als Fortschritt dienlich und wann hinderlich? Wie steht es um die Revidierbarkeit dessen, was man zeitweise für Fortschritt gehalten hat? In welche Richtung ist dann anschließend nach Fortschritt zu suchen? Wenn es diese aus der anthropologisch-moralischen Kompetenz erwachsende Kritisierbarkeit und Revidierbarkeit der Fortschrittsidee nicht gäbe, dann hätte Egon Friedell recht, der meinte: „*Der Fortschritt der Menschheit besteht in der Zunahme ihres problematischen Charakters.*" Die Fortschrittskritik sollte nicht mit raffinierten Strategien zur Fortschrittsplausibilisierung und Fortschrittsakzeptanzgewinnung zugeschüttet oder argumentativ eingepreist werden. Fortschritt beginnt mit dem Schritt fort vom blind betriebenen Hamsterrad des Immer-Weiter und Immer-Schneller. Und dieser Distanz schaffende Schritt fort vom Fortschritt ermöglicht es mir, das Ganze in den Blick zu nehmen und nicht nur den nächsten kleinen Schritt zu optimieren, der ja zu einem letztlich problematischen Ziel führen könnte. Mir scheint, wir müssen auch unser Vonwoher und Woraufhin als Menschen, den letzten alles umfassenden Horizont und den letzten Peilpunkt unserer Selbstvergewisserung als Menschen in den Blick nehmen, den wir Gott nennen. Mit dem Schritt fort aus den banalen Alltagsplausibilitäten läge der existenziell entscheidende umfassende Fortschritt, der mit Gott und zu Gott.

Gerechtigkeit – Barmherzigkeit – Menschlichkeit

Wohl-Tat

„Das Gute, dieser Satz steht fest, ist stets das Böse, das man lässt." Das jedenfalls meint Wilhelm Busch in seiner Bildergeschichte „Die fromme Helene" von 1872. Ob das so stimmt? Ich habe Zweifel.

Vor Jahr und Tag las ich eine kleine Geschichte von dem österreichischen Erzähler Karl Heinrich Waggerl (1897–1973) mit dem Titel „Mein Stock". Darin erzählt er, wie es einmal in stürmischer Winternacht bei ihm an der Tür klopft. Als er die Tür öffnet, fegt eisiger Treibschnee ins Haus. Ein Penner, der des Öfteren bei ihm zum Betteln kommt, steht vor der Tür und bittet wortlos um ein Almosen. Über der Schulter trägt der Mann einen handgeschnitzten Stock, an dem ein Sack mit seinen Habseligkeiten hängt. Waggel gibt ihm jeweils das, was er so gerade zur Hand hat, mal ein Endchen Wurst, mal ein paar Groschen aus der Hosentasche. An diesem garstigen Winterabend liegt wahrhaftig schon Schnee auf dem Kopf des Mannes. So nimmt Waggerl eine wollene Mütze vom Haken und zieht sie dem leicht schwankenden Mann über den kahlen Schädel und lässt ihn wie die leibhaftigen guten Werke wieder in die garstig kalte Nacht hinaus wanken. *„Das aber war der Augenblick, in dem ich mich hätte besinnen müssen. Ich hätte an die rückwärtige Kammer denken sollen, o ja, ich dachte auch daran. Dort stand ein leeres Bett bereit, Tisch und Stuhl für einen Gast, und es war warm und behaglich in dieser Stube. Es gab auch noch Suppe in der Küche oder ein Butterbrot und eine halbe Flasche Bier auf dem Fensterbrett. Aber zugleich dachte ich an mein sauberes Haus und dass dieser Kerl hereintappen würde, nass und dreckig* *und weithin nach Branntwein stinkend. Wie er seine Fetzen auf den gewachsten Boden fallen ließe und unter das frische Leintuch kröche, mitsamt seinem Grind und seinen Läusen. Und da schlug ich die Tür zu und ließ das ganze Unbehagen draußen, Sturm und Kälte und alles miteinander.*"

Zwei Tage später begegnet Waggerl dem Totengräber, der gerade ein Grab hatte ausheben und einen Habenichts hatte beerdigen müssen, eine Schinderei bei dem tief gefrorenen Boden. Der zeigt ihm einen wunderbar aus Nussbaum geschnitzten Stock, aus dessen Astknoten schreiende Gesichter mit offenen Mündern schauen. Waggerl erkennt den Stock des Penners und erfährt, dass der noch in der besagten Winternacht erfroren ist. Er kauft, wohl gepeinigt vom schlechten Gewissen, dem Totengräber den Stock ab und lässt auch noch ein Holzkreuz auf eigene Kosten über dem Armengrab aufrichten.

Vor Jahren klopfte auch an meine Tür immer wieder ein Penner, wie man so verächtlich bis unmenschlich sagt. „Onkel Walter" nannte er sich selbst. Eines bitterkalten Winterabends klopfte er gegen 22 Uhr bei mir. Ich war gerade dabei, in meinem Wohnarbeitszimmer die Bio-Leistungskurs-Klausuren zu korrigieren. Ich ließ ihn wegen der beißenden Kälte herein, setzte ihn in die Küche und machte ihm eine Dosensuppe mit etwas Wurst heiß. Dann ließ ich ihn, weil ich ihn gut kannte, allein, um weiter zu korrigieren. Irgendwann nach Mitternacht ging ich, ohne noch an ihn zu denken, zu Bett. Am Morgen gegen sechs Uhr schreckte ich wegen eines gewaltigen Krachs in meiner Küche aus dem Schlaf. Als ich hineinstürzte, sah ich, „Onkel Walter", der die ganze Nacht froh über die Wärme und eingehüllt in seine verdreckten Mäntel auf meinem Küchentisch geschlafen hatte, war heruntergefallen. Weh getan hatte er sich nicht. Aber wenn ich nachts noch an ihn gedacht hätte, ich hätte ihn wahrscheinlich auch in die eisige Winterkälte der offenen Wagenremise entlassen, in der er üblicherweise kampierte. Und was, wenn er dann – wie der nächtliche Bittsteller von Waggerl – in der Kälte erfroren wäre? Das hätte jedenfalls mir lebenslänglich im Gewissen wehgetan. Nur meine Vergesslichkeit hat vielleicht ihn und mich vor dieser Unmenschlichkeit bewahrt. Waggerl beschließt seine traurige Geschichte so: *„Ich muss noch etwas hinzufügen, nur für mich, es soll niemanden beschweren: Das Böse, das wir tun, wird uns Gott vielleicht verzeihen. Aber unverziehen bleibt das Gute, das wir nicht getan haben.“*

Ich möchte den eingangs zitierten Satz von Wilhelm Busch korrigieren, zumindest ergänzen: *„Das Gute, dieser Satz steht fest, ist stets das Böse, das man lässt.“*, meinte Busch. Meine Version lautet eher: *„Das Böse, dieser Satz steht fest, ist stets das Gute, das man lässt.“* Ich hoffe aber über Waggels Annahme hinaus, dass Gott sogar noch das Gute, das wir nicht getan haben, verzeihen kann, wenn es uns aufrichtig reut.

Vor Kurzem nun schrieb mir eine alte und verwitwete Frau, deren Mann ich vor Jahr und Tag begraben hatte, eine Dankeskarte. Auf deren Vorderseite befand sich eine kleine Kalligrafie, die ihr Mann, er war ein ausgezeichneter Hobbymaler, lange vor seinem Tod angefertigt hatte. Sie beinhaltete den Spruch: *„Das Gute lebt weniger vom Hörensagen, mehr schon von Tunsehen, vor allem aber vom Selbertun.“* Merkwürdig bekannt kam mir der Satz schon vor, aber ich wusste ihn nicht mehr einzuordnen. Da sagte die alte Dame mir, dass das der Schluss einer meiner ebenfalls vor Jahr und Tag gehaltenen Predigten gewesen sei, und ich erinnerte mich. Manchmal muss man sich wohl auch eigene Worte von anderen wieder gesagt sein lassen, um sie sich neu zu Herzen zu nehmen, oder, besser noch, sie dann selber endlich auch zu beherzigen.

„Das Gute, dieser Satz steht fest, ist stets das Böse, das man lässt.“ Das ist eindeutig zu wenig. *„Das Böse, dieser Satz steht fest, ist stets das Gute, das man lässt.“* Das kommt zumindest ergänzend der Wahrheit noch etwas näher. Und wenn wir dann noch selber tatkräftig beherzigen, was wir anderen schon wohlmeinend ans Herz

gelegt haben: „*Das Gute lebt weniger vom Hörensagen, mehr schon von Tunsehen, vor allem aber vom Selbertun.*“ Das endlich wäre eine echte Wohl-Tat.

Gottesreich?

Das Evangelium berichtet mehrfach von der Begegnung des reichen Mannes oder Jünglings mit Jesus (Mk 10 und Mt 19). Der (junge) Mann fragt Jesus, was er tun müsse, um das ewige Leben zu gewinnen. Er sucht nach dem für ihn selbst richtigen und nach dem Gott wohlgefälligen Lebensweg. Und Jesus nennt ihm zunächst das Grundlegende, sozusagen das Basisprogramm fürs Christsein: Halte die Gebote. Aber das tut der junge Mann bereits. Vielleicht sind viele von uns in derselben Situation; das Grundlegende tun wir bereits: Wir schlagen keinen tot, sagen die Wahrheit, brechen nicht die Ehe, stehlen nicht etc.

Aber damit sind weder wir noch der junge Mann auf dem Gipfel der Vollkommenheit. Weil der junge Mann im Evangelium mehr will und mehr kann, nennt Jesus ihm über das Grundlegende hinaus noch das Weiterführende, zum Basisprogramm noch das Aufbauprogramm: Trenn dich von deinem Besitz zugunsten der Armen. Das ist zu viel für den Mann und er geht traurig davon.

Der heilige Hieronymus (347–420), der große Bibelübersetzer (Vulgata), Kardinal und Zeitgenosse des hl. Augustinus, hat zum Thema Armut und Reichtum harsche Worte gefunden: „*Deutlich nennt das Evangelium die Reichtümer ungerecht, denn aller Reichtum hat keinen anderen Ursprung als die Ungerechtigkeit, und jemand kann keine Reichtümer anhäufen, ohne dass ein anderer sie verliert. Deshalb scheint mir Volkes Stimme gewiss zu sein, wenn sie sagt: Die Reichen sind es entweder wegen ihrer eigenen Ungerechtigkeit oder wegen des Erbes von ungerecht erworbenen Gütern.*“

Aber kann man nicht auch reich sein, ohne betrügerisch oder ungerecht oder ausbeuterisch zu sein? Kann man nicht auch reich sein, weil man intelligentere Fertigungsmethoden, elegantere Transportwege, cleverere Verkaufsstrategien entwickelt hat, als all die regionale oder gar globale Konkurrenz? Kann Reichtum nicht auch ein wissenschaftliches, technisches, logistisches, Qualitätsmerkmal sein? Ich glaube ja!

Vor einiger Zeit stieß ich in Stockholm durch Zufall auf ein interessantes Museum. Es war das Haus der Tochter eines Großindustriellen des 19. und beginnenden 20. Jahrhunderts, die einen verarmten Adeligen geehelicht hatte. Hier hatten sich ein exquisiter Geschmack und ein exorbitanter Geldsack gepaart und eine Villa gebaut aus dem Feinsten und gefüllt mit dem Feinsten hinterlassen. Kostbare Bilder aus verschiedenen Jahrhunderten an allen Wänden, kunstvolle Intarsien in allen Fußböden, ein Zimmer als Waffensammlung, eins als Raucherkabinett, eins als Empfangssaal, eins gefüllt mit kunstvollem Porzellan in Glasvitrinen, eins als Billardraum etc. Auf dem Schreibtisch lag noch der letzte angefangene Brief des Hausherrn, sein erlesener Papierkorb war noch gefüllt mit dem verworfenen Papierkram von vor hundert Jahren etc.

Als die Dame des Hauses starb, konnte die gesamte Villa so, wie sie war, eins zu eins zum Museum erklärt werden. Zum Darin-Leben und Darin-Wohnen war sie schlicht zu überdimensioniert, zu übermöbliert, zu überdekoriert, zu überempfindlich, zu unmenschlich. Sie war ein Museum, in dem man sich eigentlich nur noch vorsichtig und in Museumsschluffen bewegen konnte. Die Menschen, die hier lebten, so schien mir, konnten das Überflüssige nicht mehr los- und das Lebendige nicht mehr zulassen. In dieser Villen-Wohnung, so faszinierend sie als Museum war, konnte man nur noch in Protz und Prunk erstarren und ersticken. Was ist also zu tun?

Der 1980 am Altar erschossene Erzbischof von San Salvador, der kürzlich seliggesprochene Oskar Arnulfo Romero, war erst auf mühsamen Umwegen selbst zum Anwalt der Armen geworden. Er predigte:

> *„Ich klage vor allem die Verabsolutierung des Reichtums an. Das ist das größte Übel in El Salvador: der Reichtum, das Privateigentum als etwas unantastbar Absolutes. Weh dem, der diese Hochspannungsleitung berührt. Er verbrennt.“*

Mit solchen Worten zog er sich die tödliche Feindschaft der reichen Oberschicht zu, die ihn letztlich zur Strecke bringen ließ. Romero zeigte dieser militanten reichen Oberschicht aber auch einen Ausweg, wenn er predigte:

> *„Gott möchte auch das Heil der Reichen, doch genau weil er ihr Heil möchte, sagte er ihnen, dass sie nicht gerettet werden können, wenn sie sich nicht zu Christus bekehren, der in den Armen lebt.“*

Dem Gott, der mit den Armen solidarisch ist, begegne ich bei den Armen, begegne ich mit den Armen, begegne ich in den Armen. Das ist eine Lektion, die die Kirche als Ganze und die jeder Einzelne in ihr vom Papst bis zum Penner, vom Prälaten bis zum Proleten in jedem Jahrhundert neu lernen muss.

Der Arzt, Priester und Mystiker Angelus Silesius (1624–1677) hat in seinem Cherubinischen Wandersmann dem Thema Armut und Reichtum ein paar tiefsinnige Verse gewidmet, die diese Buchseite zum Denkzettel machen könnten:

> *„Viel haben ist nicht reich. Der ist ein reicher Mann,*
> *der alles, was er hat, ohn' Leid verlieren kann.“*

Sind wir so reich?

> *„Der Reiche, wenn er viel von seiner Armut spricht,*
> *so glaub es ihm nur gern, er lügt wahrhaftig nicht."*

Sind wir so arm?

Mir sagen diese Verse: Die eine Form von Reichtum, den vergänglichen Reichtum, den Welt-Reich-tum können und sollen wir in eine andere Form von Reichtum, den unvergänglichen Reichtum, den Gottes-Reich-tum konvertieren, transferieren, investieren. Erst das Reich Gottes macht uns im umfassenden und im unfasslichen Sinn reich, nämlich gottesreich.

„Was nützt es einem Menschen, wenn er die ganze Welt gewinnt, dabei aber sich selbst verliert und Schaden nimmt?" So hatte es Jesus selbst gesagt. Ein weiteres Wort von Angelus Silesius nimmt diesen Gedanken Jesu auf und ermutigt uns, auf diesen inneren und innerlichen, aber nicht auf den äußeren und äußerlichen Reichtum zu setzen:

> *„In dir muss Reichtum sein. Was du nicht in dir hast,*
> *wär's auch die ganze Welt, ist dir nur eine Last."*

Meine engen Grenzen ...

So beginnt der Text eines Liedes, das über die Liederhefte in zahllosen Pfarreien schon längst zum Ohrwurm geworden war, bevor es jetzt im offiziellen Gebetbuch der katholischen (Gotteslob Nr. 437) wie der evangelischen Christen (Evangelisches Gesangbuch Nr. 600) einen Stammplatz erhalten hat. Damit wird durch das Lied selbst schon gegen die allzu engen konfessionellen Grenzen angesungen. Musik überwindet Grenzen, Kirchenmusik Konfessionsgrenzen.

Als erheblich kurzsichtiger Mensch bin ich mir jeden Morgen vor dem Aufsetzen der Brille meiner engen Grenzen und meiner kurzen Sicht sehr bewusst. Danach vergesse ich sie meist wieder und halte mich fast für normalsichtig. Mein Augenarzt machte mich neulich auf das Positive der Kurzsichtigkeit aufmerksam: „Nehmen Sie mal das Positive an Ihrer Kurzsichtigkeit wahr: Sie haben eine eingebaute Lupe! Wer hat das schon?" Die Brille jedenfalls wandelt meine optisch kurze Sicht in relative Weite. Das Lied aber belässt es, gottlob, nicht bei der Optik: *„Meine engen Grenzen, meine kurze Sicht bringe ich vor dich. Wandle sie in Weite; Herr, erbarme dich."* Rein optisch betrachtet ist die Weitsichtigkeit ebenso eine Sehschwäche wie die Kurzsichtigkeit. Im übertragenen Sinne aber ist Weitsicht positiv konnotiert. Man stellt z. B. einer angeblich kurzsichtigen eine weitsichtige Politik gegenüber. Mit dem Fernglas oder dem Teleskop kann man optisch die Kurzsichtigkeit nahezu beliebig in Weitsichtigkeit transformieren. Im übertragenen Sinne braucht es mehr als technische Hilfsmittel, um von der Enge zur Weite und von der Kurzsichtigkeit zur Weitsichtigkeit zu kommen. Es braucht vielleicht die Weite des Evangeliums und die Weite des Herzens.

Prognostizierte 800.000, vielleicht sogar 1 Million Menschen kommen in diesem Jahr als Kriegs- oder Armutsflüchtlinge, als Vertriebene infolge von „ethnischer oder religiöser Säuberung" in die engen Grenzen unseres Landes und die vielleicht noch engeren Grenzen unserer Sozialsysteme und unserer persönlichen Hilfsbereitschaft. Die Weitung unserer engen Grenzen und unserer kurzen Sicht zur grenzüberschreitenden Weitsicht wird uns weltpolitisch aufgenötigt. Wir haben sie nicht selbst gewählt.

Meinen wir das ernst, wenn wir singen: *„Meine engen Grenzen, meine kurze Sicht bringe ich vor dich. Wandle sie in Weite; Herr, erbarme dich."* Meinen wir das ernst, wenn wir singen: *„Meine ganze Ohnmacht, was mich beugt und lähmt, bringe ich vor dich. Wandle sie in Stärke; Herr, erbarme dich."* Wie soll das gehen, Enge in Weite und Ohnmacht in Stärke zu wandeln?

Jesus sagt in den Brotvermehrungsgeschichten den völlig überforderten Jüngern angesichts von 5000 Menschen und nur fünf Broten und zwei Fischen: *„Schickt sie nicht weg. Gebt ihr ihnen zu essen."* Am Ende heißt es gar: *„Alle aßen und wurden satt."* War Jesus ein realitätsferner Spinner, ein irrationaler Traumtänzer? Kann man sich als scharf kalkulierender Realist an einem solchen Typen und an solchen Wundergeschichten orientieren? Vorsicht: Wir haben es als Christen mit der paradoxalen Logik des Evangeliums zu tun.

Aber lassen wir die nackten Zahlen sprechen: Nach Auskunft des deutschen Bundestages werden 20 Millionen Tonnen genießbarer Lebensmittel pro Jahr in den Müll geworfen. Pro Kopf und Jahr entspricht das einem Geldwert von 235 Euro. Das heißt, wir Deutschen werfen Lebensmittel im Wert von 18,8 Milliarden Euro jährlich in den Müll. Ohne auch nur ein Butterbrot oder ein Kotelett weniger essen zu müssen, könnten nahrungsmitteltechnisch eine Million Flüchtlinge völlig problemlos ernährt werden. Ja mehr noch! Wenn ich in Hartz 4–Dimensionen rechne, dass jeder der 1 Million Flüchtlinge pro Monat 500 Euro zum Lebensunterhalt benötigt, dann bin ich bei monatlich 500 Millionen Euro und bei jährlich 6 Milliarden. Dem stehen die allein mit den genießbaren Lebensmitteln pro Jahr weggeworfenen 18,8 Milliarden Euro gegenüber. Und wenn wir an die Summen der pro Jahr weggeworfenen, völlig intakten Produkte aus der Bekleidungs-, aus der Elektro- und Informationstechnologie, wenn wir an die jährlich oft mehrfachen und nicht immer billigen Urlaube denken etc. Nein, unser Land bricht so leicht nicht zusammen unter der Last der Flüchtlinge.

„Das Brot, das ihr verderben lasst, ist das Brot der Hungernden." Das hatte Basilius der Große gesagt. Er hat von ca. 330 bis 379 in Kappadozien gelebt und war Bischof in Caesarea gewesen. Auch im Deutschen haben wir ein Sprichwort, das gut zu dem Wort des Basilius passt: *„Möge das Brot, das du teilen willst, nie schimmelig werden."* Mit dieser Haltung ließen sich durchaus die eigenen,

als eng empfundenen Grenzen in Weite und die wenigen als Ohnmacht empfundenen Kräfte in Stärke verwandeln, wie das Lied es besingt. Und genau das entspräche auch der paradoxalen Logik des Evangeliums: „*Gebt ihr ihnen zu essen.*"

Die letzte Strophe dieses Liedes lautet: „*Meine tiefe Sehnsucht nach Geborgenheit bringe ich vor dich. Wandle sie in Heimat; Herr, erbarme dich*" Diese Strophe besingt, wonach wir uns alle sehnen, nach Geborgenheit und Heimat. Wir Christen sollen und können einander beheimaten. Und wir können und sollen auch die Menschen anderen Glaubens beheimaten, schon in diesem Leben. Aber wir Christen wissen auch darum, dass dieses Leben eine Übergangsbeheimatung ist und die endgültige Beheimatung noch aussteht. Als Christen sind wir unterwegs zu einer Beheimatung bei Gott, jenseits der „engen Grenzen" von Raum und Zeit. Darum können Christen schon innerhalb der „engen Grenzen" tun, was sie nicht tun könnten, wenn sie es nicht mit Gott zu tun hätten.

Mensch und Christ

Kurz vor Weihnachten stieß ich in „Die Zeit" (17.12. 2015, S. 72) auf eine kleine Kolumne oder vielleicht sollte ich besser sagen: auf einen offenen Brief von Sabine Rückert (54), der stellvertretenden Chefredakteurin dieser Wochenzeitung, überschrieben mit: „Seither denk ich dauernd an Dich". Darin dankt sie einer ihr unbekannten Bettlerin, durch die sie eine neue Lektion in Sachen Menschlichkeit gelernt hat, die auch mich nachdenklich macht:

„*Liebe Bettlerin,*

darf ich Dich fragen, wie Du heißt? Ich kenne Deine Anschrift nicht, weiß nicht, ob Du allein lebst oder auch nicht, woher Du kommst. Dass es nicht Deutschland ist, scheint mir klar, obwohl ich mich nicht erinnern kann, dass Du ein Wort zu mir gesprochen hättest. Aber eines weiß ich von Dir: Du bist eine Gestalt aus meta-phy-

sischem Stoff. Eine Erscheinung aus der Vorweihnachtszeit. Ich hab Dich gleich gesehen. Klein, schmal, mit Kopftuch und dunklem Gesicht. Alterslos, vielleicht 40, vielleicht erst 25. Eine Asylbewerberin aus Syrien, dachte ich, oder eine Roma-Frau. Du hast Dich vor dem Supermarkt beim Unterstand für die Einkaufswagen aufgestellt, auf die Münzen hoffend, die bei deren Rückgabe abfallen. Auch meinen Euro hast Du strahlend in Empfang genommen. Ich setzte mich hinters Lenkrad, fuhr aber nicht gleich los, weil ich die umfangreiche Liste erst abstreichen wollte, bevor ich weitere Stationen des Wochenendeinkaufs ansteuern würde.

Es klopfte ans Autofenster. Das warst Du. Erst dachte ich, der Euro sei nicht genug gewesen und Du wolltest mehr. Dass Du klopftest, um mir Geld zu geben, war höher als jede Vernunft. Aber so war es. Du hieltest meinen Korb in der Hand. Und darin – unübersehbar! – mein großes schwarzes Portemonnaie (mit 300 Euro in bar, Ausweisen, Krankenkassenkarte, Kreditkarte, Euroscheckkarten – meine ganze vermessene Existenz in einem Griff). Ich hatte den Warenberg in den Kofferraum verladen und den Korb im Gitterwagen stehen lassen. Es hätte keinen Mut, nicht einmal besondere kriminelle Energie gebraucht, ihn an Dich zu nehmen. Niemand hätte Dich gesehen. Niemand Dich zur Rechenschaft gezogen. Nur ein Handgriff. Bestimmt hättest Du das Geld gut brauchen können. Vielleicht hast Du Kinder. Ich hab Dir Finderlohn gegeben und Dich nicht weiter gefragt. Als ich losfuhr, winktest Du mir nach. Seither denk ich dauernd an Dich. An die Leidgeprüfte, die mir, der vom Leben Beschenkten, Geld hinterhertrug. Und ich frage mich, ob das alles vielleicht eine Prüfung des Himmels war, die ich nicht bestanden habe. Deine Adresse kenne ich nicht – aber ich weiß, wo Du stehst. Am Samstag werde ich zum Supermarkt fahren, und vielleicht wartest Du ja wieder bei den Einkaufswagen. Dann bringe ich Dir diesen Brief. Und frage Dich, wie Du heißt.“

Was kann man für das eigene Menschsein und Christsein aus dieser Geschichte entnehmen? Was kann man als Inspiration für die eigene Lebensführung, als Anregung zur Gestaltung der Fastenzeit nutzen, die wir gerade hoffentlich nicht rückwirkungslos durcheilen? Ich selbst habe mir fünf Punkte sagen lassen dürfen oder müssen, die ich an Sie weitergebe:

1. Wir müssen den anderen Menschen überhaupt erst einmal wahrnehmen in all unserer Hektik und Überforderung. Wir alle laufen an zahllosen Menschen vorbei, ohne sie zu beachten, weil das Tagespensum erfüllt werden soll. Und doch kann das mir aufgetragene oder zugemutete Tagespensum – christlich gesprochen – ohne den Blick auf den Nächsten gar nicht erfüllt werden.
2. Wir sollen den anderen Menschen als einen Bedürftigen wahrnehmen. Das tut Frau Rückert und speist ihn mit einer Kleinigkeit ab, dem einen Euro aus dem Einkaufswagen. Das allein schon tun die meisten Menschen nicht. Schließlich weiß man ja nicht, ob es sich nicht um einen raffinierten Bettelkönig handelt, dem man ja nicht unnötig was in den Rachen stopfen oder den Alkohol finanzieren will.
3. Wir sollten den anderen Menschen nicht unter Verdacht stellen, sollten ihm das Gute zutrauen. Frau Rückert hätte eher damit gerechnet, ja vielleicht sogar Verständnis dafür gehabt, dass die Frau mindestens mal das Portemonnaie ausplündert, sich über die Kredit-, die Krankenkassen-und die Euroscheckkarte hermacht und den Pass meistbietend verhökert. Wie findet man den menschlichen Weg zwischen naiver Blauäugigkeit und hyperaktivem Verdächtigungswahn?
4. Frau Rückert gibt für diese Ehrlichkeit Finderlohn. Das ist nicht für jeden Menschen selbstverständlich. Sie zeigt damit durchaus ihre menschliche Qualität, aber sie findet das wohl doch etwas zu geschäftsmäßig. Darum will sie am nächsten Samstag wieder dorthin gehen und dieser Frau, die sie so überrascht hat, ihre menschliche Wertschätzung und weitere Hilfe zukommen lassen.

5. Ein Satz von Frau Rückert aber hat mich besonders angerührt: *„Und ich frage mich, ob das alles vielleicht eine Prüfung des Himmels war, die ich nicht bestanden habe."* Mir fällt dazu die letzte Rede Jesu vor seinem Leiden und Sterben (Mt 25) ein: *„Was ihr dem Geringsten meiner Brüder und Schwestern getan habt, das habt ihr mir getan. (…) Was ihr ihm nicht getan habt, das habt ihr mir nicht getan."* Der entscheidende Maßstab für unsere Gottesliebe ist unsere Nächstenliebe.

Versuchen wir, unsere Lektionen der Menschlichkeit und der Christlichkeit zu lernen und zu leben. Dann kann die uns geschenkte Fastenzeit für uns und für andere eine wirkliche Gnadenzeit sein.

> *„Ein Mensch lebt brav als Mensch und Christ*
> *in dieser Welt voll Teufelslist.*
> *Der Christ in ihm schläft langsam ein.*
> *Wird er da lang ein Mensch noch sein?"*
> Eugen Roth

Pflegen wir unser Christsein, damit uns Schritt für Schritt das Menschsein – auch für andere spürbar – besser gelingt.

Gerechte Barmherzigkeit – barmherzige Gerechtigkeit?

Papst Franziskus hat beginnend mit dem 8. Dezember 2015 ein heiliges Jahr als Jahr der Barmherzigkeit ausgerufen. Aber was genau ist Barmherzigkeit? Ist das die Außerkraftsetzung von Recht oder von angemessenen Standards? Will der Papst das Kirchenrecht relativieren oder gar entwerten? Sollte er es nicht einfach komplett ändern, es so wie vielfach gewünscht, anpassen an unser modernes Empfinden? Aber ist das Barmherzigkeit, wenn z. B. der

Lehrer eine Fünf (nach oben, also zur Vier hin) grade sein lässt? Ist das nicht die auf dem Zeugnis verbriefte Einladung, den Schlendrian so munter fortzusetzen. Ist das Barmherzigkeit, wenn ein wiederholt straffällig gewordener Jugendlicher nie die Härte des Gesetzes spürt, weil er vor Gericht immer auf einen „Pappa Gnädig" trifft und weitermachen kann wie bisher? Hat dagegen nicht das Sprichwort völlig recht, das da sagt: *„Barmherzigkeit für die Wölfe ist Unrecht gegen die Schafe."*?

Barmherzigkeit ist, wie das etymologische Lexikon sagt, eine althochdeutsche Nachbildung des lateinischen Wortes „misericors". Darin stecken die Worte „cor, cordis", das Herz, und „miser, misera, miserum", elend. Misericors bedeutet also soviel wie „ein Herz haben für die im Elend". So hieß das althochdeutsche Wort „armaherzida" Barmherzigkeit. Aber ist die Barmherzigkeit damit nicht etwas herz-, sprich gefühlslastig wenn nicht gar gefühlsduselig ausgelegt?

Papst Gregor der Große brachte Gerechtigkeit und Barmherzigkeit in eine zeitliche Reihenfolge: *„Vor der Sünde fürchte Gottes Gerechtigkeit, nach der Sünde hoffe auf Gottes Barmherzigkeit."* Aber hilft uns das weiter?

Der große Philosoph und Theologe des Hochmittelalters, Thomas von Aquin (1214–1974), sah auch schon diese Spannung zwischen Gerechtigkeit und Barmherzigkeit und versuchte die beiden so in ein Verhältnis zu setzen: *„Gerechtigkeit ohne Barmherzigkeit ist Grausamkeit; Barmherzigkeit ohne Gerechtigkeit ist die Mutter der Auflösung."*

„Gerechtigkeit ohne Barmherzigkeit ist lieblos, Barmherzigkeit ohne Gerechtigkeit ist entehrend." Das sagt der Leiter der Bethelschen Anstalten in Bielefeld, Friedrich von Bodelschwingh (1877–1946).

Fasst man das zusammen, so brauchen wir offenbar beides, die Gerechtigkeit und die Barmherzigkeit.

Mir scheint manchmal, dass wir genau diese Debatte über Gerechtigkeit und Barmherzigkeit führen, wenn wir überlegen, welche Flüchtlinge ein Bleiberecht bei uns haben und welche wir zurückweisen sollten. Hat der geflohene IS-Kämpfer aus Syrien dasselbe Recht, bei uns Aufnahme zu finden wie sein von ihm in Kriegsnot gebrachtes, aus Kriegsnot geflohenes Opfer, der Wirtschaftsflüchtling dasselbe Recht wie der religiös Verfolgte?

Der immer nur strikte und strenge Standpunkt der Gerechtigkeit allein genügt offenbar nicht, um dem Menschen wirklich gerecht zu werden. Er tendiert zur Unmenschlichkeit. Und der alles verstehende Standpunkt der Barmherzigkeit allein genügt offenbar auch nicht, um dem Menschen gerecht zu werden. Er tendiert zur bloßen Beliebigkeit. Der frühere Freiburger Professor und langjährige Bischof von Mainz, Kardinal Lehmann, meinte daher, die Barmherzigkeit sei das notwendige Korrektiv zur Gerechtigkeit, damit diese sich weiterentwickeln kann:

„Aber es braucht die Barmherzigkeit auch als einen Stachel, als einen Antrieb für alle Gerechtigkeit, damit wir überhaupt in unserem Herzen gerührt werden; damit wir wahrnehmen können, dass ein anderer leidet, damit wir in und durch Solidarität mit ihm sehen, was ist."

Wir brauchen offenbar die Barmherzigkeit und die Gerechtigkeit, und zwar so, dass das eine zum Korrektiv des anderen werden kann.

Frère Roger, der im Jahr 2005 ermordete Begründer der ökumenischen Brüdergemeinschaft von Taize, meinte, im Letzten sei doch die aus der Liebe erwachsende und alle Enge sprengende Barmherzigkeit wichtiger als die Gerechtigkeit. *„Am Abend unseres Lebens wird es die Liebe sein, nach der wir beurteilt werden, die Liebe, die wir allmählich in uns haben wachsen und sich entfalten lassen, in Barmherzigkeit für jeden Menschen."*

Und diese Barmherzigkeit entsteht im gedanklichen Rollentausch und ist Sorge um den ganzen Menschen, Sorge um Geist,

Seele und Leib. Barmherzig wird man vielleicht, wenn man wie Gott auch vom erniedrigten und schuldbeladenen Menschen groß und vom menschlichen Gott noch unendlich viel größer denkt. Wenn wir auch selbst weit zurückbleiben hinter den Forderungen der wahren Gerechtigkeit und der wahren Barmherzigkeit, so dürfen wir doch ahnen oder wissen, dass beide in Gott zusammenfallen: Seine Gerechtigkeit ist seine Barmherzigkeit, und seine Barmherzigkeit ist seine Gerechtigkeit.

Ein deutsches Sprichwort, auf das ich auch erst in diesem Zusammenhang der Frage nach Gerechtigkeit und Barmherzigkeit gestoßen bin, sagt auf aphoristische Weise genial: „*Wenn wir bekommen, was wir verdienen, ist das Gerechtigkeit. Wenn wir nicht bekommen, was wir verdienen, ist das Barmherzigkeit. Wenn wir bekommen, was wir nicht verdienen, ist das Gnade.*“

Und Angelus Silesius (1624–1677), der Arzt, Priester und mystische Dichter, lotet die Dimensionen Gottes aus, indem er Gottes Eigenschaften geradezu modern der vierdimensionalen Raum-Zeit-Dimension unseres Lebens zuordnet. „*Durch Weisheit ist Gott tief, breit durch Barmherzigkeit, durch Allmacht ist er hoch, lang durch die Ewigkeit.*“

Unschuldslamm und Sündenbock

In diesen Tagen und Wochen, wo die Studie zum Missbrauch in der Kirche hohe und höchste Wellen geschlagen hat, ist das Thema Kirchenkrise bei den täglichen Krankenbesuchen in meinem Hospital in aller Munde. Manche Patienten fragen erst, ob ich der katholische oder der evangelische Krankenhauspfarrer sei, um mich dann, wenn sie erfahren, dass ich der katholische bin, gründlich zu bedauern. Das Bedauern geht von hämisch bis aufrichtig. – Manche bringen ihre Wut und Enttäuschung über die Kirche zum Ausdruck, und darin schwingt nicht selten Trauer über den Glaubwürdigkeitsverlust einer Institution mit, die ihnen wichtig war oder noch immer ist. – Manche erwarten, dass ich die Kirche verteidige und den Missbrauch zu einer medial überbewerteten marginalen Randerscheinung erkläre, zu den Fake-news einer kirchenfeindlichen Presse und Gesellschaft. Gewiss gibt es auch kirchenfeindliche Kreise; wir haben ja auch selbst dazu beigetragen. – Manche wussten es ja schon immer, wie verlogen und scheinheilig die Kirche ist, und fühlen sich nun endgültig in ihrem oft schon vor Jahren oder gar Jahrzehnten vollzogenen Kirchenaustritt bestätigt. Warum brauchten sie diese Bestätigung noch und sind fast dankbar dafür? – Manche wissen, dass das alles einschließlich der Pädophilie am Zölibat liegt. Und wenn ich frage, wie es dann kommen könne, dass, in 99 % der Missbrauchsfälle, die Täter nicht zölibatär leben, dann kehrt auch noch nicht immer Nachdenklichkeit ein. – Manche erklären die total rückständige Sexualmoral der Kirche zur Hauptursache für den sexuellen Missbrauch. Und wenn ich dann daran erinnere, dass eine in Sachen Sexualmoral eher besonders fortschrittliche Bundestagspartei vor einigen Jahren in ihrem Parteiprogramm gewaltfreien Sex mit Kindern gefordert hat, dann ist das Erstaunen nicht selten groß. Und ich staune auch, wie diese Partei ganz ohne Schuldbewusstsein klammheimlich von der Bank des Angeklagten auf die des Anklägers wechseln konnte.

Die Kirche, die mit ihrer strikten Sexualmoral Missbrauch aufs Strikteste abgelehnt hat, hätte mit der gleichen Striktheit die Vertuschung der Vorfälle ablehnen müssen und nie und nimmer daran mitwirken dürfen. Sie war mehr um ihr Image als um das Leid der Opfer besorgt und hat Letzteres wohl auch unterschätzt. Das ist beklagenswert und die Anklage ist berechtigt. Zuerst und vor allem müssen wir auf die Opfer schauen und ihnen angemessene Hilfe zukommen lassen.

Aber dann schauen wir doch auch nochmals einen Schritt weiter. Was ist mit den Tätern, wenn sie nach dem Verbüßen ihrer Haft wieder frei sind? Die Kirche wird den Teufel tun, sie unter den Argusaugen der Gesellschaft wieder in einen Kirchendienst zu übernehmen, selbstredend und natürlich gänzlich abseits von aller Kinder- und Jugendarbeit. Die durch ihre Vertuschung zum Mittäter gewordene Kirche verhindert dann die Resozialisierung und Reintegrierung der Täter aus Angst vor einer scheinheiligen Gesellschaft. Und diese scheinheilige Gesellschaft, in der mit Faktor hundert dasselbe geschieht, hat endlich den Sündenbock und kann ihn in die Wüste jagen. Denn sie braucht ihn, dem sie die eigenen Sünden anlastet, um sich selbst als schuldfrei zu gerieren. Das kann doch wohl beides nicht richtig sein. Wie gehen wir in dieser dem Unschuldswahn verfallenen Welt mit der dennoch unabweisbaren Schuld und Sünde um?

Bedauert werden muss ich nicht dafür, dass ich noch immer in dieser miesen katholischen Kirche bin, eher beglückwünscht: Denn wegen dem, der sie begründet hat, bin und bleibe ich drin. Jesus Christus hat sich insbesondere um die Sünder gekümmert, um die in seiner „Firma" und auch um die von außerhalb. *„Nicht die Gesunden brauchen den Arzt, sondern die Kranken. Darum lernt, was es heißt: Barmherzigkeit will ich, nicht Opfer. Denn ich bin gekommen, um die Sünder zu rufen, nicht die Gerechten."* (Mt 9,9–13)

Und wenn ich dann gefragt werde oder mich selbst frage, warum ich in dieser schuldbeladenen und scheinheiligen Kirche bin, ja sogar deren „Funktionär", was sage ich dann? Angesichts all dieser unabweisbaren Schuld sage ich vielleicht dies: *„Wenn unser Herz uns auch verurteilt, Gott ist größer als unser Herz."* (1Joh 3,20) Mir kommt dann auch ein uraltes archaisches Gebet in den Sinn, das in jeder Eucharistiefeier gebetet oder gesungen wird und Christus meint: *„Lamm Gottes, du nimmst hinweg die Sünde der Welt, erbarme dich unser. Lamm Gottes, du nimmst hinweg die*

Sünde der Welt, gib uns deinen Frieden." Da hat sich jemand zum Sündenbock machen und alles Schlimme aufhalsen, anlasten und aufbürden lassen, um endlich die Schuld wegzutragen und abzutragen. Hier hat sich einer fern aller Schuldzuweisungen an andere, hier hat sich das wirkliche Unschuldslamm zum Sündenbock machen lassen. Hier hat einer von anderen und für andere, die ihre eigene Schuld nicht eingestehen wollten, mit ihrer eigenen Schuld nicht umgehen konnten, hier hat einer die ihm fremde Schuld auf sich genommen. Nur wir Schwächlinge können nichts auf uns sitzen lassen; aber der war keiner. Durch seine Schuldübernahme hat er Erbarmen walten lassen und hat er Frieden bewirken können. Solch ein Erbarmen ist nicht erbärmlich; denn es vertuscht und verdeckt nichts, sondern nimmt es an. Solch ein Friede ist kein fauler Friede; er ist eine belastbare Brücke zuerst von Gott zum Menschen, dann aber auch von Mensch zu Mensch; er ist die einzige auch unter schwerer Schuld noch tragfähige Brücke von der Erde zum Himmel.

Beurteilung – Verurteilung?

In jungen Jahren, als mich der Sport noch stärker interessierte und ich mir gelegentlich Sportarten angesehen habe, in denen Punktrichter ihre Allmacht austoben können, habe ich mich oft gefragt, ob die Punktrichter und ich dieselbe Darbietung gesehen haben, so sehr wichen meine von deren Beurteilungen ab. Nun war und bin ich kein Fachmann und will mir nicht selbst zusprechen, was ich den Fachleuten abspreche, die Unfehlbarkeit. Aber was wir heute und in zunehmendem Maße erleben, ist doch eine grassierende Beurteilungssucht einerseits, in der man Bestätigungen einzuheimsen bemüht ist, und eine ebenso grassierende Beurteilungswut andererseits, in der man sich eine Generalvollmacht zur Beurteilung anmaßt. Jeder darf alles und jeden beurteilen, den Erzieher, den Handwerker, den Lehrer, den Arzt, die Uni, das Krankenhaus, die Verwaltung etc. Und er darf das ohne auch nur den geringsten Nachweis von Sachkenntnis und vor allem anonym ins Netz stellen – Niedertracht beträchtlich, Sachkenntnis null, Wirkung unbegrenzt! Da geht jemand zum Arzt, kommt nicht schnell genug an die Reihe oder fühlt sich zu schnell abgefertigt, nicht gründlich genug untersucht, unfreundlich behandelt etc. Dem Arzt kann man es heimzahlen. Man ruft das Ärzte-Beurteilungsportal Sanego oder Jameda etc. auf, gibt den Namen des Arztes ein und schreibt ihm, im Schutz der Anonymität, ein vernichtendes Urteil. Inzwischen kann man sagen: Jeder lümmelige Landarzt ist beurteilt worden, wurde beurteilt, wird beurteilt, wird beurteilt werden und wird beurteilt worden sein, solange er lebt und wahrscheinlich noch darüber hinaus. Also vom Plusquamperfekt über das Perfekt, das Präteritum, das Präsens, das Futur eins bis zum Futur zwei: immer beurteilt. Einer dieser Landärzte sagte mir, als ich ihn auf seine Beurteilung ansprach: „Ach, wissen Sie, das habe ich mir noch nie angeschaut. Ich mache meine Arbeit so gut ich kann, dann bin ich zufrieden und meistens auch der Patient. Und vom Herrgott erhoffe ich mir ein angemesseneres Urteil als das von Sanego und Jameda etc." Auf einem dieser Portale las ich: *„Klinikärzte können leider nicht im Detail bewertet werden. Sie können aber gern die Klinik bewerten."* Das ist ja noch großartiger: Weil mir der Klinikarzt nicht gefallen hat, haue ich gleich die ganze Klinik in die Pfanne. Ein grandioser Weltenrichter-Wahn bricht sich Bahn. Und ich bin, streng anonym, der Ankläger, der Richter und der Henker. – Der Aachener Kabarettist, Wendelin Haverkamp, hat mal gesagt: *„Wenn in Aachen etwas einmal passiert ist, dann hat es Tradition. Wenn etwas zweimal passiert ist, dann hat es karolingische Wurzeln. Und wenn etwas dreimal passiert ist, dann hat es römische Ursprünge."* So entsteht „Geschichte." Das einmal, zweimal, dreimal Behauptete ist plötzlich wirklich. So entsteht „Wahrheit". – Was Sanego und Jameda liefern, das sind keineswegs immer oder sogar oftmals keine ehrlichen Beurteilungen. Manchmal sind sie Plattformen für anonyme Rachefeldzüge von Patienten gegen Ärzte, von denen sie sich nicht gut behandelt fühlen, manchmal ist es sogar anonymisierte Kollegenschelte oder Futterneid von ärztlichen Konkurrenten, manchmal sind es auch gekaufte Lobhudeleien, Internet-Claqueure etc.

Die mit Abstand wichtigere Beurteilungsinstanz nicht nur für das ärztliche, sondern für jedwedes Tun ist das eigene Gewissen. Das ist, folgt man dem II. Vatikanum, *„der Ort, wo der Einzelne mit seinem Gott allein ist"*, also in die Privataudienz mit Gott eintreten kann. Und wir bestimmen selbst, wann und wo und wie oft wir diese Privataudienz aufsuchen. Dafür steht in dem Krankenhaus, in dem ich tätig bin, Tag und Nacht die Kapelle offen und wird Tag und Nacht genutzt. Ich halte angesichts aller Beurteilungssucht und Beurteilungswut unserer Tage diese Privataudienz beim Herrgott für das erstrangige Gegenmittel der Wahl. Und in meiner spirituellen Packungsbeilage zu diesem Vademecum empfehle ich dreimal täglich eine Audienz. Lang muss die Audienz nicht sein, aber der Tag und das Tagewerk – ganz gleich, ob als Handwerker, Lehrer, Arzt, Verkäuferin, Verwaltungsbeamter, Ingenieur etc. fassen sich anders und besser an, wenn es mit Gott angegangen, von Gott begleitet und mit Gott beschlossen wird. Das ist evidenzbasierte Spiritualität. Christen können tun, was sie nicht tun könnten, wenn sie es nicht mit Gott zu tun hätten. Und dennoch kommt es realistischerweise in unserem Leben vor, dass wir trotz aller gebündelten Sachkenntnis, trotz aller gesammelten Sorgfalt etwas definitiv falsch machen, vielleicht sogar so falsch, dass wir es am Ende selbst für unverzeihlich halten. Dann möchte ich auf den ersten Johannesbrief verweisen: *„Und wenn unser Herz uns auch anklagt: Gott ist größer als unser Herz!"* (1 Joh 3,20) Das philosophisch-theologische Genie Augustinus (354–430) sagt es so: *„Deus interior intimo meo et superior summo meo. Gott ist mir innerlicher als ich mir selbst und höher als mein* *höchstes Vorstellungsvermögen.*" Zur Audienz mit diesem Gott, der weit größer ist als unser Herz und unser Verstand, möchte ich Sie werktäglich, sonntäglich, tagtäglich neu anregen. Der, der letztendlich über uns richtet, das ist kein kleinkarierter Erbsenzähler. Der richtet nicht hin, der richtet auf. An den Gott versuchen wir Christen zu glauben und in seinem Geist versuchen wir zu handeln. Denn: „*Christus hat keine Hände, nur unsere Hände, um seine Arbeit heute zu tun. – Er hat keine Füße, nur unsere Füße, um Menschen ein Weggefährte zu Gott zu sein. – Er hat keine Stimme, nur unsere Stimme, um die Hoffnung auf Gott zur Sprache zu bringen. – Er hat keine Menschen, nur uns, um seine Menschlichkeit wirksam werden zu lassen. – Er nehme unsere Hände, Füße und Stimme, er mache uns brauchbar und brauche uns für sein Reich der Güte und Menschlichkeit, dich, mich, uns.*"

Hundert-Tage-Fragen

Bei Journalisten gibt es die gern geübte oder verübte kritische Besichtigung und Beurteilung des Hundert-Tage-Ertrags einer Präsidentschaft, einer neuen Regierungskoalition, einer Kanzlerschaft oder gar eines Pontifikats. Nach Jahrzehnten im Schul- und Hochschulbetrieb, wo sicher auch bildungspolitisch manches krank war, bin ich nun seit gut hundert Tagen als Krankenhauspfarrer da tätig, wo Menschen physisch oder psychisch oder existenziell oder gleich in allen drei Bereichen krank sind und leiden. Und dann sind – auch schon nach hundert Tagen – diese mit dem manchmal brutal konkreten Leben hinterlegten Bilder da, die der Erläuterung, der Erklärung, der Ermutigung bedürfen.

Was sagt man einer jungen bildhübschen Frau, die eine schwere Darmoperation hinter sich hat und nun zeitlebens ein Stoma tragen muss. Muss ich, kann ich ihr die Ängste nehmen, die sie bedrängen, wenn sie ihrem zukünftigen Freund diesen von ihr selbst so empfundenen „Makel“ offenbaren muss? Wird er sie trotzdem lieben und bei ihr bleiben oder sich schleunigst davon machen?

Was sagt man der jungen Frau mit ihren drei kleinen Kindern, deren Ehemann bei der gemeinsamen Fahrt im Auto und am Heiligabend einen plötzlichen Herztod erlitten und den Wagen in die Leitplanken gesteuert hat. Was sagt man dem sechsjährigen Kind des Toten, der seine weinende Mutter mit den Worten zu trösten versucht: „Mama, du musst nicht weinen. Papa kommt doch bald wieder.“ Soll ich sagen, ja, er kommt bald wieder, aber nicht mehr in diesem Leben? Ist der ahnungslose kindliche Trost auf anderer Ebene und in höherer oder tieferer Sicht der ahnungsvolle göttliche Trost, den die zur Witwe gewordene Mutter bräuchte?

Was sagt man dem siebzehnjährigen Jungen, der sich der bereits vierten Augenoperation unterziehen muss und dessen Arzt mir sagt, dass die absolut sichere Erblindung nur ein wenig aufgeschoben, aber nicht verhindert werden kann? Und was sagt der Arzt dem Jungen? Sagt er gar nichts Konkretes? Erwartet er, dass ich die Hiobsbotschaft überbringe, vor deren Übermittlung er sich vielleicht lieber drückt?

Was sagt man dem Patienten zum Schluss, der eigentlich für seine fast unglaubliche Genesung ein Te Deum komponieren und uraufführen lassen müsste, und der doch mit einer Haltung das Krankenhaus verlässt, als habe er als einziger Mensch auf diesem Planeten ein unbestreitbares Recht auf perfekte ärztliche Behandlung und auf ewige Gesundheit und Jugend?

Was sagt man dem Patienten eines nicht nur verbal sondern real um einen christlichen Geist bemühten Krankenhauses, wenn er die Grundschulkinder, die am Heiligen Abend mit einem Segenslied durch die Stationen ziehen, aus seinem Krankenzimmer wirft, weil er mit „diesem Scheiß nichts zu tun haben“ will? Soll man ihm sagen, dass die Kinder aus demselben Geist singen, den er selbstverständlich bei seiner Therapie und Pflege qualitätssteigernd von anderen erwartet, ohne sich ihm auch nur in Ansätzen selbst verpflichtet zu fühlen? Und was sagt man den geschockten Kindern, die etwas Gutes zu tun beabsichtigt, ja getan zu haben glauben und dafür auch noch verbale Prügel beziehen und einen Rausschmiss erdulden?

Was sagt man dem Arzt, der unter dem Kostendruck des Gesundheitssystems die durchschnittliche Verweildauer von 7,3 auf 5,9 Tage reduziert hat, wenn er – bei aller Perfektionierungslust des operativen Geschehens – Zweifel bekommt und sagt: Wir bauen doch keine Vergaser in Maschinen aus oder ein! Es kommen doch Menschen mit ihren Ängsten, Fragen und Wünschen, mit ihrer Verzweiflung und Hoffnung. Soll ich ihm auf sein Unbehagen hin sagen: Mach du das Medizinisch-Technische, das andere machen die Sozialarbeiter und Seelsorger?

Was soll ich der todtraurigen Mutter sagen, die ihr Kind nach guter Hoffnung in der 33. Schwangerschaftswoche verliert und neben der Frau im Zimmer liegt, die ihr gesundes Neugeborenes gerade mit Wonne stillt?

Ich weiß: Ich muss nicht, ich kann nicht, ich soll nicht auf all das etwas sagen, wie wenn ich das Drehbuch und die ultimative Erklärung für diese Welttheater hätte. Das wäre blanke Selbstüberhebung und eine atemberaubende Welterklärungsarroganz. Aber ich weiß auch: Ich muss, ich kann, ich soll darauf hinweisen, dass diese Welt nicht in das Setzkästchen unserer Welterklärungshypothesen hineinpasst, dass sie nach menschlichem Ermessen jedenfalls nicht gerecht und schlüssig ist, dass es zu ihrem Verständnis einer Weisheit bedarf, die größer ist als unsere eigene. Wir sind mit den Hundert-Tage-Fragen auch nach hundert Frage-Tagen noch nicht durch! Aber ich muss, ich kann und ich soll vielleicht auf etwas hinweisen, was der fromme Josef von Eichendorff (1788–1857) in den Bildern vom Leben als Wanderung und vom Leben als Theater so bedichtet und verdichtet und das Cesar Bresgen (1913–1988) so schön vertont hat:

„Mich brennt's an meinen Reiseschuhn,/ fort mit der Zeit zu schreiten./ Was sollen wir agieren nun/ vor soviel klugen Leuten?/ (...) Da gehen die einen müde fort,/ die Andern nahn behände./ Das alte Stück, man spielt's so fort,/ und kriegt es nie zu Ende./ Und keiner kennt den letzten Akt/ von allen, die da spielen,/ nur der da droben schlägt den Takt,/ weiß, wo das hin will zielen."

Auf „den da droben", der die Logik des Stückes, das wir das Spiel unseres Lebens nennen, als Ganzes und als Einziger kennt, auf den darf ich, kann ich, soll ich hinweisen. Auf „den da droben", der das Ziel der manchmal so beschwerlichen Lebensreise kennt und taktvoll den Lebenstakt schlägt, damit unser Leben intakt bleibt, auf den darf ich, kann ich, soll ich hinweisen. Dann fällt etwas von der Selbstoptimierungs- und der Welterlösungshektik, die uns oft umtreibt, weg. Dann können wir unser nach menschlichem Ermessen Bestes geben, das doch allenthalben noch vorn und hinten der Verbesserung bedarf. Dann können wir aber auch auf das vollendet Beste hoffen, das letztlich der bewirkt und schenkt, der alles bewirkt und schenkt, auf Gott und sein Reich.

Hölle, Tod und Teufel

Manche Menschen erzählen von Höllen- oder Teufelspredigten, die ihnen in der Kirche zugemutet worden seien. Mir selbst ist, obschon mein Leben inzwischen „etwas länglich" geworden ist, (gottlob) so etwas nie begegnet. Von diesem begrifflichen „Trio infernal" Hölle, Tod und Teufel ist uns vielleicht das, was der Begriff Tod meint, am ehesten erahnbar und in Grenzen nachvollziehbar.

Beim Thema Hölle oder Teufel setzt unser Vorstellungsvermögen aus oder schlägt irgendwelche fantasievollen bis fantastischen Kapriolen. Aber auch die Menschen, die mit Glauben und Kirche keinen Kontakt hatten oder erklärtermaßen nichts von alldem halten, benutzen diese Begriffe. Jeder weiß, was gemeint ist, wenn man sagt, diese oder jene Verletzung oder Erkrankung verursache höllische Schmerzen bzw. dieser oder jener Mensch sei von teuflischer Bösartigkeit. Neben dem Christentum kennen auch das Judentum und der Islam sowie etliche andere Religionen, wenn auch mit unterschiedlichen Bedeutungsvarianten, die Begriffe Hölle und Teufel. Die Verwendung dieser Begriffe kann aber auch ins Kindliche oder Kindische abdriften: des Teufels Großmutter im Märchen, der Teufel, ein Puppenspiel im Kaspertheater, der Teufel in der Literatur und auf der Bühne. Man denke etwa an den Mephisto im Faust: *„Ich bin ein Teil von jener Kraft, die stets das Böse will und stets das Gute schafft.“* Und ein bekannter Liedermacher sang: *„Der Teufel hat den Schnaps gemacht, um uns zu verderben. Ich seh' schon, wie der Teufel lacht, wenn wir am Schnaps einmal sterben.“* Die Hölle haben nicht nur jüdische, christliche und muslimische Apokalyptiker derart mit Grill-, Hochofen- oder Vulkankratervorstellungen bebildert, dass einem im wahrsten Sinne des Wortes himmelangst werden kann. Und die Malerei eines Hieronymus Bosch an der Schwelle zur Neuzeit oder die Dichtung eines Dante im 14. Jahrhundert fügten dem noch Fantastisch-Bestialisches an Qualen hinzu.

Wenn man Hölle und Teufel soweit ins Fantastische, Märchenhafte oder Lächerliche hineingezogen hat, dann fehlt plötzlich der existenzielle Ernst oder die aufklärungstaugliche Plausibilität. Wer soll das sein, der Gehörnte mit dem Pferdefuß? Was soll das sein, das ewige unauslöschliche Feuer? Geht der Mensch oder gar die Menschheit zum Teufel, fährt der Mensch oder die Menschheit zur Hölle? Könnte der Mensch die ganze Menschheit durch seinen kriegerischen thermonuklearen Wahnsinn oder durch seinen bizarren ökologischen Unverstand zum Teufel gehen oder zur Hölle fahren lassen? Dann hätte die höllische Teufelei schon zuvor von Kopf und Herz des Menschen Besitz ergriffen, ohne dass man einen Ort für den Schrecken schlechthin und eine Person für das

Böse schlechthin benötigte. Ist das Böse schlechthin als eine Person (Luzifer, Satan etc.) zu denken? Oder gibt es „nur" abgründig bösartige Personen, die die Hölle verdienen. Aber ist die Hölle denn als ein entsetzlicher Ort oder als ein unlimitiertes Strafmaß zu denken? Wo wäre denn dieser Ort? Und nach welcher Vorstellung von Gerechtigkeit verdiente der auch in seinen Untaten endliche Mensch eine unendliche Strafe? Kann der als allgütig und allwissend und allbarmherzig gedachte Gott derart unmenschlich über jegliches menschlich vertretbare Strafmaß hinausschießen?

Die Hölle ist weder ein Ort noch ein zeitlich überdimensioniertes Strafmaß, und der Teufel ist kein vom angeblich guten, aber dann doch irgendwie eher sadistisch geprägten Gott angestellter Dauerquälgeist. Wenn ein Mensch, sofern er es unbedingt und bis zur letzten Konsequenz will, sich von Gott und seinen Mitmenschen abwenden kann, dann schafft er sich selbst eine, nämlich seine Hölle, dann macht er sein eigenes Leben höchst selbstverantwortlich zur Hölle. Ich weiß nicht, ob ein Mensch diese auf die Spitze getrieben Verweigerung von Gemeinschaft mit Gott und den Mitmenschen bis zur letzten radikalen Konsequenz wollen kann. Um der Freiheit des Menschen willen, ist aber die Möglichkeit einer letzten konsequenten und selbstbestimmten Verweigerung von Gemeinschaft mit Gott und den Mitmenschen, die Möglichkeit einer bis ins Letzte gehenden Verweigerung von Gottes- und Nächstenliebe zu fordern. Denn wenn ein Mensch, sofern er es unbedingt und bis zur letzten Konsequenz will, nicht zur Hölle fahren kann, dann ist seine Freiheit schon vorher beim Teufel.

Hölle und Teufel sind Bilder für die entsetzlich unmenschliche, aber leider doch prinzipiell menschenmögliche Abgründigkeit zum Bösen hin. Die Zeit kennt nur eine Richtung und nichts von dem, was wir tun und getan haben, kann ungeschehen gemacht werden. Unser Denken, Reden und Tun im Guten wie im Schlechten ist unwiederbringlich und macht uns zu dem, der wir am Lebensende schließlich sind. Was immer wir denken, reden und tun, alles hat Ewigkeitswert. Aber mit jeder Tat der Güte und Menschlichkeit tragen wir dazu bei, dass diese Welt nicht zur Hölle wird und nicht zum Teufel geht. Und mit jeder Tat, jedem Wort und jedem Gedanken zeitigen wir uns aus bis zur Definitivität unseres je eigenen Gewordenseins auf dem Totenbett. Der Gott, dem wir dann mit den halbseidenen Ergebnissen und dürftigen Erträgen unseres Lebens gegenübertreten, der ist hoch erhaben über alle von Menschen selbst gemachten teuflischen Höllen und höllischen Teufeleien. Und der kann sogar noch die unansehnlichen, ja sinnlos erscheinenden Bruchstücke unseres Lebens einfügen in das für uns unüberschaubar große und kunstvolle Mosaik seiner Heilsgeschichte mit uns Menschen.

